百姓实用法律知识手册

房屋买卖维权必读

主 编
许海峰

编 者
（以姓氏笔画为序）

于丹宁　王玉涛　王继宽　许守振
许海峰　李玉群　李保密　孟庆亮
赵卫华　赵海燕　彭山岭　程文玉
　　　　蒋思保　谢春梅

金盾出版社

内容提要

本书针对房屋买卖方面常见的涉法问题,采用简洁明了的问答形式,介绍了商品房认购与预售、商品房买卖合同、商品房交付与验收、房屋面积、房地产抵押与按揭、二手房买卖、房屋继承与赠与、农村房与小产权房、保障房和其他房产买卖等方面的基本权益和涉法知识,以及相关的程序、手续和文书等知识。根据不同问题,指出维权的具体方法和法律依据。同时选编了典型案例供参考,还附录了相关法律法规方便查询,帮助读者避免或依法处理房屋买卖纠纷,维护自身合法权益。

图书在版编目(CIP)数据

房屋买卖维权必读/许海峰主编.—北京:金盾出版社,2015.8 (2019.1重印)

(百姓实用法律知识手册)
ISBN 978-7-5082-9410-0

Ⅰ.①房… Ⅱ.①许… Ⅲ.①房地产—法规—基本知识—中国 Ⅳ.①D922.181

中国版本图书馆 CIP 数据核字(2014)第 093535 号

金盾出版社出版、总发行
北京太平路 5 号(地铁万寿路站往南)
邮政编码:100036 电话:68214039 83219215
传真:68276683 网址:www.jdcbs.cn
封面印刷:北京印刷一厂
正文印刷:北京万博诚印刷有限公司
装订:北京万博诚印刷有限公司
各地新华书店经销
开本:880×1230 1/32 印张:10.125 字数:295 千字
2019 年 1 月第 1 版第 3 次印刷
印数:6 001~9 000 册 定价:31.00 元

(凡购买金盾出版社的图书,如有缺页、倒页、脱页者,本社发行部负责调换)

前言

中国共产党十八届四中全会做出了《全面推进依法治国若干重大问题的决定》,标志着法治社会进入了全新的历史时期。依法治国不仅是治国理政的方略,而且与我们的日常生活息息相关、紧密相连。随着法治要求的强化,人们亟须用法治意识武装自己,用法律知识充实自己,用法律手段保护自己的合法权益。只有全民努力,才能实现依法治国的总目标。

我国宪法规定,中华人民共和国公民在法律面前一律平等。公民依法享有广泛的权利和义务。但是,由于历史、政治、文化、经济等方面的原因,公民的人身权益、财产权益和其他权益遭到不法行为的侵害也时有发生。一些人误以为,法律就是约束人、惩罚人的,一个人只要不违法犯罪,就与法律无关,这种对法律和政策无知或知之甚少导致他们常常"让自己的权益睡着了",不知道自己拥有多少权益,或者不知道如何合法地保护自己的权益,面对矛盾和纠纷,常常采取忍气吞声的或者过激的、非法的手段去达到自己的目的,结果导致自己由合法变成非法,既影响了生活的幸福、社会的稳定,也阻碍了现代化建设的进程。可以说,对公民进行广泛的法律普及工作仍然是任重道远的任务。因此,我们经过多年的实践和知识积累,终于了这套百姓实用法律知识手册的问世。我们希望通过这套知识手册的普及,使完善实用的法律知识与您的生活紧密相连,消除您生活中的法律困惑,化解您生活中遇到的各种矛盾,指导您维护自己的合法权益,最终目的是不打官司或打赢官司。

该套丛书由国家机关、政法院校、科研院所和律师事务所的部分专家、学者和具有丰富经验的资深律师共同编写,具有以下主要特点:

一是通俗易懂。以现行法律为准则,简明扼要、深入浅出地讲解各类法律基础知识,将深奥的法律理论、严肃的法律规范和复杂的法律问题,用简明通俗的语言进行解答,使之让广大百姓读得懂、看得明。为了让读者全面了解某些知识的历史沿革,书中个别地方还援引了部分已废止的法律法规,敬请广大读者在运用中注意甄别。

二是实用性和可操作性强。坚持法律的生命在于应用理念,把实用性、普及性放在首位,紧密联系百姓现实生活提出问题、解决问题,是群众维护自己合法权益、依法解决矛盾和纠纷的政策帮手和法律顾问。

三是内容新。紧跟发展变化,以最新的法律法规为依据,把最新的典型案例、最新的法律法规、最新的示范文本格式、最新的司法解释等融会贯通于全书,指导解决各种现实问题。

由于我们水平所限,时间仓促,书中难免存在不妥之处,敬请广大读者批评指正。

作　者

导 读

商品房销售包括商品房现售和商品房预售。

商品房现售,是指房地产开发企业将竣工验收合格的商品房出售给买受人,并由买受人支付房价款的行为。房地产开发企业应当在商品房现售前将房地产开发项目手册及符合商品房现售条件的有关证明文件报送房地产开发主管部门备案。商品房买卖合同应当明确以下主要内容:(1)当事人名称或者姓名和住所;(2)商品房基本状况;(3)商品房的销售方式;(4)商品房价款的确定方式及总价款、付款方式、付款时间;(5)交付使用条件及日期;(6)装饰、设备标准承诺;(7)供水、供电、供热、燃气、通信、道路、绿化等配套基础设施和公共设施的交付承诺和有关权益、责任;(8)公共配套建筑的产权归属;(9)面积差异的处理方式;(10)办理产权登记有关事宜;(11)解决争议的方法;(12)违约责任;(13)双方约定的其他事项。

商品房预售,是指房地产开发企业将正在建设中的商品房预先出售给买受人,并由买受人支付定金或者房价款的行为。商品房预售应当符合下列条件:(1)已交付全部土地使用权出让金,取得土地使用权证书;(2)持有建设工程规划许可证;(3)按提供预售的商品房计算,投入开发建设的资金达到工程建设总投资的 25% 以上,并已经确定施工进度和竣工交付日期。

商品住宅销售价格由开发成本费用、期间费用、税金、依法应当缴纳的其他行政性事业性收费和利润构成。另外,购买商品住宅还需要缴纳契税、房屋买卖交易手续费、印花税和公共维修基金等费用和税项。

商品房销售可以按套(单元)计价,也可以按套内建筑面积或者建筑面积计价。商品房建筑面积由套内建筑面积和分摊的共有建筑面积组成，套内建筑面积部分为独立产权，分摊的共有建筑面积部分为共有产权。买受人按照法律、法规的规定对其享有权利，承担责任。按套（单元）计价或者按套内建筑面积计价的，商品房买卖合同中应当注明建筑面积和分摊的共有建筑面积。

房地产开发企业应当按照合同约定，将符合交付使用条件的商品房按期交付给买受人。未能按期交付的，房地产开发企业应当承担违约责任。因不可抗力或者当事人在合同中约定的其他原因，需延期交付的，房地产开发企业应当及时告知买受人。在交付商品房时，还应提交住宅质量保证书和住宅使用说明书，并承担规定期限内的质量保修义务，并对造成的损失承担赔偿责任。

房地产开发企业应当对所售商品房承担质量保修责任。当事人应当在合同中就保修范围、保修期限、保修责任等内容做出约定。保修期从交付之日起计算，但不得低于建设工程承包单位向建设单位出具的质量保修书约定保修期的存续期。在保修期限内发生的属于保修范围的质量问题，房地产开发企业应当履行保修义务，并对造成的损失承担赔偿责任。

第一章 商品房认购与预售

一、商品房认购 …………………………………………… (1)
　1. 什么是商品房认购书 ………………………………… (1)
　2. 商品房认购书应包括哪些内容 ……………………… (1)
　3. 签订商品房认购书应注意哪些事项 ………………… (2)
　4. 商品房认购书的违约责任有哪些 …………………… (3)
　5. 商品房认购书与房屋买卖合同有何关系 …………… (3)
　6. 商品房认购书有法律效力吗 ………………………… (4)
　7. 认购书中的定金可以退吗 …………………………… (5)
　8. 如何处理商品房认购书纠纷 ………………………… (5)
二、商品房销售广告 ……………………………………… (10)
　9. 商品房销售广告的性质如何确定 …………………… (10)
　10. 对房地产广告有什么要求 ………………………… (10)
　11. 房地产广告应有哪些明确事项 …………………… (12)
　12. 房地产广告如何审查 ……………………………… (13)
　13. 商品房销售广告有效力吗 ………………………… (14)
　14. 商品房销售广告不实应负什么责任 ……………… (15)
三、商品房预售条件 ……………………………………… (15)

15. 什么是商品房预售 …………………………………… (15)
16. 什么是商品房预售许可制度 ………………………… (16)
17. 购买期房要注意哪些事项 …………………………… (17)
18. 商品房预售的法律责任是什么 ……………………… (19)
19. 预售合同如何进行备案 ……………………………… (19)
20. 预售商品房如何转让 ………………………………… (19)

四、商品房预售合同 ………………………………………… (20)
21. 什么是商品房预售合同 ……………………………… (20)
22. 签订商品房预售合同有哪些程序 …………………… (21)
23. 签商品房预售合同应注意哪些问题 ………………… (21)
24. 商品房预售合同的主要内容有哪些 ………………… (22)
25. 如何降低商品房预售的风险 ………………………… (26)

第二章 商品房买卖合同

一、房屋买卖合同的条件 …………………………………… (36)
26. 什么是房屋买卖合同 ………………………………… (36)
27. 签订房屋买卖合同应具备哪些条件 ………………… (36)
28. 需要防范开发商哪些不规范合同行为 ……………… (38)
29. 重点审查商品房买卖合同哪些方面 ………………… (39)

二、房屋买卖合同内容 ……………………………………… (41)
30. 商品房买卖合同有哪些内容 ………………………… (41)
31. 签订房屋买卖合同应注意哪些细节 ………………… (52)
32. 买房合同中霸王条款有效吗 ………………………… (53)
33. 买房合同哪些属霸王条款 …………………………… (54)

三、房屋买卖合同补充协议 ………………………………… (55)
34. 关于不可抗力问题怎么处理 ………………………… (55)
35. 关于分摊面积问题怎么处理 ………………………… (56)
36. 关于装修标准问题怎么处理 ………………………… (57)
37. 房屋所有权证办理时间问题怎么处理 ……………… (57)
38. 贷款办不下来怎么办 ………………………………… (57)

39. 关于房屋质量的保修责任问题怎么处理 …………… (57)
40. 关于开发商在促销过程中的承诺问题怎么处理 …… (58)
41. 关于赠送住宅设备设施问题怎么处理 ……………… (58)
42. 关于购房入户的补充协议问题怎么处理 …………… (58)
43. 关于独立供暖的保修责任问题怎么处理 …………… (59)

四、购房合同的定金和订金 ………………………………… (59)
44. 什么是定金 …………………………………………… (59)
45. 定金的性质如何确定 ………………………………… (60)
46. 什么是订金 …………………………………………… (60)
47. 定金与订金有什么区别 ……………………………… (61)
48. 购房定金或订金能否退回 …………………………… (61)
49. 房产合同中违约金越高越好吗 ……………………… (61)
50. 违约金多少比较合适 ………………………………… (62)

五、房屋买卖合同的无效与解除 …………………………… (63)
51. 什么是房屋买卖合同无效 …………………………… (63)
52. 房屋买卖合同无效的情形有哪些 …………………… (63)
53. 房屋买卖合同无效如何处理 ………………………… (65)
54. 买方退房的法定条件有哪些 ………………………… (65)
55. 购房者应如何退房 …………………………………… (67)
56. 哪些情况退房可以要求双倍赔偿 …………………… (68)
57. 商品房买卖合同解除有哪些种类 …………………… (69)
58. 商品房买卖合同的法定解除事由有哪些 …………… (70)

六、房屋买卖的税费 ………………………………………… (71)
59. 商品房买卖的税费有哪些 …………………………… (71)
60. 房改房买卖的税费有哪些 …………………………… (72)
61. 经济适用住房买卖的税费有哪些 …………………… (72)
62. 已购公房和经济适用住房上市需缴纳的税费有
    哪些 …………………………………………………… (73)

第三章 商品房交付与验收

一、商品房交付 ……………………………………………… (75)

63. 商品房交付的条件是什么 …… (75)
64. 商品房交付的程序如何 …… (76)
65. 什么情况下可以拒绝收房 …… (78)
66. 什么情况算延期交房 …… (78)
67. 开发商延期交房怎么办 …… (79)
68. 无正当理由拒绝接收房屋承担什么责任 …… (80)

二、商品房交接验收 …… (81)
69. 商品房有质量标准吗 …… (81)
70. 收房时要查看哪些文件 …… (82)
71. 收房时应注意哪些问题 …… (83)
72. 收房时如何检验房屋质量 …… (84)
73. 房屋建筑工程竣工验收有哪些步骤 …… (87)

三、商品房的保修 …… (88)
74. 商品房的保修期是多久 …… (88)
75. 商品房的保修期是怎样计算的 …… (89)
76. 房屋的保修范围包括哪些 …… (89)
77. 常见的商品房质量问题有哪些 …… (90)
78. 房屋交付后质量问题如何处理 …… (91)
79. 如何认定房屋主体质量不合格 …… (92)
80. 质量不合格的房屋开发商如何赔偿 …… (93)
81. 商品房质量问题能否退房 …… (94)

四、房屋质量检测 …… (95)
82. 房屋质量检测标准有哪些 …… (95)
83. 房屋质量检测包括哪些内容 …… (95)
84. 房屋质量检测要注意哪些问题 …… (96)
85. 房屋安全鉴定的情形有哪些 …… (96)

第四章 房屋面积

一、房屋面积范围 …… (98)
86. 什么是建筑面积、套内面积和使用面积 …… (98)

87. 商品房的面积包括哪些部分 …………………………… (98)
  88. 房屋面积如何测算 ………………………………………… (99)
  89. 计入建筑面积的范围有哪些 …………………………… (99)
  90. 计算一半建筑面积的范围有哪些 ……………………… (101)
  91. 不计入建筑面积的范围有哪些 ………………………… (101)
二、房屋面积计算 ……………………………………………… (102)
  92. 商品房销售面积有哪些规定 …………………………… (102)
  93. 如何计算商品房销售面积 ……………………………… (104)
  94. 跃层和复式住宅的面积如何计算 ……………………… (104)
三、房屋公摊面积 ……………………………………………… (106)
  95. 什么是公摊面积,如何计算 …………………………… (106)
  96. 商品房公摊面积的分摊原则是什么 …………………… (106)
  97. 计算公摊面积应注意有哪些事项 ……………………… (107)
  98. 如何约定商品房公摊面积 ……………………………… (107)
四、房屋面积误差及处理 ……………………………………… (108)
  99. 什么是房屋面积误差 …………………………………… (108)
  100. 商品房买卖面积误差纠纷的原因有哪些 …………… (109)
  101. 约定以套为单位计价的如何处理 …………………… (109)
  102. 项目设计变更造成的房屋面积误差如何处理 ……… (110)
  103. 露台、楼顶平台面积计算误差如何处理 …………… (111)
  104. 测量规则标准不同造成面积误差如何处理 ………… (112)
五、房屋占用土地面积分摊 …………………………………… (113)
  105. 什么是土地面积分摊 ………………………………… (113)
  106. 土地面积分摊有几种类型 …………………………… (113)
  107. 土地面积分摊计算方法有几种 ……………………… (113)

第五章　房地产抵押与按揭

一、房地产抵押概述 …………………………………………… (116)
  108. 什么是房地产抵押 …………………………………… (116)
  109. 哪些房地产可以抵押 ………………………………… (117)

110. 哪些房地产不能抵押 …………………………………… (117)
111. 房产抵押人有哪些责任 ………………………………… (118)

二、抵押合同和抵押登记 ……………………………………… (119)
112. 抵押合同有哪些内容 …………………………………… (119)
113. 如何进行抵押合同登记 ………………………………… (120)
114. 房地产抵押登记有哪些程序 …………………………… (120)
115. 房地产抵押时如何估价 ………………………………… (122)
116. 何种情形房产抵押无效 ………………………………… (122)
117. 共有房地产如何设定抵押 ……………………………… (123)
118. 注销房产抵押登记需要哪些资料 ……………………… (123)
119. 房产抵押应注意哪些问题 ……………………………… (124)

三、抵押房屋买卖 ……………………………………………… (125)
120. 已抵押房屋能否买卖 …………………………………… (125)
121. 如何购买有抵押的房产 ………………………………… (125)
122. 购买抵押房有哪些风险 ………………………………… (126)
123. 买卖已抵押的房子有哪些限制 ………………………… (127)
124. 购买有抵押的房产应注意什么 ………………………… (127)

四、房地产抵押贷款 …………………………………………… (128)
125. 什么是房地产抵押贷款 ………………………………… (128)
126. 房产抵押贷款有什么条件 ……………………………… (129)
127. 如何办理房地产抵押贷款 ……………………………… (129)
128. 银行按揭还款有哪些方式 ……………………………… (130)
129. 房改房能否办理抵押贷款 ……………………………… (131)
130. 房产抵押贷款有哪些注意事项 ………………………… (131)
131. 房屋抵押贷款的风险有哪些 …………………………… (132)

五、抵押房屋清偿 ……………………………………………… (133)
132. 同一房屋有两个抵押权怎么办 ………………………… (133)
133. 房产抵押权的顺位如何 ………………………………… (134)
134. 房屋先抵押后出售怎么受偿 …………………………… (135)

六、房屋按揭 …………………………………………………… (136)

135. 什么是房屋按揭 …………………………………………（136）
136. 按揭和抵押在法律上有哪些区别 ……………………（137）
137. 什么是转按揭 …………………………………………（138）
138. 如何办理转按揭 ………………………………………（138）
139. 转按揭时需要注意些什么 ……………………………（139）
140. 未取得产权证如何办理转按揭 ………………………（139）
141. 什么是房屋反向抵押贷款 ……………………………（139）
142. 房屋反向抵押贷款有哪些作用 ………………………（140）

七、房地产典当 ………………………………………………（141）
143. 什么是房地产典当 ……………………………………（141）
144. 典占他人房屋有哪些权利 ……………………………（141）
145. 房地产抵押和典当有哪些区别 ………………………（142）
146. 房地产典当有哪些程序 ………………………………（142）
147. 房产典当要注意什么问题 ……………………………（143）

第六章 二手房买卖

一、二手房购买条件 …………………………………………（145）
148. 什么是二手房 …………………………………………（145）
149. 二手房交易与新房交易有什么区别 …………………（145）
150. 二手房交易应具备哪些条件 …………………………（147）
151. 购买二手房应注意哪些问题 …………………………（148）
152. 二手房交易的流程是怎样的 …………………………（151）
153. 二手房交易中容易出现哪些问题 ……………………（152）
154. 如何避免二手房交易风险 ……………………………（153）
155. 没有房产证的二手房能买吗 …………………………（154）
156. 不能买的二手房有哪些 ………………………………（155）

二、二手房买卖合同 …………………………………………（156）
157. 什么是二手房买卖合同 ………………………………（156）
158. 二手房交易签"黑白合同"有什么危害 ………………（158）
159. 二手房买卖中的违约情形有哪些 ……………………（158）

160. 二手房买卖中的出卖人违约怎么办 …………… (159)
161. 二手房买卖中的违约责任有哪些 ……………… (159)
162. 二手房买卖违约金怎么计算 …………………… (160)
163. 二手房买卖合同中注意哪些问题 ……………… (161)
164. 二手房买卖合同无效的情形有哪些 …………… (162)
165. 二手房买卖合同无效怎么办 …………………… (162)

三、二手房评估 ………………………………………… (165)
166. 什么是二手房评估 ……………………………… (165)
167. 影响二手房价格的因素有哪些 ………………… (166)
168. 买二手房如何合理估价 ………………………… (167)
169. 房地产评估有哪些类型 ………………………… (168)
170. 二手房价格评估方法有哪些 …………………… (168)
171. 二手房买卖中需要评估的情况有哪些 ………… (169)
172. 如何评估二手房的折旧费 ……………………… (170)

四、二手房买卖中介 …………………………………… (172)
173. 房产中介合同应包含什么内容 ………………… (172)
174. 签房产中介合同时要注意什么 ………………… (172)
175. 房屋中介承担哪些法律责任 …………………… (173)
176. 二手房买卖中介的义务有哪些 ………………… (174)
177. 履行二手房中介合同要注意什么 ……………… (175)
178. 二手房交易中存在哪些风险 …………………… (177)
179. 二手房买卖如何防范中介风险 ………………… (178)

五、二手房交接验收 …………………………………… (179)
180. 二手房交接验收有哪些步骤 …………………… (179)
181. 二手房交接应注意哪些事项 …………………… (179)
182. 二手房如何进行验收 …………………………… (180)
183. 二手房验收时应注意哪些细节 ………………… (181)
184. 二手房买卖质量纠纷怎么解决 ………………… (181)
185. 二手房买卖面积有误差怎么办 ………………… (182)

六、二手房买卖的其他问题 …………………………… (183)

186. 买二手房不转户口怎么办 …………………………… (183)
187. 卖方想恶意转移房产怎么办 ………………………… (184)
188. 如何办理二手房抵押贷款 …………………………… (185)
189. 二手房买卖要缴哪些税 ……………………………… (186)

第七章 房屋继承与赠与

一、房屋继承的原则和条件 ………………………………… (187)
190. 什么是房屋继承 ……………………………………… (187)
191. 房屋继承有什么特点 ………………………………… (187)
192. 房地产继承的原则是什么 …………………………… (188)
193. 房屋继承需要什么条件 ……………………………… (188)
194. 分割房屋遗产有几种方法 …………………………… (189)

二、房屋的法定继承与遗赠 ………………………………… (190)
195. 法定继承的条件有哪些 ……………………………… (190)
196. 法定继承有什么顺序 ………………………………… (190)
197. 法定继承丧失原因有哪些 …………………………… (191)
198. 什么是房屋继承的开始时间和地点 ………………… (191)
199. 什么是房屋遗嘱继承与遗赠 ………………………… (192)
200. 什么是房屋的代位继承 ……………………………… (192)
201. 如何放弃继承权和受遗赠权 ………………………… (193)
202. 无人继承的房屋如何处理 …………………………… (193)
203. 被继承人如何进行债务清偿 ………………………… (193)

三、各类房产继承的处理方法 ……………………………… (194)
204. 共有房产如何继承 …………………………………… (194)
205. 房改房如何继承 ……………………………………… (194)
206. 华侨或外国人如何继承国内房产 …………………… (195)
207. 继子女与养子女如何继承房屋 ……………………… (196)

四、房屋赠与 ………………………………………………… (197)
208. 什么是房屋赠与 ……………………………………… (197)
209. 房屋赠与合同的法律特征是什么 …………………… (197)

210. 房屋赠与应注意哪些事项 …………………… (197)
  211. 房屋赠与需要哪些程序 ……………………… (198)
  212. 赠与房产登记需要哪些材料 ………………… (200)
五、房屋继承与赠与公证 …………………………… (201)
  213. 房屋继承公证需要提交哪些材料 …………… (201)
  214. 房屋遗嘱继承人应提交哪些材料 …………… (202)
  215. 如何办理赠与房产公证 ……………………… (202)
  216. 房屋赠与公证要缴纳哪些费用 ……………… (202)
六、房屋继承与赠与的税费 ………………………… (203)
  217. 房屋继承过户需要哪些费用 ………………… (203)
  218. 继承的房屋要缴契税吗 ……………………… (204)
  219. 房屋赠与需缴纳哪些费用 …………………… (205)
  220. 房屋赠与免税条件有哪些 …………………… (205)
  221. 办理赠与房产免税要什么材料 ……………… (206)

第八章　农村房与小产权房

一、农村宅基地 ……………………………………… (208)
  222. 什么是农村宅基地 …………………………… (208)
  223. 什么是农村宅基地使用权 …………………… (208)
  224. 申请宅基地的条件是什么 …………………… (209)
  225. 如何收回农村宅基地 ………………………… (209)
  226. 解决宅基地纠纷有哪些原则 ………………… (210)
二、农村房屋买卖与继承 …………………………… (211)
  227. 宅基地的房屋权属如何确定 ………………… (211)
  228. 农村房屋能否买卖 …………………………… (211)
  229. 农村房屋如何进行买卖 ……………………… (212)
  230. 农村房屋可以继承吗 ………………………… (212)
四、农村土地征用与房屋拆迁 ……………………… (213)
  231. 什么是农村土地征用 ………………………… (213)
  232. 农村土地征用的程序是怎么样的 …………… (213)

233. 农村房屋拆迁如何补偿 …………………………（215）
234. 农村房屋拆迁的补偿方式有哪些 …………………（216）
235. 农村违法建筑如何处理 ……………………………（217）

五、小产权房 ………………………………………………（218）
236. 什么是小产权房 ……………………………………（218）
237. 小产权房有哪几类 …………………………………（218）
238. 小产权房与大产权房有什么区别 …………………（219）
239. 小产权房能否转让 …………………………………（219）
240. 购买小产权房有哪些风险 …………………………（220）
241. 已购买了小产权房怎么办 …………………………（221）
242. 开发商承诺补办房产证可信吗 ……………………（222）
243. 小产权房拆迁纠纷如何处理 ………………………（222）

附　录

一、案例选编 ………………………………………………（223）
　董某影与张某花房屋买卖合同纠纷案 ………………（223）
　吴某某与王某某房屋买卖合同纠纷案 ………………（225）
　马某胜与赵某、朱某房屋买卖合同纠纷案 …………（230）
　钟某珍与黄某兰房屋买卖合同纠纷案 ………………（232）
　洪某、赖某梅与陈某萍、饶某房屋买卖合同纠纷案 ……（234）
　重庆中房家苑房产经纪有限公司与冉某居间合同纠
　　纷案 …………………………………………………（237）
　李某芬与舒某勇、何某春所有权确认纠纷案 ………（241）
　万某根与李某、第三人李某利离婚后财产纠纷案 …（244）
　王某国等人与枣庄市房产管理局行政登记纠纷案 …（248）
　黄某琴与张某竣、广州加怡房地产开发有限公司相
　　邻损害关系纠纷案 …………………………………（251）
二、相关主要法律法规 ……………………………………（254）
　中华人民共和国城市房地产管理法 …………………（254）
　中华人民共和国建筑法 ………………………………（265）

商品房销售管理办法 …………………………………… (277)
城市商品房预售管理办法 ………………………………… (286)
商品房销售面积计算及公用建筑面积分摊规则(试行) … (289)
房产测绘管理办法 ………………………………………… (291)
最高人民法院关于审理商品房买卖合同纠纷案件适用
　法律若干问题的解释 …………………………………… (295)
最高人民法院关于审理建筑物区分所有权纠纷案件具
　体应用法律若干问题的解释 …………………………… (300)

第一章　商品房认购与预售

一、商品房认购

1. 什么是商品房认购书

商品房认购书又称商品房认购协议、商品房预购书、商品房认购意向书、商品房订购书等,是商品房买卖双方当事人在签署预售契约或买卖契约前所签订的文书,是商品房买卖双方在签订商品房预售合同或商品房现房买卖合同之前所签订的文书,是对双方交易房屋有关事宜的初步确认。

商品房认购合同是约定商品房买卖合同基本事项,以约束双方继续就合同订立进行磋商谈判的合同。合同载体包括认购书、订购书、优先购买协议等文书。

认购合同与商品房买卖合同属于预约与本约之关系,二者合同内容、合同目的、权利义务、违约形态、违约责任形式等存在较大区别,但认购书具备一定条件可以认定为买卖合同,当事人义务将产生质的变化,由双方履行磋商义务变更为出卖人交付房屋、买受人支付价款。

2. 商品房认购书包括哪些内容

一般来说,商品房认购书包括:
(1)买卖双方当事人的基本情况。商品房认购书一般只有两方合同当事人,即开发商与购房者。基本情况一般包括双方当事人的姓名、名称、住所。

(2)房屋的基本情况。在订立商品房认购书时,消费者一定要认真细致、小心谨慎。要注意以下基本情况的约定:坐落位置,面积,价款,户型等。

(3)房屋价款计算。对商品房的价款在商品房认购书中约定可以避免合同双方当事人将来的纠纷,但过早的约定价款也会使缺乏购房经验的人过早地陷入商品房认购书的陷阱。

(4)定金。定金是指合同当事人为确保合同的履行,依据法律规定或当事人双方的约定,由一方当事人在合同订立时或订立后、于履行前预先支付给对方的一定货币。

(5)签署正式买卖合同的期限。商品房认购书的标的是合同双方就特定的房屋在特定的时间进行订立商品房买卖合同的行为。无论是特定的房屋还是特定的时间,这个特定都是由双方约定加以确定的。

3. 签订商品房认购书应注意哪些事项

在签署、履行商品房认购书阶段,购房者有必要注意以下事项:

(1)签订认购书前,要先看《商品房买卖合同》文本。在与开发商签署商品房认购书之前,一定不要只注意到有关房屋及小区本身的情况,而应该同时要求开发商提供正式的、供签约用的《商品房买卖合同》文本。

(2)对于《商品房买卖合同》文本,一定要仔细审阅。一定要对开发商提供的《商品房买卖合同》文本进行仔细、全面的考虑,并就有关问题与开发商进行先期的沟通。

(3)对于重要的问题,一定要得到肯定答复。在购房者关心的有关问题,包括合同条款问题得到开发商大致肯定的答复之后,购房者才能与开发商签署商品房认购书。

(4)避免与开发商在商品房认购书中约定定金条款。考虑到购房者实际上要承担较大程度的定金条款的约束力,购房者应尽量避免与开发商在商品房认购书中约定定金条款,而代之以"订金",并明确约定,如因双方对于买卖合同条款的分歧而无法签署买卖合同的,订金应全额返还。

4. 商品房认购书的违约责任有哪些

(1)开发商应该承担的违约责任。开发商如果违约不与认购者签订房屋买卖协议的,认购人有权要求开发商继续履行合同,签订预售合同或者商品房买卖合同。但由于法律并不强制平等主体之间订立民事合同,所以要实现这一权利,是非常困难的。而在房价波动不大时,认购人有权要求开发商双倍返还定金。在房价上涨明显时,认购人除可要求适用定金罚则以外,还可以要求开发商赔偿差价损失。

(2)认购人应该承担的违约责任。在认购人违约不与开发商订立预售合同的,法院通常不会要求认购人承担继续履行签订预售合同或者签订商品房买卖合同的责任,这是因为法律并不强制平等主体间签订民事合同。开发商通常会没收定金,对于房价下跌比较多的,开发商可以要求认购人另行赔偿部分差价损失。

5. 商品房认购书与房屋买卖合同有何关系

(1)商品房认购书对于房屋买房合同的作用。商品房认购合同是约定商品房买卖合同基本事项,以约束双方继续就合同订立进行磋商谈判的合同。合同载体包括认购书、订购书、优先购买协议等文书。认购合同与商品房买卖合同属于预约与本约之关系,二者合同内容、合同目的、权利义务、违约形态、违约责任形式等存在较大区别,但认购书具备一定条件可以认定为买卖合同,当事人义务将产生质的变化,由双方履行磋商义务变更为出卖人交付房屋、买受人支付价款。

《最高人民法院关于审理商品房买卖合同纠纷案件适用法律若干问题的解释》(以下简称《审理商品房买卖纠纷解释》)第五条规定了认定条件:商品房的认购、订购、预订等协议具备《商品房销售管理办法》第十六条规定的商品房买卖合同的主要内容,并且出卖人已经按照约定收受购房款的,该协议应当认定为商品房买卖合同。

(2)认购书和房屋买卖合同的法律效力差别。签订认购书并不等于预售商品房,认购书不是商品房买卖合同。没有取得商品房预售许可证条件下签订认购书并没有违反法律或行政法规的强制性规定,因此是有效的。

商品房认购书和商品房买卖合同虽然具有内在的"预约与本约"的联系,但"认购"不等于"预售"。商品房认购书以"谈判和签约的行为"为标的,以"固定交易机会"为目的;而商品房买卖合同以"商品房实物"为标的,以"达成交易"为目的。

6. 商品房认购书有法律效力吗

很多购房者认为,在整个交易过程当中,只有最终要签署的《商品房买卖合同》是有效合同,而商品房认购书并不是正式合同,充其量也就是意向书而已,并不具备合同的约束力,因此,商品房认购书中所列有关定金罚则自然也就没有约束力。那么,认购书的效力到底如何呢?

其实,无论是基于什么样的角度来否认商品房认购书的法律效力,这种态度都是不严肃的。一方面,认购人在商品房认购书上签署名字,承诺会遵守有关约定;另一方面,却又在准备着到某一时候来否认该商品房认购书以及自己签字的效力,这样势必给整个交易增加困难,同时也会对交易双方之间最初的信任造成严重的损害。

7. 认购书中的定金可以退吗

认购书的定金可以退吗？这个问题需要根据不同情况区别对待：

(1)如在起诉前开发商还未取得商品房预售许可证,那么这份房屋认购书就是无效的,定金需要退回。

(2)如果买方没有按照认购书规定的时间、地点去签约,属买方违约,定金不予返还;卖方在认购书规定的期限内将认购房屋转售他人而导致未能正式签约,属卖方违约,应双倍返还定金。

(3)如果双方在规定的期限内,正式签订合同,则定金在买方履约后,可抵作房款或收回;双方履行正式合同过程中,一方违约的,适用"不予返还"或者"双倍返还"。

(4)如果双方都不存在上述第一项的违约行为,仅对预售(销售)契约及补充协议内容难以达成一致,而未能签约的,卖方应把定金全数返还买方。

(5)如果一方在正式签约时对认购书中确认的条件,如价格、房号、面积等进行修改而导致签约未成,视为违约,买方违约的,定金不予返还;卖方违约的,应双倍返还定金。

8. 如何处理商品房认购书纠纷

商品房认购书从作用上来说,对开发商更为有利。若购房者认为商品房认购书的内容过分向开发商倾斜而不满意的,可视具体情况采用适当解决方法。对商品房认购书中订立后发现的新风险、新问题也可根据不同情况采用相应的对策。

对因显失公平等原因令购房者不满意的商品房认购书,购房者可采用以下方法解决:

(1)与开发商协商,订立补充协议。当事人协商解决是解决纠纷的最好方式,与诉讼相比,它没有诉讼成本,速度快、效率高,对缓解矛盾以及预防诉讼风险等都有好处。但它由于没有国家强制力为保证,也没有第三人的裁决,往往因双方无法达成一致而没有效果。对于购房者来说,在与开发商协商订立补充协议的过程中,要注意把握要求的分寸,不仅要合法还要合情合理,这样有助于双方缩小差距,提高订立补充协议的可能。补充协议中可以对原合同中不妥的条款进行修改,尽量实现公平。

(2)向人民法院起诉,撤销该协议。这种解决方式适用于因重大误解订立的或订立合同时显失公平及以严重欺诈而订立的合同,对其他仅因购房者不满意的合同不适用。而适用这种解决方式时应注意两点:一是情况严重到需要撤销该协议,如果原合同中没有约定较多的定金、订金或者严厉的违约责任条款,则难以适用这种方法;二是购房者行使撤销权的时间应符合要求,既要在一年内即法律规定的行使除诉权的有效期间内提出,又要在签订商品房买卖合同前提出。

如在双方的商品房认购书中有选择仲裁的条款,且该条款有效,购房者应向仲裁机构申请仲裁。在采取这种方法时,购房者一定要注意采集证据,因为购房者必须以足够的证据来证明自己主张的事实。

(3)对商品房认购书订立后,购房者发现的新风险、新问题,同样可采取协商方式解决,对新发现的,诸如开发商无实力履行合同等新情况,可采用书面通知解除合同的方式解决,如发现开发商的经营情况严重恶化,笔者建议应尽快起诉至法院,并申请采取诉前保全措施,以减少损失。

(4)在司法实践中,法院会将认购书定性为预约合同,其定金约定功能是为了担保本约即购房合同的签订,可见认购书中约定的定金应为立约定金。因此在签订商品房认购书之后,若购房者拒绝签订购房合同,根据我国相关法律规定,则会丧失定金,而若开发商拒绝签订购房合同,则应向购房者双倍返还定金。

第一章 商品房认购与预售

商品房认购意向书（样本）

甲方：(出卖人)_____　　乙方：(买受人)_____
法定代表人：_____　　　地址：_____
地址：_____　　　　　　邮编：_____
邮编：_____　　　　　　电话：_____
电话：_____　　　　　　身份证号码：_____
传真：_____

为了保护商品房交易双方的合法权益，甲、乙双方经友好协商，就乙方认购甲方开发建设的商品房一事达成如下协议：

一、房屋基本情况

乙方预定甲方开发建设的位于_____市_____区县_____路_____号_____楼盘：_____号楼_____单元_____号房屋，建筑面积_____平方米，其中套内建筑面积_____平方米，公用建筑分摊面积为_____平方米。房屋单价_____元（美元）/平方米，_____总房款为（小写）_____元，（大写）_____元。户型为_____。

二、认购期间

甲方承诺为乙方所预定房屋保留____天（自____年____月____日至____年____月____日）。

三、定金

本协议签订时，乙方向甲方支付定金人民币（小写）_____元，（大写）_____元。乙方须在上述房号保留期限内，携本协议到甲方售楼处，与甲方协商签订《商品房买卖（预售）合同》有关事宜。上述定金在甲、乙双方签订《商品房买卖（预售）合同》时，由甲方退还乙方或抵作该房屋的购房价款。

四、付款方式

乙方同意选择下列_____种付款方式,在与甲方签订《商品房买卖(预售)合同》后向甲方支付购房价款。

1. 一次性付款

2. 分期付款:于签约当日付_____%,剩余房款在_____日内分_____次付清;

3. 个人住房抵押贷款:于签约当日付清房屋总价___%的首付款。

五、证明文件

甲方应向乙方出示下列证件及其附属材料,甲方保证以下资格认证文件真实无瑕疵。

1. 企业法人营业执照　　　　　　证号:
2. 政府立项证明　　　　　　　　证号:
3. 房地产开发企业资质证书　　　证号:
4. 国有土地使用权证书　　　　　证号:
5. 建设工程规划许可证(包括附图) 证号:
6. 建设用地规划许可证　　　　　证号:
7. 施工许可证　　　　　　　　　证号:
8. 房屋销售许可证　　　　　　　证号:

六、甲方承诺

1. 具备商品房销售(预售)条件,如果甲方故意隐瞒重要事实或者提供虚假情况导致此协议无效,甲方应承担缔约过失责任,除退还乙方定金外,还应赔偿乙方利息等资金损失及其他有关财产损失。

2. 在本协议签订后,须为乙方保留该房屋至保留期届满之日止,且不得与第三方签订该房屋之商品房认购协议书或商品房买卖(预售)合同;并承诺在乙方携本协议与甲方签订《商品房买卖(预售)合同》时,甲方将完全履行本协议中约定的房屋位置、面积、价款、户型等条款。如甲方违反上述约定,甲方需向乙方双倍返还定金,同时本协议自动失效。

七、乙方承诺

本协议签订后,在上述约定的时间内到甲方指定的地点与甲方签订商品房买卖(预售)合同,并承诺在与甲方签订商品房买卖(预售)合同时,乙方将完全遵循本协议中约定的房屋位置、面积、价款、户型等条款。如乙方不能履行本协议书确定的义务,视为乙方自行放弃该房屋的房号保留权,甲方有权终止本协议的履行,并将该房屋另行出售,同时乙方已交付的定金甲方不予返还。

八、其他

甲方出现以下情形之一,乙方有权解除协议,甲方应向乙方全额返还定金。

1. 甲方依本协议第五条向乙方提供的证明文件不完整、不真实或有瑕疵,导致双方不能签订商品房买卖(预售)合同的;

2. 甲方存在其他违法行为导致双方不能签订商品房买卖(预售)合同的;

3. 甲、乙双方经协商未能就补充协议达成统一意见的。

九、不可抗力

1. 如果本协议在执行过程中受到诸如:地震、台风、洪水、火灾、战争或其他双方认可的不可预见的不可抗力的直接影响,或无法按照原协议条款执行,受不可抗力影响的一方应立即以传真通知对方,并且在此以后5天内将发生事故地区有关部门开具的事故证明寄给对方。

2. 因政府产业政策发生变化而导致本协议无法履行时,甲、乙双方可以解除本协议并免责。

十、本协议自甲乙双方签字之日起生效。

十一、本协议一式两份,甲乙双方各执一份,均具有同等法律效力。

甲方:　　　　　　　　　　　　乙方:
法定代表人:
　　日期:　　　　　　　　　　　　日期:

二、商品房销售广告

9. 商品房销售广告的性质如何确定

根据《房地产广告发布暂行规定》,房地产广告,是指房地产开发企业、房地产权利人、房地产中介服务机构发布的房地产项目预售、预租、出售、出租项目转让及其他房地产项目介绍的广告。

(1)商品销售广告属于要约邀请还是要约?根据《中华人民共和国合同法》(以下简称《合同法》)第十五条第一款的规定,商业广告在原则上是一种要约邀请,一般情况下不能将未订立合同中的宣传广告内容作为合同内容看待。

但是商业广告若具有确定的内容,且表明经他人承诺即对其产生法律约束力的,该商业广告则应视为要约,只要他人做出相应的承诺,即发生合同的效力,成为合同的组成部分,并对双方当事人产生法律效力。

(2)根据最高人民法院《审理商品房买卖纠纷解释》关于商品房销售广告的特殊规定。在"解释"出台之前的审判实践中,商品房广告中的许诺往往被认定为要约邀请,不会进入合同而成为合同条款的一部分,当然开发商也不必为其"承诺"承担任何法律责任。实际上,购买人常常就是对商品房的广告、宣传的信任才决定进行交易的,而开发商提供的这个不实信息,对交易有重大的影响,理应担责。

10. 对房地产广告有什么要求

根据商品房销售管理办法有关规定,房地产开发企业、房地产中介服务机构发布商品房销售宣传广告,应当执行《中华人民共和国广告法》(以下简称《广告法》)《房地产广告发布暂行规定》等有关规定,广告内容必须真实、合法、科学、准确。房地产开发企业、房地产中介服务机构发布的商品房销售广告和宣传资料所明示的事项,当事人应当在商品房买卖合同中约定。

《广告法》规定,广告应当真实、合法,符合社会主义精神文明建设的要求。广告不得含有虚假的内容,不得欺骗和误导消费者。广告主、广告经营者、广告发布者从事广告活动,应当遵守法律、行政法规,遵循公平、诚实信用的原则。广告不得损害未成年人和残疾人的身心健康。广告中对商品的性能、产地、用途、质量、价格、生产者、有效期限、允诺或者对服务的内容、形式、质量、价格、允诺有表示的,应当清楚、明白。广告中表明推销商品、提供服务附带赠送礼品的,应当标明赠送的品种和数量。广告使用数据、统计资料、调查结果、文摘、引用语,应当真实、准确,并表明出处。

利用广告对商品或者服务做虚假宣传的,由广告监督管理机关责令广告主停止发布、并以等额广告费用在相应范围内公开更正消除影响,并处广告费用一倍以上五倍以下的罚款;对负有责任的广告经营者、广告发布者没收广告费用,并处广告费用一倍以上五倍以下的罚款;情节严重的,依法停止其广告业务。构成犯罪的,依法追究刑事责任。违反本法规定,发布虚假广告,欺骗和误导消费者,使购买商品或者接受服务的消费者的合法权益受到损害的,由广告主依法承担民事责任;广告经营者、广告发布者明知或者应知广告虚假仍设计、制作、发布的,应当依法承担连带责任。广告经营者、广告发布者不能提供广告主的真实名称、地址的,应当承担全部民事责任。

房地产广告必须真实、合法、科学、准确、符合社会主义精神文明建设要求,不得欺骗和误导公众。凡下列情况的房地产,不得发布广告:

(1)在未经依法取得国有土地使用权的土地上开发建设的;

(2)在未经国家征用的集体所有的土地上建设的;

(3)司法机关和行政机关依法裁定、决定查封或者以其他形式限制房地产权利的;

(4)预售房地产,但未取得该项目预售许可证的;

(5)权属有争议的；

(6)违反国家有关规定建设的；

(7)不符合工程质量标准,经验收不合格的；

(8)法律、行政法规规定禁止的其他情形。

11. 房地产广告应有哪些明确事项

发布房地产广告,应当具有或者提供下列相应真实、合法、有效的证明文件：

(1)房地产开发企业、房地产权利人、房地产中介服务机构的营业执照或者其他主体资格证明；

(2)建设主管部门颁发的房地产开发企业资质证书；

(3)土地主管部门颁发的项目土地使用权证明；

(4)工程竣工验收合格证明；

(5)发布房地产项目预售、出售广告,应当具有地方政府建设主管部门颁发的预售、销售许可证；出租、项目转让广告,应当具有相应的产权证明；

(6)中介机构发布所代理的房地产项目广告,应当提供业主委托证明；

(7)工商行政管理机关证明。

房地产预售、销售广告,必须载明以下事项：

(1)开发企业名称；

(2)中介服务机构代理销售的,载明该机构名称；

(3)预售或者销售许可证书号；广告中仅介绍房地产项目名称的,可以不必载明上述事项。

房地产广告涉及面积的,应当表明是建筑面积或者使用面积。房地产广告涉及内部结构、装修装饰的,应当真实、准确。预售、预租商品房广告,不得涉及装修装饰内容。房地产广告中使用建筑设计效果图或者模型照片的,应当在广告中注明。房地产广告中不得出现融资或者变相融资的内容,不得含有升值或者投资回报的承诺。房地产广告中涉及贷款服务的,应当载明贷款的银行名称及贷款额度、年度。房地产广告中不得含有广告主能够为入住者办理户口、就业、升学等事项的承诺。房地产广告中涉及资产评估的,应当表明评估单位,估价师和评估时间;使用其他数据、统计资料、文摘、引用语的,应当真实、准确,表明出处。

12. 房地产广告如何审查

2002年3月25日,国家工商行政管理总局和建设部发布《关于进一步加强房地产广告管理的通知》,针对房地产广告宣传中存在着虚假、夸大等问题,侵害了购房者的合法权益,各级工商行政管理、房地产管理部门要按照国务院关于整顿和规范市场经济秩序的要求,把加强房地产广告的管理列入整顿和规范房地产市场和集中整治广告市场秩序的重要内容。要集中力量,对房地产广告特别是房地产网络广告进行一次全面检查和清理,重点检查以下广告:

(1)尚不具备销售条件发布的房地产广告。主要包括:未按法定程序办理国有土地使用权出让、转让手续,擅自开发建设的房地产项目,进行广告宣传的;未按法定程序办理房地产项目建设有关手续,或手续不全,进行广告宣传的;工程质量验收不合格,权属有争议以及政府限制销售等不具备销售条件,进行广告宣传的;未按法定程序取得商品房预售许可证而进行广告宣传的。

(2)含有虚假、夸大宣传内容的房地产广告。主要包括:向购房者承诺与实际情况不符或根本无法兑现的各种价格优惠、服务标准、环境及配套设施、物业管理的;未能按规定的要求明示价格、面积等内容的。

(3)其他违反《广告法》《房地产广告发布暂行规定》的房地产广告。加强对预售商品房广告的管理。各级房地产管理部门应加强对商品房预售行为的管理,对于已经取得预售许可证的项目,应当及时通过网上或其他途径,向社会公布,并设立网上或电话查询业务。未取得商品房预售许可证的房地产开发企业,不得以"内部认购""内部认订""内部登记"等名目发布广告。

禁止在房地产广告中出现各类乱评比、乱排序等对房地产项目进行综合评价的内容。房地产开发企业、房地产中介服务机构发布的各种形式的房地产广告,其中明示及承诺的内容和事项,应当与购房者在商品房买卖合同中予以明确。

各级工商行政管理、房地产管理部门要相互配合,齐抓共管。对违法发布房地产广告和不兑现广告承诺内容的房地产企业,房地产管理部门可责令其限期改正,逾期不改正的可通过新闻媒体曝光,并根据《房地产开发企业资质管理规定》,在年检中予以降级或者注销资质等级;工商管理部门要加强对房地产广告的监测,对违法房地产广告依法予以查处。

13. 商品房销售广告有效力吗

对于商品房销售广告有没有效力的问题我们可以结合上文的内容来进一步讨论。商品房销售广告是否有效力与对它的性质认定有关,如果它符合《商品房买卖合同纠纷解释》的规定属于合同的内容,就有效力。那么,什么样的广告能适用《商品房买卖合同纠纷解释》的规定呢?

(1)所做说明及允诺具体确定,即有明确具体的交房标准、交房日期、设备品牌、外观形象,确定的小区规划目标、配套设施。

(2)广告的内容是对商品房开发范围内的房屋及相关设施所做的说明和允诺,包括作为买卖合同标的物的房屋本身的位置、朝向、户型、结构、空间尺寸等。

(3)对商品房买卖合同的订立和价格的确定具有重大影响,即广告内容不仅对购房人具有重大的心理诱惑,对买卖合同的订立产生重要的影响,而且属于房屋价格的构成要件。如优惠购买的折扣、随房赠送的附属设施,免费或优惠享受的配套设施,房屋的质量、环境和设备品牌的说明和允诺。

总的来说,商品房销售广告对于消费者来说有很大的诱惑力,但是同时又有很大的迷惑性,哪些该相信,哪些不符合现实可以追究房产开发商的责任?面对强势的开发商,建议在签订买房合同前一定要咨询专业的法律人士,以保障自己的合法权益。

14. 商品房销售广告不实应负什么责任

什么时候买房者可以追究房地产企业发布不实商品销售广告的责任呢?按照司法解释的规定,必须符合下面的条件:

(1) 所作说明及允诺具体确定,即有明确具体的交房标准、交房日期、设备品牌、外观形象,确定的小区规划目标、配套设施。

(2) 广告的内容是对商品房开发范围内的房屋及相关设施所做的说明和允诺,包括作为买卖合同标的物的房屋本身的位置、朝向、户型、结构、空间尺寸等。

(3) 对商品房买卖合同的订立和价格的确定具有重大影响,即广告内容不仅对购房人具有重大的心理诱惑,对买卖合同的订立产生重要的影响,而且属于房屋价格的构成要件。如优惠购买的折扣、随房赠送的附属设施,免费或优惠享受的配套设施,房屋的质量、环境和设备品牌的说明和允诺。

总的来说,商品房销售广告的法律效力与它承诺的内容有关,而消费者在购买房屋时总是难免受到广告的影响,如果广告与现实不符,肯定会侵害到消费者的权益。但是具体能不能追究责任却要具体分析,如果您遇见这种情况最好咨询一下专业的法律人士,以免被广告所误导而造成损失。

三、商品房预售条件

15. 什么是商品房预售

根据《城市商品房预售管理办法》的规定,商品房预售是指房地产开发企业将正在建设中的房屋预先出售给买受人,由买受人支付定金或房价款的行为。房地产开发企业与买受人就上述行为所签订的合同就是商品房预售合同。商品房预售应当符合下列条件：

（1）已交付全部土地使用权出让金，取得土地使用权证书；

（2）持有建设工程规划许可证和施工许可证；

（3）按提供预售的商品房计算，投入开发建设的资金达到工程建设总投资的25%以上，并已经确定施工进度和竣工交付日期。

一般而言，很多房产项目在预售时，证书不是很全，虽然有些可以慢慢补齐，并不影响买家的购买与居住，但是也有可能潜伏着风险，所以，在签约之前，最好还是看一下有关该房产项目的权属证书后再做决定。这里所说的权属证书，主要包括以下内容：

（1）开发商是否已经交清了土地出让金，并获得了国有土地使用权证；

（2）开发商是否持有建设工程规划许可证；

（3）开发商是否持有建设用地规划许可证；

（4）开发商是否持有开工证；

（5）开发商是否持有销售许可证。

另外，买家还需注意上述证明文件中的建设单位、项目、建筑面积是否前后一致，是否同与您签约的开发商名称一致，不一致的话将会给买家办理产权证带来麻烦。并且，从我们的工作经验看，缺少部分证书倒并不一定真会有风险，但是，如果该房产项目存在假造证书的情况，则几乎必有较大的风险存在，请买家注意。

16. 什么是商品房预售许可制度

商品房预售实行预售许可制度。商品房预售条件及商品房预售许可证明的办理程序，按照《城市商品房预售管理办法》的有关规定执行。开发经营企业进行商品房预售，应当向城市、县房地产管理部门办理预售登记，取得商品房预售许可证。开发经营企业申请办理商品房预售许可证应当提交下列证件（复印件）及资料：

（1）开发经营企业的营业执照。

（2）建设项目的投资立项、规划、用地和施工等批准文件或证件。

（3）工程施工进度计划。

（4）投入开发建设的资金已达工程建设总投资的25％以上的证明材料。

（5）商品房预售方案。预售方案应当说明商品房的位置、装修标准、交付使用日期、预售总面积、交付使用后的物业管理等内容，并应当附商品房预售总平面图。

（6）需向境外预售商品房的，应当同时提交允许向境外销售的批准文件。

开发经营企业进行商品房预售，应当向买受人出示商品房预售许可证。售楼广告和说明书必须载明商品房预售许可证的批准文号。未取得商品房预售许可证的，不得进行商品房预售。

房地产开发企业申请办理商品房预售登记，还应当提交下列文件：

（1）营业执照和资质等级证书；

（2）工程施工合同；

（3）预售商品房分层平面图；

（4）商品房预售方案。

17. 购买期房要注意哪些事项

（1）仔细了解房地产开发商的相关资质及开发手续。对于购房者而言首先应对开发商的资质、资信和商品房开发的证件进行详细的调查了解，这至关重要。必要的时候可以聘请专业的律师为您进行调查。选择信誉高、实力强、业绩好的开发商可以降低购房者的购房风险。其中，最重要的是要查看开发商是否"五证"齐全。所谓的"五证"是指国有土地使用证、建设用地规划许可证、建设工程规划许可证、建设工程施工许可证（建设工程开工证）、商品房销售（预售）许可证。只有以上"五证"齐全的购买风险才能降到最低。《最高人民法院关于审理商品房买卖合同纠纷案件适用法律若干问题的解释》第二条规定,出卖人未取得商品房预售许可证明,与买受人订立的商品房预售合同,应当认定无效。

购买房产时,购房人应尽量查看开发商开发房产手续的原件,因为复印件比较容易篡改或者伪造。除此之外,常见的欺诈手段还有用一期项目手续卖二期商品房或用甲方手续卖乙方商品房等;此外对购房者拟选购房屋进行无查封、无抵押、无预售的"三无"调查,以保证所购房屋转让的合法性。

(2)注意楼盘宣传海报。大部分房地产公司在自己的楼盘尚未正式开盘便开始了宣传工作。印制大量的楼盘广告广为发放,制造种种"亮点"以赚取人们的眼球,以期达到更好的宣传效果。而购房者往往容易落入这样的"美丽"陷阱。最高人民法院的下列规定应该重视:"商品房的销售广告和宣传资料为要约邀请,但是出卖人就商品房开发规划范围内的房屋及相关设施所做的说明和允诺具体确定,并对商品房买卖合同的订立以及房屋价格的确定有重大影响的,应当视为要约。该说明和允诺即使未载入商品房买卖合同,亦应当视为合同内容,当事人违反的,应当承担违约责任。"

(3)重视"不可抗力"条款的约定。对于不可抗力问题,《中华人民共和国民法通则》(以下简称《民法通则》)第一百零七条明确规定:"因不可抗力不能履行合同或者造成他人损害的,不承担民事责任,法律另有规定的除外。"一旦延期交房,开发商多以"不可抗力"为由推卸责任。为防止这方面的损失,购房人在签约时,一定要对涉及不可抗力的有关条款给予高度重视。由于延期交房是商品房交易中的一个比较突出而又常见的问题,为避免自身承担违约责任,开发商经常以不可抗力为借口,并将一些对于开发商而言常见的违约情形作为不可抗力的约定写入"不可抗力"条款。为防止这方面的损失,购房人在签约时,一定要对涉及不可抗力的有关条款给予高度重视。不能让开发商为自己规避法律风险而损害了购房人的权益。

18. 商品房预售的法律责任是什么

《商品房销售管理办法》第四十二条规定，房地产开发企业在销售商品房中有下列行为之一的，处以警告、责令限期改正，并可处以1万元以上3万元以下罚款。

(1)未按照规定的现售条件现售商品房的；

(2)未按照规定在商品房现售前将房地产开发项目手册及符合商品房现售条件的有关证明文件报送房地产开发主管部门备案的；

(3)返本销售或者变相返本销售商品房的；

(4)采取售后包租或者变相售后包租方式销售未竣工商品房的；

(5)分割拆零销售商品住宅的；

(6)不符合商品房销售条件，向买受人收取预订款性质费用的；

(7)未按照规定向买受人明示商品房销售管理办法、商品房买卖合同示范文本、城市商品房预售管理办法的；

(8)委托没有资格的机构代理销售商品房的。

19. 预售合同如何进行备案

商品房预售，开发经营企业应当与买受人签订商品房预售合同。预售人应当在签约之日起30日内持商品房预售合同向县级以上人民政府房地产管理部门和土地管理部门办理登记备案手续。商品房的预售可以委托代理人办理，但必须有书面委托书。预售的商品房最终成交交付后，买受人应及时持有关凭证到县级以上人民政府房地产管理部门和土地管理部门办理权属登记手续。

20. 预售商品房如何转让

预售后的商品房，买受人按期付足购房款，在签订的交接日期前，若需转让的，转让双方须到交易所办理转让。原商品房购销合同规定的权利义务随之转移。开发企业不得私自办理更名手续。

预售合同登记备案后,买受人需转让预售的商品房的,应当按照下列规定办理:

(1)尚未付清预售商品房总价款的,买受人应当在征得房地产开发企业同意后,与受让人订立预售商品房转让的合同。

(2)已经付清预售商品房总价款的,买受人可以与受让人订立预售商品房转让的合同,并通知房地产开发企业。

(3)预售的商品房转让时,预售合同载明的权利、义务随之转移。

买方与转让方应在预售合同上做背书,在背书签字之日起15日内,双方持有关证件到市场处办理转让登记,审验商品房购销合同及有关资料,转让双方填写预售房地产转让申请审批表;在转让登记申请表上签字,市场处在办理转让登记之日起10日内通知卖方。复核审批,收缴有关税费,办理转让监证。同时,办理预售房地产转让须提交的资料:转让方提供经登记监证的商品房购销合同;购房发票或收据;开发企业出具的证明;转让方合法的身份证明。受让方提供合法的身份证明。

四、商品房预售合同

21. 什么是商品房预售合同

商品房预售合同是指商品房预售方和预购方双方约定,预售方在约定时间内将建成的商品房所有权转移给预购方,预购方向预售方交付定金或部分房款并按期接受商品房的书面协议。

根据《城市商品房预售管理办法》的规定,商品房预售是指房地产开发企业将正在建设中的房屋预先出售给买受人,由买受人支付定金或房价款的行为。房地产开发企业与买受人就上述行为所签订的合同就是商品房预售合同。商品房预售合同是以建造中的房屋为标的物,属于买卖合同的一种,但商品房预售合同与一般买卖合同又有所不同。

22. 签订商品房预售合同有哪些程序

房地产开发企业取得商品房预售许可证后,方可按照以下程序进行商品房预售:

(1)订立预售合同。房地产开发企业预售商品房时,应当向买受人出示商品房预售许可证,参照市房地局制定的示范文本,与买受人订立预售合同。

(2)预售合同的登记备案。房地产开发企业和买受人应当在预售合同生效后,将预售合同送交房地产交易管理机构。对不符合规定条件或者手续的,房地产交易管理机构应当在5日内书面通知当事人;对符合规定条件和手续的,房地产交易管理机构应当将预售合同移交房地产登记机构,由房地产登记机构按照《房地产登记条例》的规定登记备案。

预售合同的登记备案应当在房地产交易机构向房地产登记机构移交预售合同之日起5日内完成,并由房地产交易管理机构书面通知当事人领取经登记备案的预售合同。

(3)预售款的收取。房地产开发企业根据商品房建设工程的进度,分期收取商品房预售款。但预售合同另有约定的,从其约定。房地产开发企业收取的商品房预售款,应当专项用于所预售的商品房建设。

(4)办理预售商品房的过户手续。预售商品房的房地产开发企业应当在依法办理新建商品房初始登记并取得房地产权证书后,与买受人向房地产交易管理机构提出过户申请,办理房地产权利变更登记。在预售期间,转让当事人就预售合同约定的事项有变更的,如建筑设计变更、建筑面积变更等,应当签订补充合同。补充合同是预售合同的组成部分,办理交易过户手续应当一并向房地产交易管理机构提供。

23. 签商品房预售合同应注意哪些问题

(1)签合同前先确定预售方是否有预售资格。预售方必须是经过批准设立,并在工商行政管理部门登记注册的房地产开发企业。房地产开发企业是以营利为目的,从事房地产开发和经营的企业。但是,如果不具备房地产开发经营资格的企业,在《城市房地产管理法》施行之前,与他人订立了商品房预售合同,而在一审诉讼期间依法取得了房地产开发经营资格,则可以认定合同有效;预售方必须交付全部土地使用权出让金,取得土地使用权证书。但在《城市房地产管理法》施行之前,预售方没有取得土地使用权证书,但投入了一定的开发建设资金,进行了施工建设,并与他人订立了商品房预售合同,而在一审诉讼期间补办了土地使用权证书的,则可以认定合同有效;预售方必须取得建设工程规划许可证,投入的开发资金必须符合法律的要求。预售方必须按提供预售的商品房计算,投入开发建设的资金达到工程建设总投资的百分之二十五以上,并已经确定施工进度和竣工交付日期;预售方必须取得商品房预售许可证明。但在《城市房地产管理法》施行之前,预售方没有取得商品房预售许可证明的,而在一审诉讼期间补办了商品房预售证明的,则可以认定合同有效。

(2)签合同前先确定开发商是否有权属证书。这里所说的权属证书主要包括:国有土地使用权证;建设工程规划许可证;建设用地规划许可证;开工证;销售许可证。买家还须注意上述证明文件中的建设单位、项目、建筑面积是否前后一致,是否同与您签约的开发商名称一致。

(3)签合同前先对定金问题进行咨询。购房者在签合同前应先对定金问题进行咨询。比如,有些开发商在买家交了定金但没有申请到银行按揭贷款时只退购房款而不退定金,这种做法是没有法律依据的。并不是每个人都能申请到按揭贷款,因此,建议买家最好先向销售方进行咨询,若遇到买家得不到按揭贷款等情况,定金该如何返还,是否要扣除部分作为手续费等。

24. 商品房预售合同的主要内容有哪些

(1)房屋面积。预售商品房的销售面积是开发商提供施工图纸,由有资质的测绘部门根据图纸测算出来的,与几年之后真正建好的商品房或多或少会存在一些误差,这也是期房的风险所在。

(2)房屋交付条件。期房的交付,最好约定一个双方认可的交付标准。关于土地使用年限也是我们应该注意的问题。

(3)商品房预售的价格和付款。价格条款应该比较明确,应有相应的细项约束开发商不得随意加价,不应包括其他各种不合理费用。在付款方式条款中,应明确、详细规定付款方式,如缴纳定金的时间、数额,分期付款的步骤、时间、数额等。我国房地产管理法规虽然对商品房预售的条件和程序进行了规定,但对预售款征收的数额和期限却没有统一的规定,因而当事人应在合同中明确支付预售款的方式和期限。根据建设部的规定,预收商品房预售款,在房屋开工建设时不得超过40%,待建房工作量完成一半时再收至60%,到房屋封顶可收至95%,到房屋交付使用时再全部收取。开发商建设工程进度延期,购房者的付款日期也相应顺延。同时,还应明确发生违约情况时双方的权利和义务。如购房者未按合同约定的时间付款,须与开发商具体约定逾期利息及追究违约责任的方案。在开发商未能按合同约定期限内将该房屋交付,购房者有权向开发商追索逾期利息及追究违约责任的方案。值得注意的是,两项权利和义务的约定,应是对等的、公平的。

(4)商品房预售的违约责任。在签订预售合同时,开发商往往要求买家交纳若干定金,这是无可非议的。但有时,有些买家因为最终得不到银行按揭贷款,因而无法购买该房产,开发商一般都只退购房款而不退定金,理由是买家没有履行合同,所以没收定金。这种做法是不正确的,依据《中华人民共和国担保法》(以下简称《担保法》)及《合同法》的规定,定金是一种担保方式,给付定金的一方不履行约定的债务的,无权要求返还定金。而得不到按揭贷款的客户无法买房,并不是一种违约情形,因此,不符合法律规定前提。所以,扣留买家定金是没有法律依据的。由于很多人是想通过按揭贷款买房子的,但并不是每个人都能申请到按揭贷款,因此,建议买家最好与开发商在协议中约定,若买家得不到按揭贷款时,定金该如何返还,是否要扣除部分作为手续费等,这样,就避免了很大的麻烦。

(5)关于房屋质量问题。有关房屋质量问题是近年来房产纠纷中一个很主要的方面。根据国家建设部的有关规定推行"两书"制度,即商品住宅实行质量保证书、住宅使用说明书制度,购房者在签订合同时,应认真推敲两书的内容,并将质保书作为合同附件,使其与主合同具有同等的法律效力。房产开发商一旦签发质保书,就必须守信履约,否则,就会受到法律和经济的制约。这样,购房者就可以在将来出现质量纠纷时,得到法律的有效保护。购房者在签合同时可以详细地把质量要求写进合同附件。例如,卧室、厨房、卫生间的装修标准、等级;建材配备清单、等级;屋内设备清单;水、电、气、管线通畅;门、窗、家具瑕疵;房屋抗震等级等质量要求都应涉及。合同中还可以规定房屋的保质期、附属设备保持期等。在发生质量问题时的处理办法,特别是责任范围及赔偿额度的确定,必要时可在补充条款中明确。同时还要与售房人确定工程质量问题的鉴定单位,保证鉴定者应具有相应的资质以及鉴定意见的公正性等。

(6)不可抗力问题。在购房程序中,购房人经常可以看到这样的条款:如遇到下列特殊原因,予以延期:不可抗力;施工中不可预见异常困难及重大技术问题不能及时解决;其他非甲方所能控制的事件;遇有国家政策、法规调整,致使影响合同履行等。实际上,该条款对开发商逾期交房某些免责因素的约定对购房者来说是不公平的,特别是"其他非甲方所能控制的事件"是一个非常模糊的概念,在实际履行合同时很难界定。因此,购房人在对开发商逾期交房的免责因素进行约定时一定要非常具体,要有确定性。例如,购房者在签署购房合同时,可要求开发商对施工中不可预见的异常困难及重大技术问题予以列明,对"非甲方所能控制的因素"进行界定,以免在开发商出现逾期交房时,逃避法律责任。

《民法通则》第一百五十三条规定:"本法所称的'不可抗力',是指不能预见、不可避免并不能克服的客观情况。"依照此法,房产买卖合同中设定了有关延伸、扩张。但售房方不能把开发商自己的过错,如:对市场判断不准确投资失误、项目设计不周密修改方案等因素归为不可抗力,同时也不能把应该预计到而没有预计到的季节影响、上级行为、政府行为等因素归为不可抗力,从而免除自己理应承担的违约责任。因此签订合同时,应特别注意"不可抗力"在合同中是如何界定的。

《民法通则》第一百零七条明确规定:"因为不可抗力不能履行合同或者造成他人损害的,不承担民事责任,法律另有规定的除外。"一旦延期交房,开发商多以"不可抗力"为由推卸责任。为防止这方面的损失,购房人在签约时,一定要对涉及不可抗力的有关条款给予高度重视,购房合同示范文本中延期交房的免责条款有两条:一是"人力不可抗拒的自然灾害";二是"施工中遇到异常困难或重大技术问题不能及时解决"。从实际发生的商品房买卖纠纷来看,因"人力不可抗拒的自然灾害"问题产生的纠纷较少,因"施工中遇到异常困难或重大技术问题不能及时解决"问题产生的纠纷较多。如果施工中遇到的异常困难及重大技术问题不能及时解决或有其他卖方不能控制的事件等可能存在,购房人可以考虑放弃,以免遗患无穷。

(7)争议解决条款。对于可能出现的纠纷,买卖双方可以采用协商方式解决,双方对签订的调解协议等书面文件合法有效,理应按此履行。另外,双方还可以选择仲裁或诉讼的方式进行解决。需要注意的是,如果双方选择仲裁方式解决纠纷,并且在签订合同或发生纠纷时订立仲裁条款或协议,那么如果一方提起仲裁,而另一方诉至法院请求诉讼时,法院是不会受理的,仲裁机构将一裁终局。如果没有签订仲裁协议或仲裁条款,则仲裁机构无权受理未来可能出现的纠纷。有些开发商要求客户在签订正式的预售契约后,再签订一个补充协议,两份协议中约定的纠纷处理方式有所不同,请买家注意协调统一,以免日后扯皮。

25. 如何降低商品房预售的风险

对于预售商品房从签约、付款到交付入住需要较长的时间,购房人在这段时间内要负担一定的风险,如房地产开发商是否如期交房、房屋质量是否符合合同的约定等。购房人应在以下几个方面注意风险防范:

(1)考察小区的周围环境。在购房时,除了对房屋本身的质量、结构、面积进行考察外,还需要了解小区的周围环境、交通是否便利、各种配套设施及环境污染程度等。另外,也需要对小区周围的远期规划进行了解,一般说来,政府对每一个地区的发展都会用城市规划来控制,购房人在购房之前,可用该地区的远景规划来查看自己购房的前景。

(2)考察房地产开发商的信誉。购房人可通过多种渠道了解房地产开发商的营业执照、规模、登记、财务状况、企业形象、知名度等;是否具有建设工程许可证和商品房预售许可证;了解过去的业绩,到已完工的小区了解开发商的房屋质量、售后服务、物业管理状况;了解开发商有无纠纷等情况。

(3)对售房广告需要认真审查,必要条款应在合同中写明。房地产开发商的售房宣传广告,在很大程度上带有夸大宣传的成分,购房人不能完全相信开发商的售房宣传广告,应仔细阅读广告中的每一个字,辨别其内容的真实性,还应对在建房屋进行考察,认为有必要作为重点强调的地方,应该在商品房预售合同中或者附属合同中写明,以免日后产生纠纷没有依据。

(4)考察建筑商。对房地产开发商的资质和业绩考察后,还应对该楼宇的建筑商进行实地考察。重点了解该建筑商的资质和以前的业绩,考察该建筑商承建房屋的质量。在房屋未建成之前,购房人一般很难发现承建单位所用的材料是否优良,但是可以通过对售房说明书中关于建材和设备的厂牌、规格、等级的了解,来大体确定该房屋的建筑用材的质量。并且等到房屋竣工交付后,对该材料的说明使用与实际使用做一番对比,从而确定该房屋的建筑质量。

(5)了解该商品房交付时需要缴纳的各种费用。签约时双方各需分担的土地增值税、契税、印花税、所得税、买卖手续费、登记费、权证费、保险费等,有些开发商在交付房屋时还会变换花样让购房人缴纳各种不合理的费用,如暖气开户费、煤气开户费等,在合同中应特别注明。

(6)签好补充协议。由于正式购房合同不能全面、准确地反映当事人双方的真实情况,买卖双方往往根据需要订立补充协议,即通过补充协议对正式合同内容加以修改、补充。根据《合同法》规定,"格式条款与非格式条款不一致的应当采用非格式条款"。所以,补充协议比正式合同更重要。一般情况下,补充协议由开发商来起草,因此,有些开发商常常将正式契约中保护交易公平的条款通过补充协议加以取消、变更,最大限度地减轻卖方的责任。有些开发商拒绝签订补充协议或者拒绝修改其起草的不公平补充条款,事实上违背了签订合同所应遵循的平等自愿原则。比如,有的开发商将正式契约中房屋的交付条件放宽为"甲方交付房屋时,如建设工程质量合格证书尚未下发,甲乙双方一致同意可以依据临时核验证明进行验收"。此条款要求买方在房屋不具备合法交付条件时接收房屋,无疑免除了卖方因逾期交付房产所应承担的违约责任,而买方接收房产后一旦发现问题将很难追究卖方责任。

为了降低购房风险,购房者在签订补充协议时一定要拒绝以上类似条款,同时尽可能地将真实意思表示及卖方的承诺体现在补充协议中。开发商在向你介绍或者推销楼盘时,会有许多口头承诺。可能这些承诺是真正吸引你的地方,那么在签订合同时,在条款中就应明确地将这些口头承诺写入具体条款中。若开发商不愿在合同中具体约定,此时,你应该谨慎考虑,不能轻易签订合同。否则,口头承诺不能得到保证,只会留下纠纷隐患。

商品房预售合同(样本)

甲方(卖方):_____

住所:_____ 邮编:_____

营业执照号码:_____ 资质证书号码:_____

法定代表人:_____ 联系电话:_____

委托代理人:_____ 联系电话:_____

乙方(买方):_____

国籍:_____ 性别:_____ 出生年月日:_____

住所(址):_____ 邮编:_____

身份证/护照/营业执照号码:_____ 联系电话:_____

委托代理人:_____ 联系电话:_____

甲、乙双方在平等、自愿、协商一致的基础上,就乙方购买甲方预售的《_____》商品房事宜,订立本合同。

第一条 甲方通过土地使用权出让/转让/划拨方式取得_____区/县_____地块土地使用权,并依法进行了土地使用权登记取得房地产权证,证书号为:_____,土地面积为:_____,土地用途为"_____"。

甲方经批准,在该地块上投资建造《_____》(暂定名/现定名)商品房,主体建筑结构为_____结构;建筑物地上层数为_____层,地下层数为_____层。

上述商品房已具备《××市房地产转让办法》规定的预售条件,_____局已批准上市预售(预售许可证编号:_____)。

第二条 乙方向甲方购买_____路

第一章
商品房认购与预售

_____《_____》幢号____层____室(以下简称该房屋),政府批准的规划用途为_____。

据甲方暂测该房屋建筑面积为_____平方米,其中套内建筑面积为_____平方米、公用分摊建筑面积为____平方米。

该房屋建筑层高为_____米。

该房屋建筑设计及平面图见本合同附件二;该房屋建筑结构、装修及设备标准见本合同附件三;该房屋相关情况说明(抵押关系、租赁关系、相邻关系及小区平面布局)见本合同附件四;该房屋《前期物业管理服务合同》、《使用公约》或有关承诺书见本合同附件五。

第三条 乙方购买该房屋,每平方米房屋建筑面积单价为人民币_____元。(大写):_____。

第四条 乙方购买该房屋的总房价款(含附件三中装修、设备价格)是指该房屋和相应比例的土地使用权的总价格。本合同约定的总房价款除该房屋建筑面积的暂测不一致的原因外,不再作变动。

第五条 在该房屋交付时,房屋建筑面积以××市房屋土地资源管理局认定的测绘机构实测面积为准,如甲方暂测面积与实测面积不一致时,除法律、法规、规章另有规定外按下列约定处理:

1. 按该房屋每平方米建筑面积单价计算多退少补;

2. 甲方同意当暂测面积与实测面积的误差超过+_____%(包括_____%),不向乙方收取超过部分的房价款;甲方同意当暂测面积与实测面积的误差超过-____%(包括-_____%),乙方有权单方面解除本合同。乙方行使单方解除权时,必须在双方签署《房屋交接书》之时或之前提出,否则视为放弃该项权利。

第六条 签订本合同时,该房屋建设工程建设到_____。乙方应当按本合同约定时间如期足额将房价款汇入甲方的预售款监管账户(预售款监管机构:_____、账户名称:_____、账号:_____)。预售款按政府规定监管使用。

乙方的付款方式和付款期限由甲乙双方在附件一中约定明确。

第七条　乙方如未按本合同约定的时间付款,应当向甲方支付违约金,违约金按逾期未付款额的日万分之_____计算,违约金自本合同的应付款期限之第二天起算至实际付款之日止。逾期超过_____天后,甲方有权选择下列第_____种方案追究乙方责任:

1. 甲方有权单方面解除本合同,乙方应当承担赔偿责任。赔偿金额为总房价款的_____%,甲方有权在乙方已支付的房价款中扣除乙方应支付的赔偿金额,剩余房款退还给乙方。如乙方已支付的房价款不足赔偿的,甲方有权追索。

甲方如行使解除合同权的,应当书面通知乙方。

2. _____

第八条　签订本合同后,甲方不得擅自变更该房屋的建筑设计(见附件二),确需变更的应当征得乙方书面同意并报规划管理部门审核批准,在获得批准之日起_____天内与乙方签订本合同变更协议。

甲方未征得乙方同意擅自变更该房屋的建筑设计,乙方有权单方面解除合同。

第九条　甲方不得擅自变更已经与乙方约定的小区平面布局(见附件四),确需变更的应当征得乙方书面同意。

甲方未征得乙方同意变更小区的平面布局,乙方有权要求甲方恢复,如不能恢复的,甲方应当向乙方支付总房价款的_____%违约金。

第十条　该房屋的交付必须符合下列第_____种方案所列条件:

1. 办理了房地产初始登记手续,取得新建商品房房地产权证(大产权证);甲方对该房屋设定的抵押已注销;甲方已按规定缴纳了物业维修基金。

2. 取得了《住宅交付使用许可证》;甲方对该房屋设定的抵押已注销;甲方已按规定缴纳了物业维修基金;甲方承诺在_____年

第一章
商品房认购与预售

_____月_____日前办理房地产初始登记手续,取得新建商品房房地产权证(大产权证),如到时不能取得商品房房地产权证(大产权证),乙方有权单方面解除本合同。

3. _____

第十一条　甲方定于_____年____月_____日前将该房屋交付给乙方,除不可抗力外。

第十二条　甲方如未在本合同第十一条约定期限内将该房屋交付乙方,应当向乙方支付违约金,违约金自本合同第十一条约定的最后交付期限之第二天起算至实际交付之日止。逾期超过_____天,乙方有权选择下列第_____种方案追究甲方责任:

1. 乙方有权单方面解除本合同。

2. _____

第十三条　该房屋符合本合同第十条约定的交付条件后,甲方应在交付之日前_____天书面通知乙方办理交付该房屋的手续。乙方应在收到该通知之日起_____天内,会同甲方对该房屋进行验收交接。房屋交付的标志为_____。

在验收交接时,甲方应出示符合本合同第十条约定的房屋交付条件的证明文件,因该房屋用途为_____用房,甲方应向乙方提供《_____质量保证书》和《_____使用说明书》。同时,甲方应当根据乙方要求提供实测面积的有关资料。

甲方如不出示和不提供前款规定的材料,乙方有权拒绝接收该房屋,由此而产生的延期交房的责任由甲方承担。

第十四条　在甲方办理了新建商品房房地产初始登记手续、取得了房地产权证(大产权证)后_____日内,由甲、乙双方签署本合同规定的《房屋交接书》。《房屋交接书》作为办理该房屋过户手续的必备文件。

甲、乙双方在签署《房屋交接书》之日起_____天内,由双方依法向_____交易中心办理价格申报、过户申请手续、申领该房屋的房地产权证(小产权证)。

第十五条 该房屋的风险责任自该房屋交付之日起由甲方转移给乙方。如乙方未按约定的日期办理该房屋的验收交接手续,甲方应当发出书面催告书一次。乙方未按催告书规定的日期办理该房屋的验收交接手续的,则自催告书约定的验收交接日之第二日起该房屋的风险责任转移由乙方承担。

第十六条 甲方保证在向乙方交付该房屋时该房屋没有甲方设定的抵押权,也不存在其他产权纠纷和财务纠纷。如房屋交付后出现与甲方保证不相一致的情况,由甲方承担全部责任。

第十七条 甲方交付的该房屋系验收合格的房屋。如该房屋的装修、设备标准达不到本合同附件三约定的标准,乙方有权要求甲方按实际的装修、设备与约定的装修、设备差价＿＿＿倍给予补偿。如主体结构不符合本合同附件三约定的标准,乙方有权单方面解除本合同。

双方商定对标准的认定产生争议时,委托本市有资质的建设工程质量检测机构检测,并以该机构出具的书面鉴定意见为处理争议的依据。

第十八条 该房屋交付后,乙方认为主体结构不合格的,可以委托本市有资质的建设工程质量检测机构检测。经核验,确属主体结构质量不合格的,乙方有权单方面解除本合同。

第十九条 乙方行使本合同条款中约定的单方面解除本合同权利时,应书面通知甲方,甲方应当在收到乙方的书面通知起＿＿＿＿天内将乙方已支付的房价款(包括利息,利息按中国人民银行公布的同期存款利率计算)全部退还乙方,并承担赔偿责任,赔偿金额为总房价款的＿＿＿＿＿％,在退还房款时一并支付给乙方。

前款及本合同其他条款所称已支付的房价款是包括乙方直接支付的和通过贷款方式支付的房价款。

第二十条 甲方交付该房屋有其他工程质量问题的。乙方在

第一章
商品房认购与预售

保修期内有权要求甲方除免费修复外,还须按照修复费的_____倍给予补偿。

双方商定对该房屋其他工程质量问题有争议的,委托本市有资质的建设工程质量检测机构检测并以该机构出具的书面鉴定意见为处理争议的依据。

第二十一条　自该房屋验收交接之日起,甲方对该房屋负责保修。保修范围和保修期由甲乙双方参照国务院发布的《建设工程质量管理条例》及《××市房地产转让办法》规定在本合同附件五中约定。

第二十二条　甲方已选聘_____物业公司对该房屋进行前期物业管理,并与其签订了《前期物业管理服务合同》(见附件五)。因该房屋规划用途为_____用房,甲乙双方已签订了《_____使用公约》(见附件五)。

第二十三条　乙方购买的房屋及其相应占有的土地使用权不可分离。自该房屋的房地产权利转移之日起,甲方与_____签订的土地使用权出让/转让合同中约定的权利、义务和责任转移给乙方。

第二十四条　本合同项下乙方享有的权益(房屋期权),乙方可以依法转让、抵押。乙方依法行使上述权利时,甲方应予协助。

第二十五条　本合同一方按照本合同约定向另一方送达的任何文件、回复及其他任何联系,必须用书面形式,且采用挂号邮寄或直接送达的方式,送达本合同所列另一方的地址或另一方以本条所述方式通知更改后的地址。如以挂号邮寄的方式(以寄出的邮戳为准)第_____日将被视为已送达另一方,如以直接送达的方式送达,则于另一方签收时视作已送达。

第二十六条　该房屋买卖过程中所发生的税费按有关规定由甲、乙双方各自承担。

第二十七条　本合同的补充条款、附件及补充协议均为本合同不可分割的部分。本合同补充条款、补充协议与正文条款不相一致的，以补充条款、补充协议为准。

本合同的未尽事宜及本合同在履行过程中需变更的事宜，双方应通过订立变更协议进行约定。

第二十八条　甲、乙双方在签署本合同时，对各自的权利和义务清楚明白，并愿按本合同约定严格履行，如一方违反本合同，另一方有权按本合同约定要求索赔。

第二十九条　本合同自双方签字/_____公证处公证之日起生效。双方商定本合同生效之日起_____日内由甲方/乙方/双方负责向房地产登记机构办理本合同登记备案手续。

若责任方逾期不办理合同登记备案手续造成另一方损失的，应当承担赔偿责任。

第三十条　本合同登记备案后，如发生协议解除本合同的事实时，在事实发生之日起30天内双方持解除合同的书面文件到_____房地产登记机构办理注销本合同登记备案的手续。

甲方或乙方依据本合同有关条款的约定单方解除本合同的，甲方或乙方应凭单方面解除合同的书面通知的送达凭据单方面到房地产登记机构办理注销本合同登记备案的手续。

第三十一条　甲、乙双方在履行本合同过程中发生争议，应协商解决。协商不能解决的，选定下列第_____种方案解决（不选定的划除）：

1. 向_____仲裁委员会申请仲裁；
2. 依法向人民法院起诉。

第三十二条　本合同壹式_____份，均具有同等效力。其中甲、乙双方各执_____份，_____、_____各执壹份。

甲方：卖方（签章）：　　　　　　乙方：买方（签章）：

法定代表人：　　　　　　　　　　法定代表人：

委托代理人：　　　　　　委托代理人：
　　（签章）　　　　　　　　（签章）
　____年___月___日　　　　____年___月___日
签于：　　　　　　　　　签于：

第二章　商品房买卖合同

一、房屋买卖合同的条件

26. 什么是房屋买卖合同

房屋买卖合同作为一种特殊的买卖合同,是指出卖人将房屋交付并转移所有权给买受人,买受人支付价款的合同。房屋买卖合同的法律特征既有买卖合同的一般特征,也有其自身固有的特征,主要表现在:

(1)出卖人将所出卖的房屋所有权转移给买受人,买受人支付相应的价款;

(2)房屋买卖合同是诺成、双务、有偿合同;

(3)房屋买卖合同的标的物为不动产,其所有权转移必须办理登记手续;

(4)房屋买卖合同属于法律规定的要式法律行为。

在实际购房中,签合同时掉以轻心,最终陷入纠纷局面的例子多有发生。究其原因,一是买卖双方对购房合同重视不足,对合同文本缺乏推敲;二是当事人缺乏合同签约方面的知识;三是相信口头承诺,对于一些重要事项未在文字上落实,由于口头承诺是不具法律效力的,一旦出现问题很难追究对方的责任。

27. 签订房屋买卖合同应具备哪些条件

根据我国房地产管理的有关法律规定,正式签订房屋买卖合同

应具备以下条件:

(1)购房者必须具有完全的民事行为能力。《民法通则》规定,18周岁以上的公民是成年人,具有完全民事行为能力,可以独立进行民事活动;16周岁以上不满18周岁的公民,以自己的劳动收入为主要生活来源的,视为完全民事行为能力人。10周岁以上的未成年人是限制民事行为能力人,可以进行与其年龄、智力相适应的民事活动;其他民事活动(包括房屋买卖行为,因为房屋买卖涉及的金额巨大,也很复杂,很明显地与限制民事行为能力人的年龄、智力不相适应)由他的法定代表人代理,或者征得他的法定代理人的同意。不满10周岁的未成年人是无民事行为能力人,由他的法定监护人代理民事活动。不能辨认自己行为的精神病人是无民事行为能力人,由他的法定代理人代理民事活动。不能完全辨认自己行为的精神病人是限制民事行为能力人,可以进行与其精神健康状况相适应的民事活动;其他民事活动由他的法定代理人代理,或者征得他的法定代理人的同意。所以当购房者是无民事行为能力人或限制民事行为能力人,即未成年人和精神病人时,必须由他的法定代理人(即监护人)来代理,或者征得法定代理人的同意,否则买卖行为是无效的。

(2)售房者必须有销售房屋的权利。如果售房者为企业负责的话,那么在该企业的经营范围中必须有房地产销售这一项,因为企业必须在核准登记的经营范围内从事经营。目前各地对商品房的销售实行许可证制度,如北京市对外销的商品房实行外销许可证,内销的商品房实行内销许可证,预售的商品房还要办理预售许可证。售房单位必须办理销售的许可证后,才允许将商品房上市销售。所以,如果售房者销售的商品房未办理有关的销售许可证,那么售房者就无权销售商品房。

(3)售房者和购房者所签订的房屋买卖合同必须是双方共同意愿的表示。房屋买卖合同应该是双方在平等的基础上,共同协商的结果。购房者在选好房后,准备购买时,售房者通常要把事先起草好的房屋买卖合同交给购房者签字。对此,购房者有权对合同中不合理的条款或合同中未明确规定的事项提出修改意见和增加补充协议。依据《合同法》的有关规定,合同的任何一方都不能用欺诈、胁迫的手段或者乘人之危,使对方在违背真实意愿的情况下签订合同。

目前,售卖商品房必须使用政府印制的商品房买卖示范文本,其中内容当事人可以根据需要修改、删除和补充。

(4)合同的内容不得违反法律和行政法规。法律和行政法规是国家制定的,具有强制效力,任何单位和个人都必须遵守法律和法规。因此购房者和售房者所签订的房屋买卖合同也必须遵守法律和行政法规。比如,购房者和售房者在合同中约定,购房者所应缴纳税费一律免缴,该条款就违反有关的税法,因而合同中此项条款无效。

(5)合同不得违反国家利益和社会公共利益。我国是社会主义国家,国家利益和社会公共利益是第一位的,因此合同的内容不得违反国家利益和社会公共利益,否则就无效。

签订的房屋买卖合同如果违反了上述五项条件,那么该合同就是无效合同(或部分无效合同)。无效的合同不受法律的保护。确认合同部分无效的,假如不影响其余部分的效力,其余部分仍然有效。

28. 需要防范开发商哪些不规范合同行为

(1)开发商利用自制的商品房认购书或预购协议损害购房人的合法权益。不少开发商自行拟定认购书或预购协议,设法引导购房人尽快交付定金和签订正式合同,环环相套,步步紧逼。由于协议约定期限较短,购房人还来不及细致领会正式合同内容,就不得不草率地签订了包含开发商自制不平等格式条款的合同正本,陷自身于不利境地。

(2)开发商利用自制合同格式条款损害购房人合法权益。合同格式条款是指合同文本提供方为了重复使用而预先拟定,并在订立合同时未与消费者协商的条款。它有着节省交易成本增进安全等优点,但也存在着不能协商等缺陷。部分开发商不惜违反法律、法规,以自制不平等合同格式条款的方式,利用消费者急于购房的心理,强迫消费者签字表示认可。

(3)开发商排除或回避将商品房销售广告、宣传资料内容视为要约,损害购房人合法权益。《商品房销售管理办法》第十五条规定:"房地产开发企业、房地产中介服务机构发布的商品房销售广告和宣传资料所明示的事项,当事人应当在商品房买卖合同中约定。"而开发商为了吸引消费者购房,通常会在售楼广告、宣传资料中对绿化、会馆、学校、幼儿园、游泳池、健身房、车位、超市、容积率、楼房间距等配套设施做美好的描述,却不将这种承诺写入合同里。例如:开发商在合同中预先单方约定:"出卖人针对该商品房项目所做的效果图、样板间、沙盘、模型、广告、售楼书、折页、户型资料、宣传资料等仅供参考,不作为要约,交房标准以政府最后批准的规划方案及本合同约定为准。"借以排除销售前期广告内容和宣传资料作为要约的可能性,当出现广告中的内容难以兑现的情况,买房人讨要说法时,开发商便以合同已约定为由回绝消费者。

29. 重点审查商品房买卖合同哪些方面

购房者在交易中应该注意一些细节,以防被不法骗子设套欺诈,同时可以避免法律风险,减少不必要的纠纷。

(1)注意审核土地使用权是否存在抵押。购房者购买前可向当土地资源管理机构查核该开发土地使用权是否办理抵押登记手续。因为现实中,很多开发商为了融资往往将土地使用权抵押给银行,贷款进行项目开发。售房时如果开发商隐瞒此抵押情况,这将对购房人构成法律障碍,影响购房人的顺利购房。

(2)仔细审核开发商应当办理的法定手续和相关证件。

一是开发许可手续是否完善。直接影响所购房屋产权是否有保障,所以至关重要。商品房开发的法定手续(许可程序)包括:立项批准、规划许可、土地使用权证书、施工许可、商品房预售许可等。对于开发手续,应特别注意各许可证件中的开发主体名称、开发土地用途、开发土地范围等必须相互一致;土地使用权的年限也应特别关注,有土地使用年限的是出让土地使用权,没有使用年限的是划拨土地使用权,而划拨土地是不能用于商品房开发的。

二是注意查看卖方的"一照""两书""五证"。一照:企业法人营业执照。两书:商品房质量保证书和商品房使用说明书。五证:国有土地使用权证、建设工程用地许可证、建设工程规划许可证、建筑工程施工证、内(外)销商品房预售许可证。其中最重要的是土地使用权证和商品房预售许可证。尤其要注意有些开发商的预售许可证冒名顶替。

(3)要先咨询清楚交易房屋的税费、贷款的审批程序。大多购房者购房需要贷款。因此,向银行申请贷款时,最好能够熟悉申请银行贷款的政策,从而使贷款的申请能够顺利被批准。一般来说,向银行提供收入证明、税单、其他拥有的不动产证明,或者是担任法人的公司营业执照及财务报表等材料,可以帮助买方贷到希望的数额。

(4)注意订立合同时部分条款是可以修改或补充约定的。合同是双方真实意思表示的体现,其一旦确定,就成为双方共同遵守的准则,发生纠纷时,便成为双方解决争议的依据。现实交易中,开发商往往以格式合同为房管部门拟定,不能修改为理由,将其单方意愿反映在合同中,强加给购房者接受。要明确一点,正式签订商品房买卖合同的时候,对于商品房买卖合同本身是可以进行修改或补充约定的。

(5)约定违约责任条款必须详细、具体。购房者可以在签订合同前先在网上或者房屋交易的主管部门查询是否有示范合同,然后对比示范合同与开发商提供的合同是否有不同之处。同时,对于开发商承诺的事项如绿化、学校等事项一定要写入合同约定里,如有必要,可以要求将开发商的宣传资料纳入合同的附件里,并加盖开发商的公章,以防日后开发商赖账。而且,购房者最好和开发商约定对等的违约责任,并就违约金的金额或者具体算法在合同中予以明示。

(6)合同附件须重视。合同附件是合同的有效组成部分,与合同主文条款具有同样的法律效力。常有的合同附件包括所购房屋平面面积图、公摊面积表、质量保证书、装饰设备标准、住宅使用说明书等,对于补充协议的条款也常常列为合同附件。可见,这些附件内容都是极其重要的。购房者不但要认真谨慎对待合同主文,对合同的附件应当给予足够的重视。

(7)妥善保管商品房的销售广告、宣传资料。商品房的销售广告和宣传资料一般为要约邀请,不视为合同的条款,但是开发商就商品房开发规划范围内的房屋及相关设施所做的说明和允诺具体确定,并对商品房买卖合同的订立以及房屋价格的确定有重大影响的,应当视为要约。该说明和允诺即使未载入商品房买卖合同,亦应当视为合同内容,当事人违反的,应当承担违约责任。

二、房屋买卖合同内容

30. 商品房买卖合同有哪些内容

《商品房销售管理办法》第十六条规定,商品房销售时,房地产开发企业和买受人应当订立书面商品房买卖合同。商品房买卖合同应当明确以下主要内容:(一)当事人名称或者姓名和住所;(二)商品房基本状况;(三)商品房的销售方式;(四)商品房价款的确定方式及总价款、付款方式、付款时间;(五)交付使用条件及日期;(六)装饰、设备标准承诺;(七)供水、供电、供热、燃气、通信、道路、绿化等配套基础设施和公共设施的交付承诺和有关权益、责任;(八)公共配套建筑的产权归属;(九)面积差异的处理方式;(十)办理产权登记有关事宜;(十一)解决争议的方法;(十二)违约责任;(十三)双方约定的其他事项。

具体讲,以下内容必须清楚明确:

(1)当事人的名称或姓名、住所。合同中应当明确当事人的具体情况、地址、联系办法等,以免出现欺诈情况;双方应向对方做详细清楚的介绍或调查;应写明是不是共有财产、是不是夫妻共同财产或家庭共同财产。

(2)标的。在房屋买卖合同中标的就是房屋。合同中应明确房屋的地点(方位、朝向、门牌号等)、面积、类型(公房或私房)设施设备结构(木制、砖制等建筑使用的材料)、质量(新旧程度、使用状况等)、格局、装修及附属设施等内容。

(3)价款。价款是合同中最重要的条款,它的主要内容涉及总价款、付款方式、付款条件如何申请按揭贷款、定金、尾款等。在签订合同中,应当依据有关法律的规定,以房屋的不同类型,确定不同的定价原则,明确房屋售价是多少,每平方米建筑面积售价是多少。双方还要明确按国家规定缴纳各自应当交的税费和杂费;如果双方另有约定,则应当在合同中明确这一约定。

(4)交付方式。合同中应包括出卖方交付房屋及买受方支付价款的方式。交付房屋,应明确要对房屋进行验收,并按规定办理房屋产权过户手续,缴纳税金及费用,领取新的房屋产权证明等。支付价款的方式,应明确以现金还是支票支付,付款是一次性付清或分期交付以及缴纳定金的时间、数额、分期付款的步骤、时间和数额等。

(5)履行期限、地点、方式。合同中应主要写明交房时间,条件,办理相关手续的过程,配合与协调问题,双方应如何寻求中介公司、律师、评估机构等服务,各种税费、其他费用如何分摊,遇有价格上涨、下跌时如何处理。

(6)合同生效条款。合同中应约定合同生效时间,生效或失效条件,当事人不能为自己的利益不正当地阻挠条件生效或不生效,生效或失效期限,致使合同无效的情形,几种无效的免责条款,当事人要求变更或撤销合同的条件,合同无效或被撤销后,财产如何进行返还,等等。

(7)违约责任。合同中要说明哪些系违约情形,如何承担违约责任,违约金、定金、赔偿金的计算与给付,在什么情况下可以免责,担保的形式,对违约金或定金的选择适用问题,等等。

(8)解决争议的方式。合同中应约定解决争议是采用仲裁方式还是诉讼方式。需要注意的是,如果双方同意采用仲裁的形式解决纠纷,应按照我国《仲裁法》的规定写清明确的条款。

(9)合同中止、终止或解除条款。按照《合同法》第六十八条、第九十一条、第九十四条之规定,合同当事人可以中止、终止或解除房屋买卖合同。有必要在合同中明确约定合同中止、终止或解除的条件,上述情形中合同应履行的通知、协助、保密等义务,解除权的行使期限,合同中止、终止或解除的补救措施,合同中止、终止或解除后财产如何进行返还,等等。

(10)合同的变更与转让。合同中应约定合同的变更与转让的条件或不能进行变更、转让的禁止条款。

(11)附件。合同中应说明本合同有哪些附件以及附件的效力等。必要的时候,还需签订有关的补充协议,特别是有关房屋面积、房屋质量以及付款等关键条款,一定要有细节性的明确约定。

商品房买卖合同示范文本(编号:GF-2000-0171)

(合同编号:)

合同双方当事人:
出卖人:＿＿＿＿＿＿＿＿＿＿＿＿＿＿＿＿＿＿＿＿＿＿＿＿＿
注册地址:＿＿＿＿＿＿＿＿＿＿＿＿＿＿＿＿＿＿＿＿＿＿＿＿＿

营业执照注册号：_____

企业资质证书号：_____

法定代表人：_____

联系电话：_____

邮政编码：_____

委托代理人：_____

地址：_____

邮政编码：_____

联系电话：_____

委托代理机构：_____

注册地址：_____

营业执照注册号：_____

法定代表人：_____

联系电话：_____

邮政编码：_____

买受人：_____

【本人】【法定代表人】姓名：_____

国籍：_____

【身份证】【护照】【营业执照注册号】【 】_____

_____

地址：_____

邮政编码：_____

联系电话：_____

【委托代理人】【 】姓名：_____

国籍：_____

邮政编码：_____

电话：_____

根据《中华人民共和国合同法》《中华人民共和国城市房地产管

理法》及其他有关法律、法规之规定,买受人和出卖人在平等、自愿、协商一致的基础上就买卖商品房达成如下协议:

第一条 项目建设依据。

出卖人以_____方式取得位于_____、编号为_____的地块的土地使用权。【土地使用权出让合同号】【土地使用权划拨批准文件号】【划拨土地使用权转让批准文件号】为_____。

该地块土地面积为_____,规划用途为_____,土地使用年限自_____年____月____日至_____年____月____日。

出卖人经批准,在上述地块上建设商品房,【现定名】【暂定名】_____。建设工程规划许可证号为_____,施工许可证号为_____。

第二条 商品房销售依据。

买受人购买的商品房为【现房】【预售商品房】。预售商品房批准机关为_____,商品房预售许可证号为_____。

第三条 买受人所购商品房的基本情况。

买受人购买的商品房(以下简称该商品房,其房屋平面图见本合同附件一,房号以附件一上表示为准)为本合同第一条规定的项目中的:第_____【幢】【座】_____【单元】【层】_____号房。

该商品房阳台是【封闭式】【非封闭式】。

该商品房【合同约定】【产权登记】建筑面积共_____平方米,其中,套内建筑面积_____平方米,公共部位与公用房屋分摊建筑面积_____平方米(有关公共部位与公用房屋分摊建筑面积构成说明见附件二)。

第四条 计价方式与价款

出卖人与买受人约定按下述第_____种方式计算该商品房价款:

1. 按建筑面积计算,该商品房单价为(____币)每平方米_____元,总金额(____币)____千____百____拾____万____千

_____百_____拾_____元整。

2. 按套内建筑面积计算,该商品房单价为(____币)每平方米_____元,总金额(____币)_____千_____百_____拾_____万_____千_____百_____拾_____元整。

3. 按套(单元)计算,该商品房总价款为(____币)_____千_____百_____拾_____万_____千_____百_____拾_____元整。

4. _____。

第五条 面积确认及面积差异处理。

根据当事人选择的计价方式,本条规定以【建筑面积】【套内建筑面积】(本条款中均简称面积)为依据进行面积确认及面积差异处理。

当事人选择按套计价的,不适用本条约定。

合同约定面积与产权登记面积有差异的,以产权登记面积为准。

商品房交付后,产权登记面积与合同约定面积发生差异,双方同意按下列第____种方式进行处理:

1. 双方自行约定:_____。

2. 双方同意按以下原则处理:

(1)面积误差比绝对值在3%以内(含3%)的,据实结算房价款;

(2)面积误差比绝对值超出3%时,买受人有权退房。买受人退房的,出卖人在买受人提出退房之日起30天内将买受人已付款退还给买受人,并按____利率付给利息。

买受人不退房的,产权登记面积大于合同约定面积时,面积误差比在3%以内(含3%)部分的房价款由买受人补足;超出3%部分的房价款由出卖人承担,产权归买受人。产权登记面积小于合同约定面积时,面积误差比绝对值在3%以内(含3%)部分的房价款由出卖人返还买受人;绝对值超出3%部分的房价款由出卖人双倍返还买受人。

$$面积误差比 = \frac{产权登记面积 - 合同约定面积}{合同约定面积} \times 100\%$$

因设计变更造成面积差异,双方不解除合同的,应当签署补充协议。

第六条 付款方式及期限。

第七条 买受人逾期付款的违约责任。

买受人如未按本合同规定的时间付款,按下列第_____种方式处理:

1. 按逾期时间,分别处理(不作累加)。

(1)逾期在_____日之内,自本合同规定的应付款期限之第二天起至实际全额支付应付款之日止,买受人按日向出卖人支付逾期应付款万分之_____的违约金,合同继续履行。

(2)逾期超过_____日后,出卖人有权解除合同。出卖人解除合同的,买受人按累计应付款的_____%向出卖人支付违约金。出卖人愿意继续履行合同的,自本合同规定的应付款期限之第二天至实际全额支付应付款之日止,买受人按日向出卖人支付款万分之_____(该比率应不小于第(1)项中的比率)的违约金。

本条中的逾期应付指依照本合同第六条规定的到期应付款与该期实际已付款的差额;采取分期付款的,按相应的分期应付款与该期的实际已付款的差额确定。

2. _____。

第八条 交付期限。

出卖人应当在_____年____月____日前,依照国家和地方人民政府的有关规定,将具备下列第_____种条件,并符合本合同约定的商品房交付买受人使用:

1. 该商品房经验收合格。
2. 该商品房经综合验收合格。
3. 该商品房经分期综合验收合格。

4. 该商品房取得商品住宅交付使用批准性文件。

但如遇下列特殊原因,除双方协商同意解除合同或变更合同规定外,出卖人可据实予以延期:＿＿＿＿＿＿＿＿＿。

第九条　出卖人逾期交房的违约责任。

除本合同第八条规定的特殊情况外,出卖人如未按本合同规定的期限将该商品房交付买受人使用,按下列第＿＿＿＿种方式处理:

1. 按逾期时间,分别处理(不作累加)。

(1)逾期不超过＿＿＿＿日的,自本合同第八条规定的最后交付期限的第二天起至实际交付之日止,出卖人按日向买受人支付已交付房价款万分之＿＿＿＿的违约金,合同继续履行。

(2)逾期超过＿＿＿＿日的,买受人有权解除合同。买受人解除合同的,出卖人应当自买受人解除合同通知到达之日起＿＿＿＿天内退还全部已付款,并按买受人累计已付款的＿＿＿＿％向买受人支付违约金。买受人要求继续履行合同的,合同继续履行,自本合同第八条规定的最后交付期限的第二天起至实际交付之日止,出卖人按日向买受人支付已交付房价款万分之＿＿＿＿(该比率应不小于第(1)项中的比率)的违约金。

第十条　规划、设计变更的约定。

经规划部门批准的规划变更、设计单位同意的设计变更导致下列影响到买受人所购商品房质量或使用功能的,出卖人应当在有关部门批准同意之日起10日内,书面通知买受人:＿＿＿＿＿＿＿＿。

买受人有权在通知到达之日起15日内做出是否退房的书面答复。买受人在通知到达之日起15日内未作书面答复的,视同接受变更。出卖人未在规定时间内通知买受人的,买受人有权退房。

买受人退房的,出卖人须在买受人提出退房要求之日起＿＿＿＿天内将买受人已付款退还给买受人,并按＿＿＿＿利率付给利息。买受人不退房的,应当与出卖人另行签订补充协议。

第十一条　交接。

商品房达到交付使用条件后,出卖人应当书面通知买受人办理交付款手续。双方进行验收交接时,出卖人应当出示本合同第八条规定的证明文件,并签署房屋交接单。所购商品房为住宅的,出卖人还需提供《住宅质量保证书》和《住宅使用说明书》。出卖人不出示证明文件或出示证明文件不齐全,买受人有权拒绝交接,由此产生的延期交房责任由出卖人承担。

由于买受人原因,未能按期交付的,双方同意按以下方式处理:_____。

第十二条 出卖人保证销售的商品房没有产权纠纷和债权债务纠纷。因出卖人原因,造成该商品房不能办理产权登记或发生债权债务纠纷的,由出卖人承担全部责任。

_____。

第十三条 出卖人关于装饰、设备标准承诺的违约责任。

出卖人交付使用商品房的装饰、设备标准应符合双方约定(附件三)的标准。达不到约定标准的,买受人有权要求出卖人按照下述第_____种方式处理:

1. 出卖人赔偿双倍的装饰、设备差价。
2. _____。

第十四条 出卖人关于基础设施、公共配套建筑正常运行的承诺。(自填)

第十五条 关于产权登记的约定。

出卖人应当在商品房交付使用后_____日内,将办理权属登记需由出卖人提供的资料报产权登记机关备案。如因出卖人的责任,买受人不能在规定期限内取得房地产权属证书的,双方同意按下列第_____项处理:

1. 买受人退房,出卖人在买受人提出退房要求之日起_____日内将买受人已付房价款退还给买受人,并按已付房价款的_____%赔偿买受人损失。

2. 买受人不退房,出卖人按已付房价款的_____%向买受人支付违约金。

3._____。

第十六条 保修责任。

买受人购买的商品房为商品住宅的,《住宅质量保证书》作为本合同的附件。出卖人自商品住宅交付使用之日起,按照《住宅质量保证书》承诺的内容承担相应的保修责任。

买受人购买的商品房为非商品住宅的,双方应当以合同附件的形式详细约定保修范围、保修期限和保修责任等内容。

在商品房保修范围和保修期限内发生质量问题,出卖人应当履行保修义务。因不可抗力或者非出卖人原因造成的损坏,出卖人不承担责任,但可协助维修,维修费用由买受人承担。_____。

第十七条 双方可以就下列事项约定:

1. 该商品房所在楼宇的屋面使用权_____;
2. 该商品房所在楼宇的外墙面使用权_____;
3. 该商品房所在楼宇的命名权_____;
4. 该商品房所在小区的命名权_____。

第十八条 买受人的房屋仅作_____使用,买受人使用期间不得擅自改变该商品房的建筑主体结构、承重结构和用途。

除本合同及其附件另有规定者外,买受人在使用期间有权与其他权利人共同享用与该商品房有关联的公共部位和设施,并按占地和公共部位与公用房屋分摊面积承担义务。

出卖人不得擅自改变与该商品房有关联的公共部位和设施的使用性质。

_____。

第十九条 本合同在履行过程中发生的争议,由双方当事人协商解决;协商不成的,按下述第_____种方式解决:

1. 提交_____仲裁委员会仲裁。
2. 依法向人民法院起诉。

第二十条 本合同未尽事项,可由双方约定后签订补充协议(附件四)。

第二十一条 合同附件与本合同具有同等法律效力。本合同及其附件内,空格部分填写的文字与印刷文字具有同等效力。

第二十二条 本合同连同附件共_____页,一式_____份,具有同等法律效力,合同持有情况如下:

出卖人_____份,买受人_____份。

第二十三条 本合同自双方签订之日起生效

第二十四条 商品房预售的,自本合同生效之日起30天内,由出卖人向_____申请登记备案。

出卖人(签章):　　　　　　　买受人(签章):

【法定代表人】:　　　　　　　【法定代表人】:

【委托代理人】:　　　　　　　【委托代理人】:

　　　(签章)　　　　　　　　　　(签章)

_____年____月____日　　　_____年____月____日

签于:　　　　　　　　　　　　签于:

附件一:房屋平面图

附件二:公共部位与公用房屋分摊建筑面积构成说明

附件三:装饰、设备标准

1.外墙:

2.内墙:

3.顶棚:

4.地面:

5.门窗:

6.厨房:

7.卫生间:

8.阳台:

9.电梯:

10.其他:

附件四:合同补充协议

31. 签订房屋买卖合同应注意哪些细节

（1）仔细阅读合同。签订商品房买卖合同时购房者要具有强烈的合同意识，知道在合同中尽可能地争取自己的合法权益。因此，在签订合同前一定要认真、完整地阅读合同；大胆质疑，对于不理解的地方要认真调查清楚。

（2）要掌握开发商的基本情况。签订合同前要了解开发商的基本情况，包括开发商的信誉、经济实力、资信状况及历年在房地产市场的开发业绩，并要求开发商出示有关开发建设和销售的证件，如营业执照、资质证书及"五证"等。

（3）合同文本是否规范。应了解开发商所使用的合同文本是不是建设部和国家工商总局联合制定的统一的商品房买卖合同示范文本，如果不是，应当提出疑问并特别注意合同条款的内容。

（4）要查清楚欲买的商品房是否已做了抵押。购房者在买房前，一定要弄清楚所购房屋的基本情况，如果房产在购买前就设定了抵押并不能如期解除抵押关系，抵押权人就有可能随时要求实现抵押权，这样，购房人不仅不能顺利取得房产证，甚至会陷入一场纠纷之中。

（5）要注意核实开发商给予的承诺。购房者在签订合同时，要对开发商在售楼书、广告中许诺的事项进行核实，并在合同中进行约定，否则购房人的权益很难得到保护。

（6）付款方式的选择。如果在合同中选择分期付款，应尽可能增加付款次数、拉长付款的间隔时间，以便减少付款后逾期交房的风险。

（7）关于装修标准和设备标准。购房者不能只单纯地信任样板间或广告、售楼书等宣传品中对装修的许诺，而应在购房合同中将房内外的装修和设备设施的种类、型号、品牌、颜色、位置、方向等内容约定清楚，这样才能最大限度地保护自己的利益。

（8）房屋面积的计算。在签合同时应与开发商明确约定商品房的建筑面积、套内建筑面积、共有分摊建筑面积及面积误差比为多少,根据全国的建筑水平和《商品房销售管理办法》的规定,开发商有能力和义务将建筑面积的误差比限定在3%以内,购房者应根据选择的计价方式,对建筑面积的误差比进行限定,并约定相关的违约责任。

(9)交房期限的约定以及逾期责任。开发商对延期交房常借故推脱责任,因此在签约时购房者应注意不可抗力以外的逾期交房原因,而不能让开发商任意地列举一些牵强的理由。

(10)违约责任。签约的目的是为房屋出售后出现的违约情形而提前设置一些防范条款,对违约的内容、违约的责任应尽可能用可以衡量的标准确定下来,这样便于操作。

(11)解决争议的办法。当双方当事人不能协商解决争议时,商品房买卖合同列举了两种解决办法:一是提请仲裁,二是提起诉讼。两者只能择其一,如果双方合法地选择了仲裁条款,将不能再向法院起诉。

(12)签订补充协议。对商品房买卖合同中未尽事项要进一步补充,如将开发商做出的口头的或广告中的承诺以补充协议的形式确定其内容,只有这样,才能有力地约束开发商,维护自己的权益。

32. 买房合同中霸王条款有效吗

所谓"霸王条款",是指经营者利用其信息、专业知识和交易中优势地位预先拟订,且未与消费者充分协商做出的,对消费者不公平、不合理的或者减轻、免除其损害消费者合法权益应当承担的民事责任的条款。

根据消费者权益保护法有关规定,格式合同中含有对消费者不公平、不合理的或者减轻、免除其损害消费者合法权益应当承担的民事责任的内容,该内容无效。另外,根据《合同法》第四十条的规定,提供格式条款一方免除其责任、加重对方责任、排除对方主要权利的,该条款无效。依据上述规定,购房合同的"霸王条款"应属无效条款,即开发商作为经营者和格式条款的提供方不因"霸王条款"而免除了应承担的相应法律责任,同时购房者作为消费者和格式条款的接受方不因签订了"霸王条款"而丧失了应享有的合法权利。

现实生活中,有一些房企为赢得竞争,忘记诚信,从楼盘问世广告宣传、到购房合同、到楼盘质量再到后期服务,每一个环节都设置了不同的陷阱,而消费者对于合同中的条款不熟悉,对于这些陷阱很难防范。所以在签订买房合同前一定要仔细阅读合同,必要时请教专业律师,以免上当受骗。

33. 买房合同哪些属霸王条款

买房合同中有如下的内容属于"霸王条款":

(1)对虚假宣传不负责任。很多房地产开发公司在商品房预售合同中规定,甲方(开发商)在本合同签订之前对本房屋及本房屋的相关事项以及文字、图片、模型、口头描述等方式所做的广告宣传和印刷品仅为邀请,不具有要约效力,甲乙双方的权利和义务以本合同之明确约定的内容为准。

(2)屋顶外墙使用权不归买受人。有些开发商印制的商品房预售合同规定,其所在楼宇屋面、外墙使用权不属买受人。屋顶和外墙面广告权、会所、休闲娱乐设施及其他卖方投资建造的经营性房产和设施权益属出卖方。

(3)公共收益归开发商所有。如某一家地产商的《商品房预售合同》规定,占用小区的道路或场地用于停放的车位,全部归出卖人,出卖人有权出售、出租,对此购房者无权干涉。

(4)解除合同期限不一样。应该说,按照《合同法》的规定,合同双方当事人的法律地位平等。按期付款和按期交房是商品房买卖契约双方的最主要义务,对于这两项主要义务的违反导致解除合同的催告期限,合同双方当事人也应是对等的。

(5)违约金、定金两者如何取舍由开发商规定。有些商品房买卖契约规定,开发商在购房人违约的情况下,既可以没收定金,又可以收取1‰的违约金。这显然对购房者是不公平的。

（6）开发商违约不担责。某楼盘的商品房买卖契约规定，房屋交付后90天内，双方应按规定准备资料，协助对方办理该房屋产权过户及申领有关权证手续。但在对开发商不协助对方办理的违约责任选择上，全部选择空白。

（7）用格式条款对抗非格式条款。如某楼盘商品房预售合同规定，合同附件与合同正本内容或其他内容如有冲突，以合同正本内容为准。这意味着开发商能够依据自行设定的格式合同排斥非格式合同。

三、房屋买卖合同补充协议

34. 关于不可抗力问题怎么处理

导致开发商逾期交付房屋的原因很多，不可抗力即是其中之一。由于相关法律规定难以对不可抗力事件一一列明，开发商通常会对不可抗力的范围做扩大性解释，例如将施工过程中出现的重大技术问题或其他开发商不能控制的因素列入不可抗力的范围，以规避由于逾期交付房屋而需承担的违约责任，对此购房者应该在补充协议中尽量明确不可抗力事件的范围，在出现不可抗力时开发商应该提供政府主管部门、公证机构或专业鉴定机构的证明性文件才能作为其免责的理由，同时约定当不可抗力事件导致逾期交房超过一定期限时，购房者有权终止合同，要求开发商退还已经支付的全部款项，或者就逾期实际天数要求开发商给予一定数额的经济补偿。

（1）什么是购房中的不可抗力？我国《民法通则》第一百五十三条对"不可抗力"做出明确规定，即指不能预见、不能避免并不能克服的客观情况。依据该项规定，"不可抗力"表现为一种客观情况，且该情况的出现须同时具备不能预见、不能避免和不能克服三个条件。根据相关的法律法规，不可抗力主要包括以下几种情形：自然灾害,如台风、洪水、地震等;政府行为,如征收、征用;社会异常事件,如罢工、骚乱。

发生"不可抗力"事件后,因"不可抗力"影响合同继续履行的,当事人免于承担违约责任。在商品房买卖合同里,开发商对于延期交房的免责理由一般说是"不可抗力",可是开发商往往扩大了"不可抗力"的范围。如施工中遇到异常困难或者重大的事故问题不能解决、合同订立后政府颁布的法规和原来不同、施工配套的批准和安装的延误等认定为"不可抗力"。

(2)怎么应对买房合同中的"不可抗力"。在购买房屋的过程中,开发商经常会以银行不予贷款、施工期间降大雨、停电等诸多理由作为合同中的"不可抗力"延期交房。但是这些理由都不具备"不可抗力"的三个必备条件。即使在合同中将此列入"不可抗力"款项,也将因违反法律规定,成为无效条款,开发商不能以此为由行使抗辩权,而必须承担延期交房的违约责任。

广大购房者在签订购房合同时,要明确"不可抗力"的范围,可以在合同中或者补充协议中把施工中可能遇到的异常困难及重大技术问题和能及时解决的情况一一列明,以减少"不可抗力"的模糊程度,以防开发商钻空子以"不可抗力"为借口拖延交房。

35. 关于分摊面积问题怎么处理

作为房屋总建筑面积的一部分,分摊面积的多少,直接影响购房者实际获得的使用面积。如《北京市商品房销售面积计算及公用建筑面积分摊暂行规定》等法规做了明确规定,但实际操作中个别开发商仍然将经营性用房、人防工程或其他与房屋无关的面积计算到分摊面积中。购房者可以参照上述有关规定,认真审核开发商在补充协议中列明的分摊范围,对不符合法律规定的部分坚决要求予以删除。或者在补充协议中明确所购房屋的实际使用率,即实际使用面积与房屋总建筑面积的比率,当开发商交付的房屋达不到约定的标准时,购房者即可以选择退房并要求开发商承担违约责任。

36. 关于装修标准问题怎么处理

对于预售商品房,特别是约定了精装修的预售商品房,购房者一定要明确该商品房的装修标准,防止被开发商以"进口""高级""先进"等不明确的表述误导。建议在补充协议中详细约定与房屋有关的所有内外装修、设施设备的种类、型号、品牌、颜色、位置、方向、可以参照的市场价格、达不到上述标准的违约责任等,以最大限度地保护自己的利益。

37. 房屋所有权证办理时间问题怎么处理

尽管从表面上看,房屋所有权是由房地产管理部门颁发的,与开发商并没有直接的关系,不应构成其义务。但在实践中,房屋所有权权证颁发的延迟往往是由于开发商手续不完整、未能履行缴纳土地出让金、测绘费等义务。因此需要让开发商做出相应的承诺,保证在规定期限内履行各项义务以确保购房者顺利取得房屋所有权证,否则应承担一定数额的罚金,超过约定期限的,购房者还可以退房并要求开发商承担由此给购房者造成的经济损失。

38. 贷款办不下来怎么办

由于在商品房购房过程中,普遍采用按揭贷款或公积金贷款方式分期支付购房款项。而上述贷款是否会得到批准,主要依赖开发商提供的担保情况、购房者本人的资信状况等因素。如果购房者在签订购房合同并支付了首期购房款后贷款得不到批准,就会面临无法自行支付全部剩余款项,从而承担违约责任的风险。因此应该在补充协议中分清责任,如果由于开发商原因导致贷款得不到批准,则购房者可以选择退房并要求开发商承担违约责任;如果由于自身原因,则届时可以选择变更付款方式或要求退房。

39. 关于房屋质量的保修责任问题怎么处理

有关房屋质量的保修责任,国家及各省区市已经做了明确规定,在此不再赘述。值得购房者注意的是,在北京市新增楼盘中,部分采用了通过燃气系统独立供暖的方式,而不再通过市政热力管线集中供暖。由于提供该种燃气系统的大多为德国、意大利等国外厂商,地域分散,国内售后服务网点较少,加之该种系统设计寿命较长(一般为十年左右),更增加了购房者在使用上述供暖系统中保修和维修的困难。因此,最好在补充协议中将开发商的责任和厂商的保修、维修、更换的责任连带起来,要求开发商在购房者联系不到厂商的情况下保证正常供暖,并负担一定的维修费用。

40. 关于开发商在促销过程中的承诺问题怎么处理

为配合商品房的销售,开发商或个别销售人员都会通过口头介绍、广告宣传等方式在促销过程中就与商品房有关的小区环境、会所、托幼、学校、医院、停车位、物业管理等方面做出承诺。上述因素直接影响购房者的居住和生活质量,实际是构成房屋价格的一部分,如果不能兑现,必定会使购房者的期望值大打折扣。对于开发商做出的种种承诺,一定要不厌其烦,一一在补充协议中予以落实,并明确开发商违反该约定的违约责任。

41. 关于赠送住宅设备设施问题怎么处理

开发商如许诺赠送 IDD 电话、进口家具、电器,可以在补充协议上注明。但为了防止歧义,最好标明赠送电话包括免初装费及送电话机、电话线,以后万一打起官司来,就有凭有据了。

42. 关于购房入户的补充协议问题怎么处理

如所购商品房符合当地政府有关购房入户的规定,且开发商承诺代办有关手续,购房者可要求签订关于此问题的补充协议,且在协议中写明,如开发商不能在约定期限内办妥入户手续,购房者有权解除合同,所付一切费用由开发商如数退回。

43. 关于独立供暖的保修责任问题怎么处理

因为独立供暖的供应商多为国外厂商,且使用寿命较长,如果发生问题,找厂商保修、维修、更换都是很困难的,所以最好在补充协议中要求开发商承担连带保修责任,在找不到厂商的情况下,由开发商保修或承担维修费用。

需要说明的是,购房者和开发商如果对补充协议达不成一致的话,购房者要考虑自己最想要的是什么,因为不同的人看中房屋的侧重点不一样,所以对补充协议的内容就有不同的要求,抓住自己最看中的地方不让步,对自己不是特别看重的部分可以适当地让步,这才是购房者最明智的选择。以上是购房者在签订开发商提供的补充协议中需要注意的几个问题。由于标准文本在内容上的局限性,以及购房者个性的多样化,购房者应主动向开发商提出自己的合理要求,并通过签订补充协议的方式予以明确。

四、购房合同的定金和订金

44. 什么是定金

定金指合同当事人为了确保合同的履行,依据法律和合同的规定出一方当事人按合同标的额的一定比例,预先给付对方的金钱或其他替代物。债务人履行债务后,定金应当抵作价款或者收回。给付定金的一方不履行约定的债务的,无权要求返还定金;收受定金的一方不履行约定的债务的,应当双倍返还定金。因此,定金在性质上具有明显的制裁违约行为的性质。购房人和开发商约定的定金具有从合同的性质,它以主合同的存在为必要条件。当主合同不成立、无效或被撤销,定金条款也不能生效。主合同消灭,约定的定金也随之消灭。

45. 定金的性质如何确定

(1)定金的性质可以由当事人约定。当事人可以在合同中约定定金具有互不排斥的多重性质。例如,当事人可以约定在正式订立主合同后,定金不予以返还,而是转而用作违约定金;对于成约定金、证约定金,亦可通过约定使其给付后同时具有违约定金性质。

(2)在有些情况下,即便当事人未约定,也可以推定定金兼具约定性质以外的其他性质。如违约定金、解约定金和成约定金合同,是主合同的从合同,而从合同存在必能证明主合同的存在,故上述三种定金当然同时具有证约定金的性质。

(3)当事人未对定金性质做出约定时,应当做出相应的推定。一般情况下,应当推定该定金仅具有定金的一般性质。根据《担保法》规定的立法精神,我国的交易习惯以及司法实践的普遍认可,我国定金的一般性质应当为违约定金。

46. 什么是订金

订金则是指购房人怕看中的房子不能买到而交的预订的钱,可以理解为一种预付款行为,合同确立、履行时预付款要充抵价款,合同不成立时预付款应当返还。订金的适用不存在制裁违约行为的问题,对合同没有担保作用。如果购房人预交的是订金,最终确定不想购买时,开发商应当退还。因此,购房人在购房的过程中,应当与开发商明确自己所预交的钱款属于定金还是订金,如果属于定金应当以书面的形式明确加以规定。

我国法律没有明确的规定,所以订金不是一个严格的法律上的概念,一般应理解为预付款,交付订金是先予履行债务的行为。而关于定金,在我国《民法通则》和《担保法》中都有明显的规定,它和保证、抵押、质押与留置并列为五种担保形式之一,属于债务人向债权人履行债务的担保。债务人履行债务后,定金应当抵作价款。

47. 定金与订金有什么区别

二者的区别在于：交付订金属于先予履行债务的行为，而交付定金是实施的担保行为，即交付定金的一方不履行约定的债务时，无权要求返还定金，收受定金的一方不履行约定的债务时，应当双倍返还定金。

一般情况下，如果当事人没有特别约定，支付订金应理解为支付预订款。因此，如果对订金的处理双方未做约定，无论哪一方当事人违约，收取订金的一方应将该订金返还给另一方。

48. 购房定金或订金能否退回

购房者为购买商品房与开发商签订购房认购书的，应弄清所支付的钱款是定金还是订金。如果是订金，则购房者应审核认购书中是否对订金处理有所约定，例如，"若买方在15日内不来签订预售合同，则60%已付订金作为违约金处理"等，如果有诸如此类的约定，则购房者决定不购所订房屋时，双方应按认购书约定处理订金，购房者可能无法全额得到返还；如无约定，则购房者可要求全额返还订金。当然，如果开发商在销售过程中有过错，如广告、楼书、样板房与实际状况不符等，则根据有关规定购房者有权要求全额返还订金。如果约定是定金，则最好与开发商就预售合同主要条款进行充分协商，达成一致，并在认购书中明确后再考虑支付。否则，今后若因与开发商无法就预售合同条款达成一致而导致不签订预售合同时，根据法律规定，购房者无权要求返还定金。

购房者如并未与开发商签订购房认购书，即未与开发商就订金的处理做出约定，可以要求开发商全额退还该订金。但是有一点必须提醒的是，应当确认开发商出具的收据上注明的是"订金"。

49. 房产合同中违约金越高越好吗

在房屋买卖合同中，会针对逾期付款、延迟办理过户手续、逾期交房等行为，约定相应的违约责任。但是并不是违约金订得越高越好。

如果从自身角度出发，将对方违约责任定得越高对自己越有利。比如，卖家可以要求买家逾期付款的违约金定为每逾期一日，支付总房款的千分之一，这比中国人民银行规定的逾期罚息标准要高得多，有些甚至高达千分之五，这就更高了。这样的标准是不是对自己很有利呢？

其实不然，因为买卖合同中对违约责任的约定是对等的，如果买家要求卖家承担较高的违约责任，那么，卖家同样可以在合同中约定买家承担较高的违约责任。

但必须注意的是，如果对违约责任约定得过低，则有可能产生无法真正起到约束作用的尴尬局面。有些带租约的房产出售之后，卖家没有处理好与租客之间的关系，交房之后租客并不愿意搬走，而又因为逾期交房的违约责任可以承受，因此有卖家便甩手不管，宁愿支付违约金。但这却苦了急于拿到房子的买家，因为他想要的是住房，而不是金额并不多的违约金。由此可见，将违约金确定在合理范围内，既能对买卖双方形成约束，又不会造成过重的负担。

50. 违约金多少比较合适

如何约定适度的违约责任，是买卖双方需要注意的。对于逾期付款、逾期办理过户手续、逾期交房等行为，可约定每日按照总房价的千分之一来支付违约金。如一套总价值100万元的二手房，晚交房一天，将支付1000元的违约金，这对卖家来说，还是具有相当的威慑力。

而对于单方解除合同的情形，违约方应该承担多大的违约责任？一般情况下确定为总房价的20%。这是法院可能支持的最高上限。因此专家建议买卖双方在合同中约定解除合同之后违约金时，一般以20%为最高上限。

五、房屋买卖合同的无效与解除

51. 什么是房屋买卖合同无效

现在有些房屋买卖合同为了规避国家的法律、法规的强制性规定和社会的公共利益,从而导致合同无效。特别是一些大公司之间,为了免缴税费,购房者以捐赠款的形式向售房者捐款,然后以极低的价格购房。还有的是买卖违章建筑物。这样的合同无效。我国《民法通则》第七条规定,民事活动应当尊重社会公德,不得损害社会公共利益,破坏国家经济计划,扰乱社会经济秩序。根据《民法通则》的相关规定,有下列情形之一的,合同无效:

(1)一方以欺诈、胁迫的手段订立合同,损害国家利益;

(2)恶意串通,损害国家、集体或者第三人利益;

(3)以合法形式掩盖非法目的;

(4)损害社会公共利益;

(5)违反法律、行政法规的强制性规定。

所以,如果合同的形式合法,但为了达到逃税的目的的,是无效合同。

52. 房屋买卖合同无效的情形有哪些

实践中房屋买卖纠纷时有发生。房屋买卖纠纷涉及产权、价款、原承租户的利益等多种问题,但都离不开买卖合同的有效性问题。那么,究竟哪些房屋买卖合同属无效合同呢?归纳起来,主要有以下几种:

(1)房地产分离出卖的合同无效。由于房屋是建筑在土地上的,为土地的附着物,具有不可分离性,因此,房屋的所有权通过买卖而转让时,该房屋占用范围内的土地使用权也必须同时转让。如果卖方将房产和土地分别卖给不同的买方,或者出卖房屋时只转让房屋所有权而不同时转让土地使用权，买方可以提出这种买卖合同无效。

（2）产权未登记过户的合同无效。房屋买卖合同的标的物所有权的转移以买卖双方到房屋所在地的房管部门登记过户为标志，否则，房屋买卖合同不能生效，也就不能发生房屋所有权转移的法律效果。即使房屋已实际交付也属无效。故只要房屋没有正式办理登记过户手续，即使卖方已收取了房价款，并将房屋交付买方使用，当事人仍可提出合同无效的主张。

（3）产权主体有问题的合同无效。出卖房屋的主体必须是该房屋的所有权人。非所有权人出卖他人房屋的，其买卖行为无效。房屋的产权为数人共有的，必须征得共有人同意才能出卖。出卖共有房屋时，须提交共有人同意的证明书。部分共有人未取得其他共有人同意，擅自出卖共有房屋的，其买卖行为也无效。

（4）侵犯优先购买权的合同无效。房屋所有人出卖共有房屋时，在同等条件下，共有人有优先购买权。房屋所有人出卖已租出房屋时，须提前三个月通知承租人，在同等条件下，承租人有优先购买权。所谓"同等条件"，主要是指房价同等，还包括房价交付期限、方式同等等。房屋所有人出卖房屋时侵犯共有人、承租人优先购买权的，共有人、承租人可以请求法院宣告该房屋买卖无效。

（5）价格欺诈、显失公平的合同无效。买卖城市私有房屋，双方应当本着按质论价的原则，参照房屋所在地人民政府规定的私房评价标准议定价格，经房屋所在地房管机关同意后才能成交。买卖合同生效后，双方均不得因价格高低无故反悔，应按合同议定的价款、期限和方式交付。但如果出卖人在房屋质量问题上有欺诈、隐瞒行为或在成交后发现内在质量问题的，买受人可要求同出卖人重新议定价格，协商不成的，可向法院起诉。

（6）非法转让的合同无效。根据《城市房地产管理法》的规定，下列房地产不得转让（包括买卖）：以出让方式取得土地使用权的，不符合转让房地产条件的；司法机关和行政机关依法裁定、决定查封或者以其他形式限制房地产权利的；依法收回土地使用权的；共有房地产，未经其他共有人书面同意的；权属有争议的；未依法登记领取权属证书的；法律、行政法规规定禁止转让的其他情形。

53. 房屋买卖合同无效如何处理

（1）无法取得房屋的买受人可以请求解除合同、返还已付购房款及利息、赔偿损失，并可以请求出卖人承担不超过已付购房款一倍的赔偿责任。

根据我国法律规定，具有下列情形之一，导致商品房买卖合同目的不能实现的，无法取得房屋的买受人可以请求解除合同、返还已付购房款及利息、赔偿损失，并可以请求出卖人承担不超过已付购房款一倍的赔偿责任。这些情形有：商品房买卖合同订立后，出卖人未告知买受人又将该房屋抵押；商品房买卖合同订立后，出卖人又将该房屋出卖给第三人，即我们平时所说的"一房二卖"。

（2）买受人可以请求返还已付购房款及利息、赔偿损失，并可以请求出卖人承担不超过已付购房款一倍的赔偿责任。出卖人订立商品房买卖合同时，具有下列情形之一，导致合同无效或者被撤销、解除的，买受人可以请求返还已付购房款及利息、赔偿损失，并可以请求出卖人承担不超过已付购房款一倍的赔偿责任。这些情形有：故意隐瞒没有取得商品房预售许可证明的事实或者提供虚假商品房预售许可证明；故意隐瞒所售房屋已经抵押的事实；故意隐瞒所售房屋已经出卖给第三人或者为拆迁补偿安置房屋的事实。

54. 买方退房的法定条件有哪些

许多买房人可能有过这样的感受，入住后的新居并不像原来开发商在广告上承诺的那么好。在住宅产品升级换代的今天，价格性能比越来越好的房子不断涌现，致使萌生退掉旧房，买更好的房子的意愿。那么，在什么情况下才能退房呢？

从目前的法律规定与法院审判实践来看，可以退房的条件主要包括约定条件与法定条件两种。约定条件是指购房者与开发商在购房合同中约定可以退房的条件。如房产商延迟交房超过一定期限,购房人可以要求退房。另外,购房者也可在合同中约定如小区规划或配套设施不符合售楼广告或售楼书、房屋交付后在一定期限内无法取得产权证等退房条件。根据《合同法》规定的基本原则,双方当事人约定了退房的具体条件,且购房者又能证明该条件成立,若购房者在与开发商协商难以达成共识,起诉至法院要求退房,一般会得到支持。法定条件则是根据法律规定,购房者可以退房的条件,综合起来主要包括以下几项:

(1)购房合同无效。根据《合同法》的规定,合同无效的直接结果是因合同取得的财产应予返还,具体到购房合同上就是购房者退还房屋,而开发商退还房款。从实践来看,造成购房合同无效的常见情形有:一是开发商无权处分该房产。主要有开发商未取得预售许可,房屋为共有财产而未经其他共有权人书面同意的,该房屋权属有争议,司法机关、行政机关依法裁定、决定查封或以其他形式限制房屋产权等情形。二是开发商存在欺诈情形。虽然经常有购房者以此项理由请求退房,但实际中法院支持的并不多,主要是购房者对开发商存在欺诈故意与欺诈事实举证困难所致。要防止此种情形的出现,购房者应尽量要求开发商将其每一项承诺落实为文字并予以签字认可。

(2)套型误差导致退房。根据《商品房销售管理办法》第十九条的规定,按套(单元)计价的预售房屋,套型与设计图纸不一致或者相关尺寸超出约定的误差范围,合同中未约定处理方式的,购房人可以退房。

(3)面积误差导致退房。即合同约定面积与产权登记面积发生误差达到一定比例。若合同中未约定具体的比例,按照有关规定,误差比绝对值超出3%时,购房人有权退房。

(4)变更规划、设计导致退房。已预售的商品房,开发商应在变更规划、设计导致商品房的结构形式、户型、空间尺寸、朝向变化,以及出现合同约定的其他影响商品房质量或者使用功能情形之日起一定时间内书面通知购房者,购房者在接到通知后可选择是否退房。若开发商未在规定时限内通知的,购房者有权要求退房。

(5)质量不合格导致退房。商品房交付使用后,买房人认为主体结构质量不合格的,可以依照有关规定委托工程质量检测机构重新核验,经核验,确属主体结构质量不合格的,购房者有权退房。

以上都是购房者可以退房的具体情形,但如果在房价上扬的情况下,退房仅是退还原先的购房款,反而会使购房者遭受损失。因此,购房者在与开发商签订购房合同时,也要注意约定,当因开发商过错导致退房时,开发商除返还房款外还应承担何种违约责任的条款,如此才能真正达到制约开发商的目的。

55. 购房者应如何退房

通常开发商都在买卖合同中对购房人解除权的行使做出诸多限制,所以购房人在签署买卖合同的时候一定要注意合同的内容。购房人要注意合同解除权行使的时间,首先要注意合同中约定的解除权的行使时间,若是合同没有约定的,则应该自解除权发生之日起一年内行使,否则解除权就会消灭,购房人既然无法行使合同解除权,自然就无法退房。还要注意合同中出卖方合同解除权的行使情形,以免购房人很被动,无法行使自己应该享有的解除权。

具体退房步骤大体为:

(1)买房人发出退房通知。买房人可通过挂号信、传真或者电话的形式向开发商提出。因开发商责任导致退房,应由开发商承担退房造成的损失,包括贷款利息、首付款的存款利息、购房的税费等;如购房合同中约定了退房的赔偿标准,按合同约定处理,合同约定的赔偿标准不足弥补损失的,可另行要求赔偿;因购房者贷款申请未批准,合同双方对付款方式不能协商一致等原因导致退房的,开发商无须承担赔偿责任。

(2)15日内办好各种手续。买房人提出退房要求后15日内,开发商应当退还买房人已经支付的全部房款,并且负责办理买房人与贷款银行解除或者终止合同的全部手续,在所述手续或者文件尚未签订前,开发商应当代替买房人向贷款银行支付每月支付的本金与利息。

(3)开发商退还房款。开发商应当在买房人发出退房通知后,将全部购房款返还给买房人,并且办理完毕公积金管理机构或者贷款银行的还款手续。如果无法办理完成前述内容,自买房人发出退房通知后第16日至买房人取得全部房款之日,开发商应当每天向买房人支付相应的违约金。

56. 哪些情况退房可以要求双倍赔偿

(1)只有商品房买卖合同适用惩罚性赔偿,而并非所有的房屋买卖合同纠纷都可以适用"惩罚性赔偿原则"。《商品房合同纠纷司法解释》适用于"商品房买卖合同"纠纷,而作为《商品房合同纠纷司法解释》中的惩罚性赔偿原则也仅适用于"商品房买卖合同",其并不当然地适用于其他集资房、房改房、二手房的买卖纠纷。

(2)只有属于恶意违约和欺诈行为才能适用惩罚性赔偿。在《司法解释》规定的五种情形中,前两种情形属于恶意违约行为。构成违约责任必须同时具备以下四个条件:

第一,行为。也就是一方当事人必须有不履行合同义务或者履行合同义务不符合约定的行为,这是构成违约责任的客观条件。违约行为只能在特定的关系中才能产生。违约行为发生的前提是,当事人之间已经存在着合同关系。如果合同关系并不存在,则不发生违约行为。

第二,过错。即违约一方当事人主观上有过错,这也是违约责任的主观要件。当事人违约可能有各种原因,如不可抗力、对方违约等。因这些原因引起违约,当事人不能承担违约责任。只有因违约当事人的原因造成违约责任。因此,违约当事人要承担违约责任,主观上必须要有过错。而在双方过错的情况下,过错的大小是其承担违约责任大小的依据。

第三,损害事实。损害事实指当事人违约给对方造成了财产上的损害和其他不利的后果。从权利角度考虑,只要有违约行为,合同债权人的权利就无法实现或不能全部实现,其损失即已发生。在违约人支付违约金的情况下,不必考虑对方当事人是否真的受到损害及损害的大小;而在需要支付赔偿金的情况下,则必须考虑当事人所受到的实际损害。

第四,因果关系。即违约行为和损害结果之间存在着因果关系。违约当事人承担的赔偿责任,只限于因其违约而给对方造成的损失。对合同双方当事人的其他损失,违约人自然没有赔偿的义务。违约行为造成的损害包括直接损害和间接损害,对这两种损害违约人应赔偿。

根据《商品房合同纠纷司法解释》的规定,在下列情况下购房人退房可以要求双倍赔偿:

(1)商品房买卖合同订立后,出卖人未告知买受人又将该房屋抵押给第三人;

(2)商品房买卖合同订立后,出卖人又将该房屋出卖给第三人;

(3)订立合同时,出卖人故意隐瞒没有取得商品房预售许可证明的事实或者提供虚假商品房预售许可证明;

(4)在订立合同时,出卖人故意隐瞒所售房屋已经抵押的事实;

(5)订立合同时,出卖人故意隐瞒所售房屋已经出卖给第三人或者为拆迁补偿安置房屋的事实。

57. 商品房买卖合同解除有哪些种类

商品房买卖合同解除的立法目的在于,给予一方当事人根据合同履行中出现了的法定事由,为避免因合同的履行而遭受重大损失提供的法律救济措施,以及违约方不应因合同的解除获得不当的利益。

商品房买卖合同的解除事由分为约定解除和法定解除,约定解除又分为协议解除和约定解除权的解除。协议解除是指在合同履行过程中,当事人经协商一致同意解除合同。约定解除权的解除是指在合同中约定解除合同的事由,待约定的事由出现时,享有解除权的一方或各方当事人有权解除合同。法定解除是指在履行合同过程中出现法律规定的解除合同的情形,享有解除权的一方或各方当事人有权解除合同。《合同法》和《解释》均规定了合同的法定解除事由。如果当事人将法定解除事由在商品房买卖合同申明确约定出来,此时原来本为法定的解除事由则成为约定解除权的解除事由。

在商品房买卖合同纠纷中,约定解除权的解除和法定解除,尤其是法定解除的适用较为普遍。

58. 商品房买卖合同的法定解除事由有哪些

(1)根本违约:①商品房买卖合同订立后,出卖人未告知买受人又将该房屋抵押给第三人;②商品房买卖合同订立后,出卖人又将该房屋出卖给第三人;③故意隐瞒所售房屋已经出卖给第三人或者为拆迁补偿安置房屋的事实;④房屋主体结构质量不合格;⑤房屋质量问题严重影响正常居住使用的。

(2)迟延履行:①出卖人迟延交付房屋或者买受人迟延支付购房款,经催告后在三个月的合理期限内仍未履行的;②办理房屋所有权登记的期限届满后超过一年,由于出卖人的原因,导致买受人无法办理房屋所有权登记的。

(3)其他解除情形:①面积误差比绝对值超出3%;②商品房买卖合同约定,买受人以担保贷款方式付款、因当事人一方原因未能订立商品房担保贷款合同并导致商品房买卖合同不能继续履行的。在遇到此类纠纷时,建议购房者及时咨询房产纠纷处理专业人士。

六、房屋买卖的税费

59. 商品房买卖的税费有哪些

商品房买卖、公房买卖、经济适用住房买卖、已购公房和经济适用住房的上市交易时发生的税费。需要注意的是,各个地区的税费标准是有差别的,以当地税务部门的标准为准。

(1)契税。一般情况是,购房者在购买建筑面积在120(含)平方米以内的各类商品住房,均可减半征收契税,即缴纳房屋成交价1.5%的契税;如果购买了超出120平方米的各类商品住房则需要缴纳成交价3%的契税。

(2)房屋买卖交易手续费。按照定额收取,具体如下:购买建筑面积在120平方米以下的商品房,购房者只需缴纳500元的交易费;购买建筑面积在121至5 000平方米的商品房,每件需缴纳1 500元的手续费;5 001平方米以上的则每件需要缴纳5 000元的买卖交易手续费。

(3)买卖合同印花税。按照房屋成交价格的0.05%缴纳。

(4)公共维修基金。购买房屋时需要缴纳房屋成交价2%的公共维修费。

(5)房屋所有权登记费。按照0.3元/建筑平方米征收。其中包括:①勘丈费:0.12元/建筑平方米;②房屋登记费:0.18元/建筑平方米。

(6)房屋所有权证印花贴税:在领取房屋所有权证和土地使用证时按件征收,每件5元。

(7)权证工本费:4元/件。例如,王先生购买了一套2000年竣工,建筑面积为80平方米,其成交价为30万元的商品房,则王先生需要交纳的税费共需:$300\,000 \times 1.5\% + 500 + 300\,000 \times 0.05\% + 80 \times 0.3 + 5 \times 2 + 300\,000 \times 2\% + 4 \times 2 = 11\,192$元

60. 房改房买卖的税费有哪些

(1)契税:根据规定,职工按照房改政策购买的房屋免交契税。

(2)房屋买卖交易手续费:职工个人按照房改政策购买时免交手续费。

(3)买卖合同印花税:与商品房相同,按照房屋成交价0.05%缴纳。

(4)房屋所有权登记费:与商品房相同,按照0.3元/平方米建筑面积征收。

(5)房屋所有权证印花贴税:按件征收,每件5元。

(6)公共维修基金:职工购房时按照当年出售新建公有住房成交价的2%缴纳。

(7)权证工本费:4元/件。

61. 经济适用住房买卖的税费有哪些

(1)契税:与商品住宅相同,购房者在购买建筑面积在120(含)平方米以内的经济适用房时,一般是缴纳房屋成交价2%的契税;如果购买了超出120平方米的经济适用房,则需要缴纳成交价4%的契税。

(2)房屋买卖交易手续费:按照规定,减半征收。购买建筑面积在120平方米以下的商品房,购房者只需缴纳250元的交易手续费;购买建筑面积在121至5000平方米的商品房,每件需缴纳750元的交易手续费;5001平方米以上的则每件需要缴纳2500元的交易手续费。

(3)买卖合同印花税:与商品房同,按照房屋成交价的0.05%缴纳。

(4)房屋所有权登记费:与商品房同,按照0.3元/建筑平方米征收。

(5)房屋所有权证印花贴税:按件征收,每件5元。

(6)公共维修基金:购房者按照房屋成交价的2%缴纳。

(7)权证工本费:4元/件。

62. 已购公房和经济适用住房上市需缴纳的税费有哪些

由于已购公房和经济适用住房上市是发生在个人与个人之间的交易,所以,我们特将其双方需要缴纳的税费列举如下:

首先,买方需要缴纳的税费:

(1)土地出让金或相当于土地出让金的价款。买方应当按照当地标定地价的10%缴纳土地出让金或者相当于土地出让金的价款;房屋所在地没有标定地价的,按照房屋买卖成交价格的3%缴纳。

(2)契税:买卖已购公有住房和经济适用住房的买卖双方在办理产权交易时,房屋建筑面积在120(含)平方米以下的,买方应缴纳房屋成交价2%的契税;建筑面积超出120平方米的买方需缴纳房屋成交价4%的契税。

(3)房屋买卖交易手续费:购买建筑面积在120平方米以下的,买方只需缴纳500元的交易手续费;购买建筑面积在121至5 000平方米的,每件需缴纳1 500元的手续费;5 001平方米以上的每件需要缴纳5 000元的交易手续费。

(4)买卖合同印花税:按照房屋成交价格的0.05%缴纳。

(5)房屋所有权登记费:按照0.3元/建筑平方米征收。其中包括:①勘丈费:0.12元/建筑平方米;②房屋登记费:0.18元/建筑平方米。

(6)房屋所有权证印花贴税:在领取房屋所有权证和土地使用证时按件征收,每件5元。

(7)权证工本费:4元/件。

其次,卖方需要缴纳的税费:

(1)房屋买卖交易手续费:出售建筑面积在120平方米以下的,卖方需要缴纳500元的交易手续费;出售建筑面积在121至5 000平方米的,每件需缴纳1 500元的交易手续费;5 001平方米以上的每件需要缴纳 5 000 元的交易手续费。

(2)买卖合同印花税:按照房屋成交价格的 0.05% 缴纳。

(3)出售收益分成,由卖方上交。出售已购公有住房属于标准面积内的部分,其售价在 4 000 元(含)以下部分,全部归出售人所有;售价在每建筑平方米 4 000 至 5 000(含)元的部分,80% 归出售人所有;售价在每建筑平方米 5 000 元以上部分,50% 归出售人所有。出售超标面积部分,其售价扣除售房职工支付的购买超标面积的房价款后,余额上缴财政或返还原产权单位。

第三章 商品房交付与验收

一、商品房交付

63. 商品房交付的条件是什么

商品房的交付,即指房地产开发企业依据相应法律规定以及相关商品房买卖合同或商品房预售合同的约定,将符合交付使用条件的房屋按期向商品房买受人交付,商品房买受人检验商品房并接受房屋的行为。

我国《城市房地产管理法》第二十七条第二款规定:"房地产开发项目竣工,经验收合格后,方可交付使用。"根据其他具体的建筑质量管理法规的规定,建设工程竣工验收应当具备下列条件:(一)完成建设工程设计和合同约定的各项内容;(二)有完整的技术档案和施工管理资料;(三)有工程使用的主要建筑材料、建筑构配件和设备的进场试验报告;(四)有勘察、设计、施工、工程监理等单位分别签署的质量合格文件;(五)有施工单位签署的工程保修书。建设工程经验收合格的,方可交付使用。

根据上述规定,商品房交付必须是经验收合格的,直观的反映是应具备建设工程竣工验收备案表,该备案表不仅反映工程竣工验收报告的内容,还反映规划验收认可文件、消防验收认可文件、环保验收认可文件等许可文件内容。开发商能够取得该表,就证明房地产开发项目达到交付使用的标准,购房人可以安心接收入住。法律法规如此规定的目的是,希望通过工程建设过程中竣工验收这最后一道环节,防止不合格工程流入社会,给用户和其他人的生命与财产造成损害。

交付竣工验收的建筑工程必须符合规定的建筑工程质量标准,有完整的工程技术经济资料和经签署的工程保修书,并具备国家规定的其他竣工条件。

(1)建设工程应当经过建设单位、施工单位、设计单位、监理单位共同验收,签署四方验收报告。

(2)经城乡规划主管部门规划验收,经公安消防机构消防验收,取得验收合格证明。

(3)建设工程竣工验收合格之日起15日内,将建设工程竣工验收报告和规划、公安消防出具的认可文件或者准许使用文件报建设行政主管部门备案。

(4)有资质的房产测绘机构出具的商品房面积实测技术报告书。商品房为住宅的,出卖人还应当提供住宅质量保证书、住宅使用说明书、室内空气检测合格证明。北京市实行住宅质量分户验收与市政同步交付制度,自2006年1月1日起住宅工程交付使用时,住宅工程质量分户验收表应当作为住宅质量保证书的附件一并交给买受人;市政公用基础设施、公共服务设施应当与住宅同步交付。出卖人不能提供相关文件资料,或者商品房不符合交付条件的,买受人可以拒绝交接房屋,逾期交房的违约责任按照合同约定处理。

64. 商品房交付的程序如何

商品房买卖合同示范文本第十一条规定:商品房达到交付使用条件后,出卖人应当书面通知买受人办理交付手续。双方进行验收交接时,出卖人应当出示本合同第八条规定的证明文件,并签署房屋交接单。所购商品房为住宅的,出卖人还需提供住宅质量保证书和住宅使用说明书。出卖人不出示证明文件或出示证明文件不齐全,买受人有权拒绝交接,由此产生的延期交房责任由出卖人承担。

这一条对商品房交付的程序做了一些大概的规定,也明确了交付时必须书面通知买受人。根据实践中的一些操作,商品房交付大致按如下的程序进行:

(1)房地产开发企业向买受人发出书面的入住通知,这一通知一般表现为以特快专递邮寄的入住通知书或交房通知书。

(2)买受人持入住通知要求的证件及其他相关资料,在入住通知要求的期限内到房地产开发企业指定的地点,查验房地产开发企业依法应当取得的书面文件。

(3)买受人在房地产开发企业相关工作人员的陪同下实地查验所购买商品房并填写验房单。

如果商品房存在法定或约定的可以退房的质量问题或存在解除购房合同的其他情形,买受人应决定是否退房,并在约定的期限内书面通知房地产开发企业。

如果商品房存在未达退房条件的质量问题或未达到约定标准,买受人可将商品房存在的质量问题或未达到约定标准的内容书面递交房地产开发企业,由房地产开发企业在一定期限内逐项予以修复或赔偿。

(4)房地产开发企业对商品房存在的质量问题逐项予以修复或做出修复书面承诺并经买受人查验同意后,双方根据商品房面积实测技术报告结算房款。

(5)买受人向房地产开发企业交纳商品房买卖合同或商品房预售合同约定的其他费用。

(6)买受人从房地产开发企业或房地产开发企业指定的第三方处领取房屋钥匙。

(7)买受人向房地产开发企业依法选定的前期物业管理企业交纳物业管理费,并办理物业管理的相关手续。

一般而言,房地产开发企业会在入住通知中写明入住程序,但由于开发商的强势地位,很多开发商会在入住通知书中对交房的程序做一些不利于买受人的约定。比如,开发商以挂号信的方式寄出入住通知书,但通知书中同时规定在某年某月某日之前去办理交接手续,而实际上该日期却距离发出入住通知书的日期很短,待买受人收到通知书时,往往时间很短,来不及准备相应材料去办理交接手续,从而导致买受人违约,开发商则以此为借口对商品房的一些瑕疵推脱责任。又如,有的入住通知书中往往还要求业主先预缴物业管理费、管道煤气开通费、产权证办理费用甚至某些税费等,对有些不合理的条件我们应在商品房买卖合同中做出明确规定,防止因约定不明确而产生某些纠纷。

65. 什么情况下可以拒绝收房

(1)房屋没有达到合同约定的交房条件。约定条件是指消费者与开发企业在购房合同中约定可以退房的条件。在此情况下,法律更注意强调交易双方的意思自治原则,充分尊重交易双方当事人的约定。根据《合同法》规定的基本原则,双方当事人约定了退房的具体条件,且消费者又能证明该退房条件成立,购房者就可以拒绝收房。例如,双方约定收房时要完成精装修否则购房者可以拒绝收房,如果开发商交付的是毛坯房,购房者当然有权拒绝收房并要求开发商承担违约责任。

(2)达不到法律规定的交付使用条件。我国法律规定,工程质量监督、规划、消防、人防等,未取得《商品房销售管理办法》规定的住宅质量保证书、住宅使用说明书、测绘成果表等"两书一表"的楼房,购房者可以选择拒收房屋,相关违约赔偿责任应由开发企业承担。

66. 什么情况算延期交房

根据我国法律的相关规定,延期交房包括以下两种情况:

(1)正常延期交付。正常延期交付主要指由于施工迟延或者相关政府手续办理迟延、市政配套迟延等导致的房屋交付逾期。这种延期交付属于延后交房时间,购房者给出卖人一定的宽限期,经过一段时间等待就可以收房的情况。

（2）非正常延期交付。非正常延期交付主要指由于出卖人经济实力、相关政府手续违法且无法办理等导致出卖人不能或者短时间内不能交付房屋的情形。

出卖人不能在约定时间交付房屋便构成延期交房。但在下列情况下，不构成延期交房：

（1）因不可抗力对按时交付产生影响。根据《合同法》第一百一十七条第一款："因不可抗力不能履行合同的，根据不可抗力的影响，部分或者全部免除责任，但法律另有规定的除外。当事人迟延履行后发生不可抗力的，不能免除责任"的规定，因不可抗力的出现对房屋的正常交付产生重大影响，造成出卖人可能延期交房的，出卖人可因此部分或全部免除责任。但是，出卖人应在合理时间内对买受人及时履行通知义务，否则构成延期交房。

（2）因重大规划、设计变更对按时交付产生影响。如果在房屋建设过程中遇到政府主动提起的规划变更，或者是房屋在施工过程中遭遇重大技术难题必须对设计进行变更的，此类情况因不能归入不可抗力范畴而使出卖人免责，但如果完全按照买卖合同的约定由出卖人承担违约责任，显然有失公平。

67. 开发商延期交房怎么办

现实中可能存在这样的状况，购房者与开发商签订了房屋买卖合同，所购买的房屋已经到了交房日期，但由于土地使用权存在争议，房屋至今还没有开始建盖，交房还要漫长的等待。购房者面对构成延期交房行为的，可按以下方式处理：

（1）延期交付，经催告后出卖人在合理期限内交付的，购房者不能要求解除合同，但是可以请求出卖人按延期天数承担违约金赔偿。

（2）出卖人延期交房，经催告后在合理期限内仍然没有给出延期交房的理由，这种情况下购房人没必要解除购房合同。虽然不是因为不可抗力或合同约定的免责理由,但属于购房者能够承受的范围,如出卖人资金出现问题导致停工了一段时间现已恢复等,购房者可以选择等待并且要求出卖人承担违约金赔偿。

(3)出卖人延期交付,经催告后在合理期限内仍然没有履行的,也不给出合理理由或者一味推脱逃避的,买房人可以要求解除合同,并要求出卖人承担违约责任,赔偿自己的损失。

购买的房屋已经到了交房日期却还没有开始建盖,开发商违约情形已经非常明显,购房者完全可以请求解除合同,也就是通常所说的"退房"。同时,购房者还可以请求开发商承担违约金,若违约金不足以弥补实际损失,还可以要求开发商补足。根据《合同法》第九十四条的规定,开发商迟延交付房屋,经催告后在3个月的合理期限内仍未履行,购房者请求解除合同的,法院应予支持,但商品房购销合同另有约定的除外。

68. 无正当理由拒绝接收房屋承担什么责任

最高人民法院《审理商品房买卖纠纷解释》第十一条规定:对房屋的转移占有,视为房屋的交付使用,但当事人另有约定的除外。房屋毁损、灭失的风险,在交付使用前由出卖人承担,交付使用后由买受人承担;买受人接到出卖人的书面交房通知,无正当理由拒绝接收的,房屋毁损、灭失的风险自书面交房通知确定的交付使用之日起由买受人承担,但法律另有规定或者当事人另有约定的除外。

什么是正当理由?购房人拒绝接收商品房的正当理由为商品房"不符合交付条件",商品房不符合交付条件包括以下两种情况:一是商品房未经综合验收;二是商品房明显存在重大质量瑕疵。

即使该商品房已经通过综合验收,并取得相关证明文书,购房人仍有权拒绝接受房屋,并要求开发商承担违约责任。《合同法》第一百四十八条规定,因标的物质量不符合质量要求,致使不能实现合同目的的,买受人可以拒绝接受标的物或者解除合同。买受人拒绝接受标的物或者解除合同的,标的物毁损、灭失的风险由出卖人承担。《审理商品房买卖纠纷解释》第十二条规定,因房屋主体结构质量不合格不能交付使用,或者房屋交付使用后,房屋主体结构质量经核验确属不合格,买受人请求解除合同和赔偿损失的,应予支持。第十三条第一款规定,因房屋质量问题严重影响正常居住使用,买受人请求解除合同和赔偿损失的,应予支持。

二、商品房交接验收

69. 商品房有质量标准吗

我们都知道商品都有一定的质量标准,那么商品房是不是也有质量标准呢?要解决这个问题,我们首先要找到商品房和商品的共性。我们都知道,商品是为交换而生产(或用于交换)的对他人或社会有用的劳动产品。而商品房是由房地产开发经营公司开发的,建成后用于市场出售出租的房屋。根据以上定义,商品房当然也是商品。既然是商品,就应该有一定的质量标准。

由于商品房不同于一般的商品,房屋结构很复杂,因此,商品房各个结构的质量标准也是不一样的。下面简单介绍一下商品房各结构的质量标准。

(1)墙面、地面和顶棚面层质量标准。地面空鼓面积不应大于$400cm^2$,且每自然间不多于2处;不得出现裂缝和起砂。墙面和顶棚无渗漏、空鼓、脱层、裂缝、爆灰。

(2)门窗安装质量标准。外窗台净高不低于0.90m,不得有负偏差,否则应采取防护措施。外窗及周边无渗漏。推拉窗必须有防脱落装置。应使用安全玻璃的,不得使用普通玻璃,玻璃上有安全认证标志。

(3)栏杆安装质量标准。临空高度在24m以下时,栏杆高度不应低于1.05m,临空高度在24m及24m以上(包括中高层住宅)时,栏杆高度不应低于1.10m。防护栏杆的栏杆垂直净间距不应大于

0.11m。栏杆应防止攀登。

(4)防水工程质量标准。屋面不得有渗漏或积水现象。地面无渗漏,排水顺畅。墙面无渗漏。

(5)室内空间尺寸偏差质量标准。净高负偏差不超过20mm,极差(实测值中最大值与最小值之差)不超过20mm。净开间、净进深极差(实测值中最大值与最小值之差)不超过20mm。测量地面水平度,当开间(进深)5m以内不超过20mm,当开间(进深)超过5m时每延米不超过5mm。精装修标准另定。

(6)给排水工程质量标准。给水管道、阀门、水嘴等无渗漏;排水管灌水后管道及接口无渗漏。管道坡向正确、无倒坡。地漏的水封高度不得小于50mm或设置存水弯。伸缩节设置必须符合设计或规范要求(间距不大于4m),高层建筑明设排水塑料管道是否设置阻火圈或防火套管。在立管上应每隔一层设置一个检查口,但在最底层和有卫生器具的最高层必须设置。

(7)电气工程安装质量。漏电保护装置动作灵活可靠,动作电流不大于30mA,动作时间不大于0.1s;接线整齐,回路编号齐全,标识正确;接地连接可靠。开关、插座面板应紧贴墙面,安装牢固;相位正确;接地可靠。

可以看出,商品房各个结构的质量标准是不一样的,并且相当复杂,因此,我们建议您在验房的时候要仔细检查房屋的各个角落,以免以后出现争端。

70. 收房时要查看哪些文件

(1)购房者在收房时,应当要求开发商提供商品房面积实测技术报告书。房屋在竣工时的实测面积是结算房款的依据,如果产生了面积的纠纷,也是购房者行使合同约定权利的依据。购房者在查看商品房面积实测技术报告书,不但应该看最后的测量结果,还应该看共有建筑的公摊部位以及公摊面积的计算方法,根据购房合同,查看是否有不应计入的公摊面积。

(2)购房者在接收房屋时,应该要求开发商提供《物业管理公约》等物业管理文件。如果公约在内容上有明显不合理的内容,应及时向开发商提出质疑,必要时可以向房地产管理部门投诉。

(3)购房者在接受房屋时,应该要求开发商提供房屋建筑工程和市政基础设施工程竣工验收备案表。根据相关法律法规,开发商必须提供具体明确的房屋建筑工程和市政基础设施工程竣工验收备案表(即取代原来的竣工综合验收合格证)。

71. 收房时应注意哪些问题

业主在收房时除查看相关的文件手续外,还应注意以下问题。

(1)小区规划设计变更、商品房室内设计变更的情况。开发企业应当按照批准的规划、设计建设商品房,商品房销售后,开发企业不得擅自变更规划、设计。如果是因经规划部门批准的规划变更、设计单位同意的设计变更,而导致商品房的结构型式、户型、空间尺寸、朝向发生变化,或出现合同当事人约定的其他影响商品房质量或者使用功能情形的,开发企业应当在变更确立之日起10日内,书面通知消费者。消费者收房时,应核对房子的规划、设计是否变更,开发商是否在规定时限内履行通知义务。

(2)景观绿化、小区配套、设施标准是否符合合同约定。该部分对楼盘品质、居住目的有很大影响。商品房买卖合同一般都约定基础设施、公共配套建筑、绿化标准等,也有的售楼广告对此用语明确具体,直接对消费者购房心理和价格的确认造成影响,也属要约,开发企业应当履行约定。

(3)房屋质量。建筑质量无疑是牵动消费者神经的最大关注点,如果房屋在建筑质量上出现了问题,那么基于它之上的一切如配套设施、小区景观等都只不过是空中楼阁而已,没有任何价值和意义。除传统的质量问题,装修房还存在新型的环保、节能等质量问题也值得重视。

(4)交付逾期和面积差异问题。逾期交房会给消费者造成一定的经济损失和机会损失,出卖人如未按合同规定的期限将该商品房交付买受人使用,按逾期时间,分别处理(不作累加),其中第二款约定逾期超过一定日期后,买受人有权解除合同,也可要求继续履行合同。由此看来,开发企业交付房屋逾期达到一定的天数,消费者是可以退房的,此时的前提条件是消费者拒绝接收此房屋,如果已经实际入住接收了房屋,那么只能接受开发企业支付违约金的补偿方式了。

面积问题也应该是消费者最为关心的内容之一,对于交房时面积差异的处理方式在合同中一般都有约定,合同未做约定的,面积误差比绝对值超出3%时,买受人有权退房或不退房而要求房地产开发企业承担赔偿责任(损失)。

72. 收房时如何检验房屋质量

购房人收房时应认真检查房屋质量,重点检查以下具体项目内容:

(1)卫生间。检查卫生间地面及天花板是否渗漏:在卫生间放水,做24小时闭水实验,第二天看楼下的邻居家是否漏水,建议楼上的邻居也做24小时闭水实验,如楼上不能做,则仔细观察自己家的卫生间天花板是否有漏水的迹象,重点观察墙角是否有发黄的痕迹,还应注意观察卫生间管道与顶部的接缝处及管道接缝处是否渗漏。如交付的房屋有卫生洁具,要检查卫生器具,包括浴缸、抽水马桶、洗脸池等是否有渗漏现象,卫生器具的下水软管与排水管的交接处应有封堵措施,还应设置返水弯。放一点水,仔细观察,一试便知。初装修的卫生间地面与已安装完毕的地漏的标高是否吻合,地漏的箅子一般低于地面5mm。

(2)厨房。注意观察厨房上下水管道与墙体的接缝处是否渗漏,检查天然气管道外观是否有破损。

(3)门窗。检查门窗开启是否灵活,推拉是否顺滑,不松不紧,门窗的密封性能好坏,玻璃是否有损坏,纱窗是否安装,纱窗是否损坏,纱窗与框是否固定绷直。检查窗户的锁止是否能锁住,防滑条是否起作用,窗户有无雨水孔。检查入户门每一把钥匙是否能顺利地打开。

(4) 起沙与空鼓。检查初装修的地面是否大面积起砂,是否有空鼓现象;检查墙面的抹灰及其他装饰面层是否存在空裂现象。

(5) 裂缝。检查房屋有无裂缝,结构有无损坏现象。首先仔细察看房屋地面和顶上有无裂缝,没有裂缝最好,如有裂缝,要看是什么样的裂缝。一般来说,与房间横梁平行的裂缝,虽属质量问题,但基本不存在危险,修补后不会妨碍使用。若裂缝与墙角呈45度斜角或与横梁垂直,说明该房屋沉降严重,存在结构性质量问题。其次看房屋的外墙墙体是否有裂缝,若有裂缝也属严重的质量问题。最后看承重墙是否有裂缝,若裂缝贯穿整个墙面且穿到背后,表示该房存在危险隐患,对这类房屋,购买者一定不能抱侥幸心理。一般在顶层墙体易出现温度裂缝,其形态为45度斜裂缝,现浇的钢筋混凝土阳台栏板易出现竖向裂缝;钢筋混凝土墙体内保温的竖向裂缝属于正常现象。

(6) 渗漏。检查所有上下水管道及暖气管道有无渗、漏、堵现象;检查房屋有无渗漏。购房者要注意察看房屋的地面和顶层渗水情况,要仔细检查房屋墙面是否有变色、起泡、脱皮、掉灰,这些都是渗漏的迹象。还应察看厨房、卫生间、阳台的顶部和管道接口是否渗漏。顶层房屋有无渗漏的痕迹;重点观察墙角是否有发黄的痕迹,还应注意观察卫生间管道与顶部的接缝处是否渗漏。

(7) 结露。检查房间内有无结露现象,有无反碱现象。

(8) 暖气。检查暖气是否有渗漏,重点检查暖气下方及暖气管道与墙体的连接处是否有漏水的痕迹,检查房屋暖气供、回水支管有无倒坡现象,支管的坡度一般为1‰。供暖管道穿墙应设套管,地面的套管应高出地面2~3cm,地面为初装修的,应高出地面5cm。冬季供暖温度不允许出现低于16℃的现象。

(9) 特殊防水。检查一下放置洗衣机位置的地面是否有防水措施;有地漏的厨房要做防水。

(10)电。电器闸具及户表在户外的,应检查其是否能控制室内的灯具及室内各插座,方法是拉闸后户内是否完全断电。户内有闸具的,应检查闸具是否控制户内电器。照明与空调、插座闸具应分开,即照明电线路与其他线路分开;检查时带一小电器或测电笔,每一个插座都检查,看是否有电。检查每一个灯是否通电。距离地面30cm高的插座必须带保险装置,洗手盆的上方不应有插座,卫生间内用于洗澡的电源插座应是防潮插座并有防溅措施;卫生间的照明灯座必须是磁口安全灯座;还应检查一下开关、插座的牢固程度。

(11)电话电视。检查电话、电视的接头是否牢固,插孔内是否有异物。

(12)倾斜度、平行。检查房屋有无倾斜。专业检测房屋的倾斜度需用专门的仪器,但购房者用目测的方法从四周不同角度,远近距离仔细观测也能基本上发现问题。可在房顶上用细绳拴上一重物,贴墙放下至墙脚,从四周检查其倾斜程度。检查房屋地面是否正方形或长方形,墙与墙之间是否平行,宽窄一致。

(13)隔音。检查隐秘性及隔音效果如何。

(14)对讲。检查对讲系统是否已开通,能否正常使用。

(15)公共设施。察看一下公共设备。对电梯、消防设备、小区环境、停车场、电视接收系统、保安系统、公共楼道、大厅等进行检查。

(16)核对设备。核对买卖合同上注明的设施、设备等是否有遗漏,品牌、数量是否相符。

(17)规划变更。检查是否有规划、设计变更等问题。

(18)开通。检查水、电、天然气、上下水管道等是否开通和能否正常使用。

(19)有害气体。检查室内有害气体是否超标。开门后闻一下室内是否有异味,氨气超标是刺鼻的味道,甲醛超标刺眼流泪。

(20)麻点。看内墙面上和顶部是否有麻点。这种麻点专业称"石灰爆点",是石灰没有经过足够时间的熟化所致,对室内装潢将带来不利影响。

(21)水质。检查水质,打开水龙头,看是否流黄水,水是否有异味,水中是否有杂质,自来水的上水管在过门口处应有防结露的措施。初装修的房屋没有水龙头,在安装后再测试,但应在交接单上注明水质未检测。

(22)查表。与物业公司一起核对水表的读数、电表的读数(包括楼道公用灯的电表读数)、天然气表的读数,然后在交接单上按表的读数做记录,高于零的部分由开发商负责结算。

(23)瓷砖。检查每一块瓷砖是否贴实,高度是否一致。检查是否贴实很简单,用一金属物或手指关节处轻敲瓷砖表面,从声音即可判断是否有空的。

(24)复合地板。强化实木复合地板的拼接缝之间的国标高度差是 0.15mm,用手在两块板之间滑动,基本感觉不到有高低,这是合格的。

(25)木工油漆。门、窗套表面是否光滑,是否有油漆流淌的痕迹,表面是否着色一致。

73. 房屋建筑工程竣工验收有哪些步骤

(1)根据建设项目(工程)的规模大小和复杂程度,整个建设项目(工程)的验收可分为初步验收和竣工验收两个阶段进行。规模较大、较复杂的建设项目(工程),应先进行初验,然后进行全部建设项目(工程)的竣工验收。规模较小、较简单的项目(工程),可以一次进行全部项目(工程)的竣工验收。

(2)建设项目(工程)在竣工验收之前,由建设单位组织施工、设计及使用等有关单位进行初验。初验前由施工单位按照国家规定,整理好文件、技术资料,向建设单位提出交工报告。建设单位接到报告后,应及时组织初验。

(3)建设项目(工程)全部完成,经过各单项工程的验收,符合设计要求,并具备竣工图表、竣工决算、工程总结等必要文件资料,由项目(工程)主管部门或建设单位向负责验收的单位提出竣工验收申请报告。

三、商品房的保修

74. 商品房的保修期是多久

根据国务院《建设工程质量管理条例》(2000年1月10日发布执行)以及建设部《房屋建筑工程质量保修办法》(2000年6月26日发布执行),国家对房屋建筑的保修期有具体的规定,在正常使用条件下,商品房保修期的时间为:

(1)基础设施工程、房屋建筑的地基基础工程和主体结构工程,为设计文件规定的该工程的合理使用年限;

(2)屋面防水工程,有防水要求的卫生间、房间和外墙面的防渗漏为5年;

(3)供热与供冷系统为两个采暖期、供冷期;

(4)电气管线、给排水管道、设备安装和装修工程为两年;

(5)其他项目的保修期限由发包方与承包方约定。建设工程的保修期,自竣工验收合格之日起计算。

对于法规及住宅质量保证书中没有约定的其他保修范围项目的保修期限,购房者须与开发商补充约定。房屋建筑工程保修期从工程竣工验收合格之日起计算。施工单位不按工程质量保修书约定保修的,建设单位可以另行委托其他单位保修,由原施工单位承担相应责任。保修费用由质量缺陷的责任方承担。

在保修期内,因房屋建筑工程质量缺陷造成房屋所有人、使用人或者第三方人身、财产损害的,房屋所有人、使用人或者第三方可以向建设单位提出赔偿要求。建设单位向造成房屋建筑工程质量缺陷的责任方追偿。因保修不及时造成新的人身、财产损害,由造成拖延的责任方承担赔偿责任。

75. 商品房的保修期是怎样计算的

根据《商品房销售管理办法》的规定,房地产开发企业应当对所售商品房承担质量保修责任。当事人应当在合同中就保修范围、保修期限、保修责任等内容做出约定。保修期从交付之日起计算。

商品住宅的保修期限不得低于建设工程承包单位出具的质量保修书约定保修期的存续期,存续期少于最低保修期限的,保修期不得低于《商品住宅实行质量保证书和住宅使用说明书制度的规定》中规定的最低保修期限。房屋保修期的规定很复杂。举例来说明:

(1) 如果房屋于 2012 年 1 月 1 日竣工,而开发商于 2013 年 1 月 1 日向买受人交付使用,交付时施工单位对屋面防水的剩余保修期为 4 年,而《商品住宅实行质量保证书和住宅使用说明书制度的规定》中规定的最低保修期限 3 年低于该存续期,那么保修期应当认定为 4 年;

(2) 如果开发商于 2015 年 1 月 1 日向买受人交付使用,施工单位对屋面防水的剩余保修期为 2 年,少于《商品住宅实行质量保证书和住宅使用说明书制度的规定》中规定的 3 年的最低保修期,那么保修期应当认定为 3 年。买房人可与开发商协商延长保修期,但开发商不得要求缩短保修期。

76. 房屋的保修范围包括哪些

开发商应当对所售商品房承担质量保修责任。当事人应当在合同中就保修范围、保修期限、保修责任等内容做出约定。保修期从交付之日起计算。商品住宅的保修期限不得低于建设工程承包单位向建设单位出具的质量保修书约定保修期的存续期;存续期少于商品住宅实行质量保证书和住宅使用说明书制度的规定中确定的最低保修期限的,保修期不得低于质量规定中确定的最低保修期限。非住宅商品房的保修期限不得低于建设工程承包单位向建设单位出具的质量保修书约定保修期的存续期。在保修期限内发生的属于保修范围的商品房质量问题,开发商应当履行保修义务,并对造成的损失承担赔偿责任。但因不可抗力或者使用不当造成的损坏,开发商不承担责任。

77. 常见的商品房质量问题有哪些

广义的商品房质量纠纷是指因开发商交付的商品房及其配套设备、设施或居住环境存在不符合法律规定或合同约定的质量标准而产生的纠纷,商品房质量纠纷主要是由于开发商片面追求高额利润造成的。

为了保护购房人利益,国家明确规定开发商不得将工程质量不合格或配套不完善的房屋交付使用;同时还规定住宅小区需经国家相关部门综合验收合格后才能交付使用;商品房交付使用时,开发商应向购房人出示住宅质量保证书和住宅使用说明书,承担商品房保修及维修责任。虽然国家在商品房质量问题上已做了很多有益的探索与努力,但由于种种原因,经国家验收合格的商品房与购房人心目中合格的商品房还是存在较大差距,难以让购房人满意。商品房质量纠纷也因此层出不穷、无法避免。面对这种情况,购房人应当了解商品房质量方面的法律规定,以解决实际问题。房屋质量问题一般包括:

(1)开发商交付使用的商品房主体质量不合格。商品房主体质量不合格,法律规定不得交付使用,这样的房子不应通过验收。但现实中有主体不合格的房子验收为合格并交付使用的情况。此时开发商不仅是违反合同责任的问题了,而是要承担产品缺陷责任。购房人如果认为房屋主体质量不合格,首先应该向工程质量监督单位申请重新核验,经核验确属主体结构质量不合格的,根据《城市房地产开发经营管理条例》第三十二条及《最高人民法院关于审理商品房买卖合同纠纷案件适用法律若干问题的解释》(以下简称《解释》)第十二条的规定,购房者有权退房,解除商品房买卖合同,并要求开发商赔偿损失。

（2）购房者所购房屋主体质量合格，但房屋其他质量问题严重影响正常居住使用。在这种情况下，如果房屋已经验收合格并交付使用，则开发商应当承担违约责任。因为购房者订立合同的目的是购买可以使用功能正常的房屋，开发商交付的房屋不能让购房人实现这一目的，购房人则可以请求解除合同和赔偿损失。"严重影响正常居住使用"一般是指购房者所购买的房屋出现严重质量问题，且该质量问题通过修复等亦无法保证购房者人身、财产安全及正常居住使用的情形。

（3）购房者所购买的房屋存在质量问题，但尚未达到"严重影响正常居住使用"这一严重程度。在这种情况下，开发商轻微违约，没有达到根本违约的程度，所以购房者不能要求解除合同进行退房。在保修期内，开发商应当承担修复责任，如开发商拒绝修复或者在合理期限内拖延修复的，购房者可以自行或者委托他人修复，修复费用及修复期间造成的其他损失由开发商承担。

78. 房屋交付后质量问题如何处理

商品房办理交接手续前，出卖人应当组织买受人对商品房进行查验。发现质量问题或者其他问题，是先修复后收房，还是先收房后修复？应当遵守预售合同的约定。若预售合同无约定，只要出卖人取得了前述文件与资料，买受人不得拒绝收房。房屋交付后质量问题的处理方式分为：

（1）保修期内的一般质量问题由出卖人承担修复责任，保修期自商品房交付之日起计算；出卖人拒绝修复或者在合理期限内拖延修复的，买受人可以自行或者委托他人修复，修复费用及修复期间造成的其他损失由出卖人承担。

（2）保修期满后，住宅类商品房的共用部位、共用设施设备的维修和更新、改造的资金由住宅专项维修资金解决。

（3）房屋交付使用后房屋主体结构质量经核验确属不合格，或者商品房质量问题严重影响正常居住使用的,买受人有权请求解除买卖合同,请求退还房款与赔偿损失。

(4)由于商品房自身质量、建筑材料、配套管线不合格造成人身与财产损害的,无论时间经过多久,出卖人仍应承担赔偿责任,《建筑法》第八十条明确规定:"在建筑物的合理使用寿命内,因建筑工程质量不合格受到损害的,有权向责任者要求赔偿。"

79. 如何认定房屋主体质量不合格

《建筑法》第六十条规定:"建筑物在合理使用寿命内,必须确保地基基础工程和主体结构的质量。建筑工程竣工时,屋顶、墙面不得留有渗漏、开裂等质量缺陷;对已发现的质量缺陷,建筑施工企业应当修复。"在商品房买卖中如何认定主体质量问题比较复杂,开发商会在主体质量与非主体质量问题上打"擦边球",拒绝按照主体质量处理。在通常情况下,所谓主体结构质量不合格包括三种情况:

(1)房屋交付前未经验收。

(2)虽然在交付前经过验收但验收不合格。依据现行法律规定,房屋建成后交付使用前,建设单位应组织勘察、设计、施工、监理等各方对工程质量进行验收,验收合格的应该签署质量合格文件;并申请规划、公安消防、环保部门对房屋进行检查,出具认可文件或者准许使用文件;最后由建设单位向工程所在地的建设行政主管部门备案,取得房屋建设工程竣工验收备案表。《建筑法》第六十一条第二款规定:"建筑工程竣工经验收合格后,方可交付使用;未经验收或者验收不合格的,不得交付使用。"

对于这两种情形,特别提醒购房人:在办理商品房交接入住手续时,至少应当要求出卖人出示由建设、勘察、设计、施工、监理五方共同出具的《工程竣工验收报告》和消防验收合格证明,查验该工程是否经验收合格。如果出卖人不能出示上述文件,就说明该工程未经验收或者验收不合格,购房人有权拒绝收房,由此引起的延期交房责任由出卖人承担。如果出卖人超过约定的期限房屋仍然未能验收合格,购房人可以解除合同并要求赔偿损失。

(3)房屋交付使用后房屋主体结构质量经核验确属不合格。在实践中怎么核验又是一个问题,商品房交付使用后,购房人怀疑和认为主体结构质量存在问题,则可以依照有关规定委托工程质量检测机构重新核验,确属主体结构质量不合格的,购房人有权退房,给购房人造成损失的,房地产开发企业应当依法承担赔偿责任。但要特别注意的是:委托核验的工程质量检测机构必须具备相应的资质,且委托哪个机构来检测买卖双方须经协商达成一致,如双方协商不成应申请法院指定检测机构,否则单方委托的检测机构如果得不到另一方的认可,其检测结果则没有法律效力。

80. 质量不合格的房屋开发商如何赔偿

商品房质量对消费者来说尤为重要,它不仅关系到其居住安全,而且也关系到其居住舒适的程度。然而,有的开发商修建的商品房却存在这样或那样的质量缺陷,严重侵害了消费者的合法权益。对此,国家规定,房地产开发企业对其开发建设的房地产开发项目的质量承担责任。针对有关商品房质量问题,消费者可以采取以下措施,维护自己的合法权益:

(1)对开发商交付的房屋不属于主体结构质量不合格的一般质量问题,在保修期内,购房者根据"房地产开发企业应当在商品房交付使用时,承担商品房保修责任"的规定,可请求其维修,因维修致使房屋使用功能受到影响或给购买人造成损失的,开发商应当负赔偿责任。

(2)对开发商交付的房屋属于主体结构质量不合格的,应先请求房屋所在地的房屋工程质量监督单位检查,在取得房屋质量鉴定不合格的证书后,可要求开发商予以退房,对因此造成损失的,开发商应承担赔偿责任。

81. 商品房质量问题能否退房

因房屋质量问题严重影响正常居住使用,买受人请求解除合同和赔偿损失的,应予支持。这种情形既不是明显的主体结构质量不合格,又不完全属于保修的一般质量问题,而是介于前面两种情形之间的第三种情形,其中"严重影响正常居住使用"如何理解和把握,法律没有做出具体规定,应该属于法官自由裁量的范畴。因此,在这种情况下购房人提出索赔请求时更要慎之又慎。是否属于"严重影响正常居住使用"的情况,司法实践中要通过实地勘察或鉴定进行综合评定。

一是看房屋质量问题是否能够通过修复解决,如果通过修复能够解决,一般应要求出卖人承担修复责任,并可要求赔偿损失;确实无法修复再要求解除合同和赔偿损失。

二是经修复后是否仍然存在威胁购房人人身、财产安全的因素,如果该房屋经修复后仍然不能保证购房人的人身和财产安全,购房人就要理直气壮地提出解除合同,并要求出卖人赔偿损失。

三是经多次维修房屋仍然存在严重质量缺陷,无法正常使用,严重干扰和影响了购房人的生活,可提出解除合同和赔偿损失的请求,由法官根据实际情况予以裁决。

期房预售所带来的不仅是建筑质量低劣与失控,还导致在期房预售中虚假广告、合同欺诈、一房多售、面积缩小、质量不合格、延期办证等恶意违约和欺诈行为盛行,极大地损害了购房者利益,引发了大量法律纠纷。当发生纠纷后,购房者处于弱势地位,为了更好地维护自身是权益,最好找专业的律师帮忙,否则不利于维护自身权益。

四、房屋质量检测

82. 房屋质量检测标准有哪些

我国法律法规以及相关政策规定商品房交房时应该达到以下质量标准：

（1）完成工程设计和合同中规定的各项工作内容，达到国家规定的竣工条件；

（2）工程质量符合国家安全规定的标准，如符合房屋土建工程验收标准、安装工程验收标准等；

（3）符合工程建筑设计和工程建设合同约定的内容；有完整的并经有关部门审核的工程建设技术数据及档案图纸材料；

（4）有建筑材料、设备、购配件的质量合格证件资料和试验检验报告；

（5）有勘察、设计、施工、工程监理等单位分别签署的质量合格或优良等材料；

（6）有工程施工单位签署的工程质量保修书；

（7）已办理工程竣工交付使用的有关手续。

以上就是常见的房屋质量问题，包括主体结构、影响居住和一般三个程度。主体结构是最严重可能导致房屋财产出现危险的问题，比如承重墙倾斜等；影响居住的问题也比较严重，例如隔音效果不好或者不隔音没法居住等。但这里必须提醒购房人注意，委托核验的工程质量检测机构必须具备相应的资质，且委托哪个机构来检测买卖双方须经协商达成一致，如双方协商不成应申请法院指定检测机构，否则单方委托的检测机构如果得不到另一方的认可，其检测结果则没有法律效力。

83. 房屋质量检测包括哪些内容

房屋质量检测是购房者收房时认为自己的房屋存在质量问题，

而开发商不承认或者入住后发现质量问题但开发商拒绝维修时可以选择的一种证明房屋存在问题的方式,请专业的检测机构对房屋进行检测并出具真实有效的检测报告,可以在诉讼时作为证据维护自己的权益。根据检测目的不同分为以下几类:

(1)房屋安全检测;

(2)房屋完损状况检测;

(3)房屋损坏趋势检测;

(4)房屋结构和使用功能改变检测;

(5)房屋质量综合检测;

(6)房屋其他类型检测;

(7)空气质量检测。

根据购房者认为房屋存在的问题不同,可以进行不同种类的房屋质量的检测,一般的检测都会包括调查建筑物的使用历史和结构体系;测量倾斜和不均匀沉降;检测损坏程度部位及范围;利用专业设备检测相关数据,经过演算后分析原因进行综合评级等。

84. 房屋质量检测要注意哪些问题

(1)房屋质量检测的费用采取"谁申请,谁交费"的原则,但是购房者有权要求开发商提供质量验收合格证明,开发商不能提供的,购房者可以要求开发商进行房屋质量检测并承担相关费用。

(2)房屋质量检测不是所有机构都能做的,购房者要找具有检测资格的机构进行。最好事先在网上寻找当地推荐的检测机构或者咨询房产管理部门、消费者协会,看这些政府部门有没有推荐的机构,也可以咨询律师有哪些检测机构出具的报告具有法律效力。

(3)房屋质量检测是房屋质量评定的最终方式,也是法院裁决的主要依据,购房者要让检测机构出具报告并对报告的真实性、合法性承担责任。

85. 房屋安全鉴定的情形有哪些

房屋安全鉴定直接关系到房屋居住者和周围居民的住宅安全。

房屋安全鉴定必须十分重视。什么情况下,房屋安全责任人应当及时委托房屋安全鉴定单位进行鉴定?法律做出了明文规定,当房屋有下列情形之一的,房屋安全鉴定人应当及时委托房屋安全鉴定单位进行房屋安全鉴定:

(1)房屋地基基础、主体结构有明显下沉、裂缝、变形、腐蚀等现象的;

(2)房屋超过设计使用年限需继续使用的;

(3)自然灾害以及爆炸、火灾等事故造成房屋主体结构损坏的;

(4)需要拆改房屋主体或承重结构、改变房屋使用功能或者明显加大房屋荷载的;

(5)其他可能危害房屋安全需要鉴定的情形。

现实中,因不当使用而对楼宇造成损坏的情况有很多,但因为普通居民楼分属于不同的业主,因此很难统一协调进行保护,这就为房屋安全埋下了巨大隐患。市民如对房屋质量鉴定存在疑虑并申请鉴定时,可以通过小区业主委员会,以单幢建筑所有产权人的名义向鉴定中心提出房屋安全鉴定申请;如果没有业主委员会,市民也可联合该房屋所在建筑物的所有权利人提出房屋鉴定申请。

总而言之,未经鉴定的房屋,居民平时要定期观察房屋内墙壁、地板、天花板等位置是否存在沉降、倾斜和裂缝等现象。重点要注意观察裂缝出现的部位。这些都是房屋质量鉴定的项目。其中,由材料干湿变化引起的地面、墙面网状裂缝,或由热胀冷缩变形原因造成的裂缝不属于危险裂缝。居民碰到类似情况须引起重视,并尽快进行房屋安全鉴定。

第四章 房屋面积

一、房屋面积范围

86. 什么是建筑面积、套内面积和使用面积

房屋建筑面积是指房屋外墙(柱)勒脚以上各层的外围水平投影面积,包括阳台、挑廊、地下室、室外楼梯等,且具备有上盖,结构牢固,层高2.20m以上(含2.20m)的永久性建筑。套内面积是指把门关上后的这一整套房子的面积,包括过道、厨房和卫生间等。使用面积是指比套内面积范围小,不包括过道、厨房和卫生间等,仅指卧室、客厅等。

87. 商品房的面积包括哪些部分

商品房的面积有以下五个部分:

(1)辅助面积,是指住宅建筑各层中不直接供住房生活的室内空间净面积,包括过道、厨房、卫生间、厕所等。

(2)居住面积,是指住宅建筑面积除去墙、柱等建筑构件所占有的水平面积(即结构面积)。

(3)使用面积,是指住宅各层平面中为生活起居所使用的净面积之和。

计算住宅使用面积,过去主要用来计算和征收公共住宅房租时使用,采用使用面积的计算,可以比较直观地反映住宅的使用状况,

也能比较全面地反映住宅所有权人的租赁关系,但在住宅买卖中一般不采用使用面积来计算价格。

(4)建筑面积,是指建筑物外墙外围所围成空间的水平面积。如果计算多、高层住宅楼的建筑面积,则是各层建筑面积之和。

(5)公用面积,是指住宅楼内为住房方便出入,正常交往,保障生活所设置的公共走廊、楼梯、电梯间、水箱间、楼层等所占面积的总和。开发商在出售商品房时要计算每户的建筑面积,存在公共面积分摊的问题。

88. 房屋面积如何测算

面积测算系指水平面积测算。分为房屋面积和用地面积测算两类,其中,房屋面积测算包括房屋建筑面积、共有建筑面积、产权面积、使用面积等测算。其中房屋建筑面积指房屋外墙(柱)勒脚以上各层的外围水平投影面积,包括阳台、挑廊、地下室、室外楼梯等,且具备有上盖,结构牢固,层高 2.2m 以上(2.2m)的永久性建筑;房屋共有建设面积指各产权主共同占有或共同使用的建筑面积;房屋产权面积指产权主依法拥有房屋所有权的房屋建筑面积。房屋产权面积由直辖市、市、县房地产行政主管部门登记确权认定;房屋使用面积系指房屋户内全部可供使用的空间面积,按房屋的内墙面水平投影计算。各类面积测算必须独立测算两次,其较差应在规定的限差以内,取中数作为最后结果。量距应使用经检定合格的卷尺或其他能达到相应精度的仪器和工具。面积以平方米为单位,取至 $0.01m^2$。

89. 计入建筑面积的范围有哪些

(1)单层建筑物不论其高度均按一层计算,其建筑面积按建筑物外墙勒角以上的外围水平面积计算。单层建筑物内如带有部分楼层者,亦应计算建筑面积。

(2)多层建筑物的建筑面积按以建筑面积的总和计算,其建筑物外墙勒脚以上外围水平面积计算,二层及二层以上按外墙外围水平面积计算。

(3)层高超过 2.2m 的地下室、半地下室、地下车库、仓库、商店、地下指挥部等及相应出入口的建筑面积按其上口外墙(不包括采光井、防潮层及其保护墙)外围的水平面积计算。

(4)用深基础做架空层加以利用,层高超过 2.2m 的,按架空层外围的水平面积的一半计算建筑面积。

(5)坡地建筑利用吊脚做架空层加以利用且层高超过 2.2m,按围护结构外围水平面积计算建筑面积。

(6)穿过建筑物的通道,建筑物内的门厅、大厅不论其高度如何,均按一层计算建筑面积。门厅、大厅内回廊部分按其水平投影面积计算建筑面积。

(7)电梯井、提物井、垃圾道、管道井均按建筑物自然层计算建筑面积。

(8)舞台灯光控制室按围护结构外围水平面积乘以实际层数计算建筑面积。

(9)建筑物内的技术层(管道层、附层、夹层)是指房屋的局部层次,层高超过 2.2m 的,按其墙外围水平面积计算建筑面积。

(10)与建筑物连接的有柱雨篷按柱外围水平面积计算建筑面积;独立柱雨篷按其顶盖水平投影面积的一半计算机建筑面积。

(11)有柱的车棚、货棚、站台等按柱外围水平面积计算建筑面积;单排柱、独立柱的车棚、货棚、站台等按其顶盖水平投影面积的一半计算建筑面积。

(12)突出屋面的有围护结构的楼梯间、水箱间、电梯机房等按围护结构外围水平面积计算建筑面积。

(13)突出墙外的门斗按围护结构外围水平面积计算建筑面积。

(14)封闭阳台、挑廊,按其水平投影面积计算建筑面积。凹阳台、挑阳台按其水平投影面积的一半计算建筑面积。

(15)建筑物墙外有顶盖和柱的走廊、檐廊,按柱的外边线水平面积计算建筑面积。无柱的走廊、檐廊按其投影面积的一半计算建筑面积。

(16)两个建筑物间有顶盖的架空通廊,按通廊的投影面积计算建筑面积。无顶盖的架空通廊按其投影面积的一半计算建筑面积。

(17)室外楼梯作为主要通道和用于疏散的,按每层水平投影面积计算建筑面积;楼内有楼梯按其水平投影面积的一半计算建筑面积。

(18)跨越其他建筑物、构筑物的高架单层建筑物,按其水平投影面积计算建筑面积,多层者按多层计算。

(19)室内体育馆按实际层数计算建筑面积。体育馆(场)看台下空间加以利用的,其超过1.8m的部位计算建筑面积(多层按多层计算)。

(20)原始设计为假层(含顶层阁)屋面全部翻高后,前后墙楼板高度超过1.8m的,按实际计算建筑面积。

90. 计算一半建筑面积的范围有哪些

(1)与房屋相连有上盖无柱的走廊、檐廊,按其围护结构外围水平投影面积的一半计算。

(2)独立柱、单排柱的门廊、车棚、货棚等属永久性建筑的,按其上盖水平投影面积的一半计算。

(3)未封闭的阳台、挑廊,按其围护结构外围水平投影面积的一半计算。

(4)无顶盖的室外楼梯按各层水平投影面积的一半计算。

(5)有顶盖不封闭的永久性的架空通廊,按外围水平投影面积的一半计算。

91. 不计入建筑面积的范围有哪些

(1)突出墙面的构件和艺术装饰,如杖、垛、勒角、台阶、无柱雨篷等。

（2）检修、消防等用的室外爬梯。

（3）层高在 2.2m 以内的技术层、夹层。

（4）构筑物，如独立烟囱、烟道、油罐、水塔、储油（水）池储仓、地下人防干、支线等。

（5）建筑物内外的操作平台、上料平台，以及利用建筑物的空间安置箱罐的平台。

（6）没有围护结构的屋顶水箱，舞台及后台悬挂幕布、布景的天桥、挑台。

（7）单层建筑物内分割的操作间、控制室、仪表间等单层房间。

（8）层高小于 2.2m 的地下室、半地下室深基础地下架空层、坡地建筑物吊脚架空层。

（9）岗亭、警亭、书报亭等。

（10）里弄房屋后天井内的天棚。

（11）利用马路、通道及隙地所搭棚架。

（12）阁楼。

（13）房屋的平台、晒台、花台、屋顶平台等。

二、房屋面积计算

92. 商品房销售面积有哪些规定

《商品房销售管理办法》第十八条规定：商品房销售可以按套（单元）计价，也可以按套内建筑面积或者建筑面积计价。商品房建筑面积由套内建筑面积和分摊的共有建筑面积组成，套内建筑面积部分为独立产权，分摊的共有建筑面积部分为共有产权，买受人按照法律、法规的规定对其享有权利，承担责任。按套（单元）计价或者按套内建筑面积计价的，商品房买卖合同中应当注明建筑面积和分摊的共有建筑面积。

《商品房销售管理办法》第十九条规定：按套（单元）计价的现售

房屋,当事人对现售房屋实地勘察后可以在合同中直接约定总价款。按套(单元)计价的预售房屋,房地产开发企业应当在合同中附所售房屋的平面图。平面图应当标明详细尺寸,并约定误差范围。房屋交付时,套型与设计图纸一致,相关尺寸也在约定的误差范围内,维持总价款不变;套型与设计图纸不一致或者相关尺寸超出约定的误差范围,合同中未约定处理方式的,买受人可以退房或者与房地产开发企业重新约定总价款。买受人退房的,由房地产开发企业承担违约责任。

《商品房销售管理办法》第二十条中规定,按套内建筑面积或者建筑面积计价的,当事人应当在合同中载明合同约定面积与产权登记面积发生误差的处理方式。

合同未作约定的,按以下原则处理:

(1)面积误差比绝对值在3%以内(含3%)的,据实结算房价款;

(2)面积误差比绝对值超出3%时,买受人有权退房。买受人退房的,房地产开发企业应当在买受人提出退房之日起30日内将买受人已付房价款退还给买受人,同时支付已付房价款利息。买受人不退房的,产权登记面积大于合同约定面积时,面积误差比在3%以内(含3%)部分的房价款由买受人补足;超出3%部分的房价款由房地产开发企业承担,产权归买受人。产权登记面积小于合同约定面积时,面积误差比绝对值在3%以内(含3%)部分的房价款由房地产开发企业返还买受人;绝对值超出3%部分的房价款由房地产开发企业双倍返还买受人。面积误差比=(产权登记面积-合同约定面积)/合同约定面积×100%。

《商品房销售管理办法》第二十一条规定,按建筑面积计价的,当事人应当在合同中约定套内建筑面积和分摊的共有建筑面积,并约定建筑面积不变而套内建筑面积发生误差以及建筑面积与套内建筑面积均发生误差时的处理方式。第二十二条规定,不符合商品房销售条件的,房地产开发企业不得销售商品房,不得向买受人收取任何预订款性质费用。符合商品房销售条件的,房地产开发企业在订立商品房买卖合同之前向买受人收取预订款性质费用的,订立商品房买卖合同时,所收费用应当抵作房价款;当事人未能订立商品房买卖合同的,房地产开发企业应当向买受人返还所收费用;当事人之间另有约定的,从其约定。

93. 如何计算商品房销售面积

《商品房销售面积测量与计算》中明确规定,商品房整幢出售,其销售面积为整幢商品房的建筑面积。商品房按套或单元出售,其销售面积为购房者所购买的单元内建筑面积与应分摊的共有建筑面积。销售面积也就是我们通常说的建筑面积=套内建筑面积(包括套内使用面积、套内墙体面积、阳台面积)与公共分摊面积之和。

(1)套内建筑面积。根据《商品房销售面积计算及公用建筑面积分摊规则(试行)》的规定,套内建筑面积由以下三分部分组成:一是套内的使用面积。二是套内墙体面积,是指商品房各套内使用空间周围的维护或承重墙体,有共用墙及非共用墙两种。共用墙体水平投影面积的一半计入套内墙体面积;非共用墙体水平投影面积全部计入套内墙体面积。三是阳台建筑面积。

(2)共有建筑面积的分摊。多层商品住宅楼,须先求出整幢房屋的共有建筑面积分摊系数,再按幢内的各套内建筑面积的比例分摊;多功能综合楼,须分别求出整幢房屋和幢内不同功能区的共有建筑面积分摊系数,再按幢内各功能区各套内建筑面积比例分摊。

关于房屋面积的分摊,合同中有约定的按照合同约定进行分摊。

94. 跃层和复式住宅的面积如何计算

跃层住宅是一套住宅占两个楼层,有内部楼梯联系上下层;一般在首层安排起居、厨房、餐厅、卫生间,最好有一间卧室,二层安排卧室、书房、卫生间等。复式住宅在概念上是一层,但层高较普通的住宅(通常是2.7m)高,可在局部掏出夹层,安排卧室或书房等内容,用楼梯联系上下。其目的是在有限的空间里增加使用面积,提高住宅的空间利用率。这种做法在香港的住宅设计中有一些例子,是适应其用地、空间极其缺乏的情况而出现的。

复式住宅实际上并不具备完整的两层空间,夹层在底层的投影面积只占底层面积的一部分。夹层可以做成房间,也可以做成跑马廊形式(夹层悬空的一侧不做墙壁或墙面后退,在平面的外边缘有栏杆或栏板,上面的人可以看见下面,下面的人也可以看见上面,形成一种不完全的空间),和底层之间有视线上的交流和空间上的流通。而跃层住宅的上下两层之间完全由楼板分离,只通过楼梯联系,和复式住宅的空间是两种不同的类型。

在住宅建设中,很少有做到真正意义上的复式住宅的,常见到的是在住宅楼顶层,利用屋顶或坡屋顶空间向上跃半层,这样的住宅该如何界定呢?简单地讲,如果上下两层完全分隔,应称为跃层住宅;如果上下两层在同一空间内,也就是说,从下层室内可以看见上层的墙面、栏杆或走廊等部分,应称为复式住宅。

其实对于使用者来说,不论住宅的名称如何界定,面积才是他们真正关心的内容,那么,如何计算这两类住宅的面积呢?

跃层住宅如果是完整的两层,其建筑面积或使用面积均应是两层的建筑面积或使用面积相加之和。如果跃层部分的高度不够一个完整的层高,可以参照北京市城乡规划委员会和城乡建设委员会1997年颁发的《北京市计算住宅使用面积的规定》进行计算,其中明确指出了坡屋顶使用面积的计算标准:

利用坡屋顶作为使用房间时,除必要的卫生条件(盥洗、便溺、采光、通风)外,还应同时具备以下两个条件,方能计入使用面积:

(1)使用房间的净高度最低处不应低于1.5m(含);

(2)使用房间净面积的一半(含)以上不低于2.1m(含)。

满足上述条件的房间其净面积可全部计入使用面积。若房间超过2.1m(含)部分不足房间总面积的一半,则按超过2.1m(含)部分净面积的2倍计入使用面积。

复式住宅的面积计算也参照同一标准。如果夹层面积部分满足上述条件，应计入使用面积。

三、房屋公摊面积

95. 什么是公摊面积，如何计算

(1)共有建筑(公摊)面积的内容包括：电梯井、管道井、楼梯井、垃圾道、变电室、设备间、公共门厅、过道、地下室、值班警卫室等，为整幢服务的公共用房管理用房的建筑面积，以及水平投影面积计算。共有建筑面积还包括套与公共建筑之间的分割墙，以及外墙（包括山墙）水平投影面积一半的建筑面积。独立使用的地下室、车棚车库、为多幢服务的警卫室、管理用房、作为人防工程的地下室都不计入共有建筑面积。

(2)共有建筑面积的计算方法：整幢建筑物的建筑面积扣除整幢建筑物各套内建筑面积之和，并扣除已作为独立使用的地下室、车棚，车库，为多幢服务的警卫室，管理用房，以及人防工程等建筑面积。即为整幢建筑物的共有建筑面积。

(3)共有建筑面积的分摊方法：住宅楼以幢为单元，按以下计算公式：

每套房的公摊面积＝本幢楼的共有建筑面积÷本幢楼套内总面积×每套房套内面积。

96. 商品房公摊面积的分摊原则是什么

约束开发商的有关商品房销售面积与公摊面积的法规主要有建设部《商品房销售面积计算及公用建筑面积分摊规则(试行)》及北京市 2000 年 9 月 26 日颁布的《北京市商品房销售面积计算及公用建筑面积分摊暂行规定》。其中明确了公用建筑面积的分摊原则、可分摊的公用建筑面积及不应计入的公用建筑空间。分摊原则

如下：

（1）商品房公用面积的分摊以幢为单位。分摊的公用建筑面积为本幢内的公用建筑面积，与本幢不相连的公用建筑面积不得分摊到本幢房屋内；

（2）为整幢商品房服务的公用建筑面积，由该幢楼各套商品房分摊；为局部范围服务的公用建筑面积，由受益的各套商品房分摊；

（3）公用建筑面积分摊后，不划分各套商品房摊得建筑面积的具体部位，但任何人不得侵占或改变原设计的使用功能。

97. 计算公摊面积应注意哪些事项

（1）同一小区不同期房公摊面积可能不同。一般情况下，出现同一小区的不同期房公摊面积不同是正常的。因为公摊面积计算因楼而异，住宅楼的公摊面积计算以幢为单元。国家有明确的条文规定。由于建筑的各异，不同幢的公摊面积会有较大不同。

（2）公摊面积分摊时一视同仁。有购房者担心买房时会不会多分担其他人的公摊面积，出现有些人不分或少分公摊面积的情形。其实这个问题是不会出现的，公摊协议一视同仁，公摊协议必须遵守一视同仁原则。具体表现在房地产商和某购房者达成的购房协议不得损害另一购房者的利益。不得把某购房者应该分担的公摊面积分摊到其他消费者名下。

（3）计算拆迁费包括公摊面积。公摊面积属于建筑面积范畴。拆迁补偿在计算面积时是以房产证上的建筑面积为标准的，而建筑面积包括室内面积和公摊面积，因此拆迁补偿包括公摊面积。

98. 如何约定商品房公摊面积

2003年新版商品房买卖合同示范文本（简称合同）的第三条、第十一条和合同附件二中均涉及公摊面积的约定，购房人应当充分利用这些条款约定好公摊面积。首先，购房人应当在合同第三条中约定公摊面积的数字，并在合同附件二即有关公共部分与公用房屋公摊建筑面积构成说明中,详细约定公摊的具体部位、面积大小;其次,由于购房人对于分摊原则并不熟悉,建议购房人在附件二中最好要明确约定:"上述分摊原则和分摊面积的计算应当符合行政规章和地方政府及行政主管部门的文件规定。出卖人违背本条约定的,应退还不应计入分摊面积部分的相应价款,并按该价款的20%向买受人支付违约金。"这样,政府文件中关于公摊面积分摊原则的规定,即可自动适用于买卖合同。

四、房屋面积误差及处理

99. 什么是房屋面积误差

我们通常称房屋面积误差为"房屋缩水",实际上表现形式各有不同,房屋面积不但有"缩水",还有"涨水"。有些是交房时房屋建筑面积与商品房预售、销售合同中约定的建筑面积不符,比如前述案例所提到的这位买受人的遭遇;有些是套内使用面积与约定的不符,也就是我们所说的使用率问题。在房屋预售活动中,开发商声称自己房屋的使用率为75%,结果最后只有70%,这就产生了误差,就会在买卖双方之间产生纠纷;有些则是因为公摊面积的问题,可能购房者最后得到的建筑面积与预售合同约定面积相符,但是由于公摊面积增加,相应地其套内建筑面积必然减少。还有一种可能,就是公摊面积绝对数不变,但某些不应该被公摊的建筑也被作为公摊面积,消费者也会受到损害。

实际上,在建设部《商品房销售面积计算及公用建筑面积分摊规划(试行)》中明确规定,商品房若按"套"或"单元"出售,则其销售面积为购房者所购的套内或单元内建筑面积与应分摊的共有建筑面积之和。套内建筑面积是套内使用面积、套内墙体面积、套内阳台建筑面积之和。而其中任何一个面积组成部分出现误差,都称为面积误差,都会给购房者带来损失。

第四章 房屋面积

100. 商品房买卖面积误差纠纷的原因有哪些

司法实践中,商品房买卖合同约定的面积与产权证的面积常有误差。其主要原因有:

(1)双方签订房屋买卖合同后因商品房开发项目的设计变更造成的房屋面积误差;

(2)因产权登记时露台、楼顶平台不计算为房屋建筑面积,而买卖双方在房屋买卖合同中将独立或不独立使用的露台、楼顶平台面积计入房屋建筑面积造成的面积误差;

(3)适用的测量规则标准不同造成的面积误差。上述原因造成的面积误差比绝对值一般在3%以上,买卖双方往往因此产生纠纷。

另外,由于施工、测绘规则允许的误差而造成的面积误差在所难免,因误差比值较小,双方一般能协商解决。

101. 约定以套为单位计价的如何处理

《商品房销售管理办法》第十九条规定:"按套(单元)计价的现售房屋,当事人对现售房屋实地勘察后可以在合同中直接约定总价款。按套(单元)计价的预售房屋,房地产开发企业应当在合同中附所售房屋的平面图。平面图应当标明详细尺寸,并约定误差范围。房屋交付时,套型与设计图纸一致,相关尺寸也在约定的误差范围内,维持总价款不变;套型与设计图纸不一致或者相关尺寸超出约定的误差范围,合同中未约定处理方式的,买受人可以退房或者与房地产开发企业重新约定总价款。买受人退房的,由房地产开发企业承担违约责任。"

也就是说,在商品房现房销售情况下,由于买受人可直接查看实物,故以"套(单元)"作为一种计价单位,使交易简洁明快。引起面积误差纠纷的,一般应当尊重当事人在合同订立时对按套计价方式的合意。

在商品房预售的情况下,以"套(单元)"作为一种计价单位,房地产开发企业应当在合同中附所售商品房的平面图。商品房交付时,套型与设计图纸一致,相关尺寸也在约定的误差范围内,维持总价款不变;超出约定的误差范围,合同中没有约定处理方式的,买受人可以退房或者与房地产开发企业重新约定总价款。买受人退房的,由房地产开发企业承担违约责任。

102. 项目设计变更造成的房屋面积误差如何处理

根据目前房地产面积的测量体制,商品房的实测面积是已竣工的房屋在产权登记时,土地房产管理部门审核确认了卖方委托有资质的测绘单位所做的测量成果(面积)。卖方委托测绘单位测量的面积未经土地房管部门审核确认,则不能作为商品房的实测面积。因此,土地房管部门审核面积与合同约定面积的差值或比值,是认定设计变更是否造成房屋面积误差及误差数量的依据。买卖双方因设计变更造成的实测房屋套内建筑面积或建筑面积(含公摊面积)与房屋买卖合同约定面积不符的,应依据最高人民法院《关于审理商品房买卖合同纠纷案件适用法律若干问题的解释》第十四条的有关规定处理,即合同有约定的,按照约定处理。合同没有约定或者约定不明确的,按照以下原则处理:

(1)面积误差比绝对值在3%以内(含3%),按照合同约定的价格据实结算,买受人请求解除合同的,不予支持;

(2)面积误差比绝对值超出3%,买受人请求解除合同、返还已付购房款及利息的,应予支持。买受人同意继续履行合同,房屋实际面积大于合同约定面积的,面积误差比在3%以内(含3%)部分的房价款由买受人按照约定的价格补足,面积误差比超出3%部分的房价款由出卖人承担,所有权归买受人;房屋实际面积小于合同约定面积的,面积误差比在3%以内(含3%)部分的房价款及利息由出卖人返还买受人,面积误差比超过3%部分的房价款由出卖人双倍返还买受人。首先,法院应先审查是否有约定,有约定从约定。买卖双方可以在合同中约定在结算房屋价款时,房屋实测建筑面积与暂测建筑面积的误差不超过一定幅度,如果在此幅度内,买方按房屋单价据实结算;房屋建筑面积误差超过约定的幅度时,自卖方向买方出示测绘部门实测面积数据(经土地房产管理部门审核的面积数据)起一定期间内,买方可以选择解除预售合同,要求卖方退还房款、利息或违约金等,也可以选择按房屋单价据实结算。其次,在没有约定的情况下,按上述《解释》第十四条第一项、第二项的规定处理。

103. 露台、楼顶平台面积计算误差如何处理

依据《商品房销售面积计算及公用建筑面积分摊规则(试行)》中有关"建筑面积"的规定,商品房销售面积不含露台面积,因此在产权登记时,土地房产管理部门审核卖方委托测绘单位测量的成果时,露台面积是不计入房屋建筑面积的。但在商品房销售中,买卖双方已将有使用功能的露台面积计入房屋建筑面积作为买卖的标的物,在签订合同时约定计入房屋建筑面积,由此产生了面积误差。买方以商品房销售面积不含露台面积,其不享有露台所有权等为由,要求卖方退还房款。这类面积误差不能认定为实测面积与合同约定面积不符,不适用《最高人民法院关于审理商品房买卖合同纠纷案件适用法律若干问题的解释》第十四条的规定,应依据建筑物区分所有权和共有权的民法理论及双方当事人的约定来处理这类面积误差的纠纷。土地房管部门审核实测面积时,虽不确认露台为房屋建筑面积,但对于卖方单独计价出售独立使用的露台,由于露台具有独立使用价值(功能),具有排他性,可归买方所有。根据意思自治和有偿使用原则,双方已约定作为房屋买卖合同的标的物,由买方支付约定的价款是公平合理的,也符合诚实信用原则。出卖人对独立使用的露台面积不单独计价,采取适当提高商品房面积售价,或者按"套""单元"计价一并出售的,同样应予以保护,买方要求退还露台面积房款的,不予支持。

对于不独立使用的露台,因不具有排他性,属整幢楼房业主共

用,买方使用时往往会与他人产生纠纷,买卖双方计入房屋面积进行交易,损害了其他业主的合法权益,买方要求卖方退还露台房款的,应予以支持。

104. 测量规则标准不同造成面积误差如何处理

由于商品房预售时双方在合同中约定的面积,一般都是卖方依据商品房项目施工设计图纸自行测算或委托测绘单位测算的预测面积。预测和实测适用的测量规则标准有时不同(或测量规则标准的变更),主要是公摊面积的计算方法不一样,有的开发商将建设部《商品房销售面积计算及公用建筑面积分摊规则(试行)》中不属于公摊或没有规定作为公摊的面积计算为公摊面积,如将外墙、骑楼、人防工程的地下室、高层建筑的结构转换层等面积计入公摊面积。土地房产管理部门在审核实测面积时,没有把该公摊面积予以确认为房屋建筑面积,故造成面积误差。对于测量规则标准不同造成的面积误差,法院应根据原预测面积的测量规则标准审查预测面积与实测面积认定是否存在误差,对于适用预测的测量规则标准作为公摊的,而实测面积适用的测量规则标准又不作为公摊的面积误差,由于是测量规则标准不同造成的,并非买卖双方的原因,因此不予认定实际面积误差。双方可对合同中的销售面积做调整,但应维持原合同约定的总价款不变。一方以此面积误差要求补交或退还房款的,不予支持。对于已适用同一测量规则标准测绘后的实测误差,应认定为实际面积误差,依合同约定或司法解释的规定处理。

经过调查,我们认为可以采取积极措施预防纠纷的发生,减少诉讼。买卖双方在签订商品房预售合同时,合同约定的房屋建筑面积为预测面积,买卖双方往往约定允许与房屋实测面积有一定幅度的误差。为避免房屋交付时出现误差的面积超出了双方合同约定的幅度,发生不必要的纠纷,建议双方在签订房屋买卖合同时在合同上注明商品房销售面积的测量方法、预测面积所依据的测量规则标准、套内建筑面积、分摊的公用建筑面积的构成、何种情况下引起的误差、双方应承担的责任等。特别是土地房产管理部门在办理商品房预售登记备案手续时,应对双方合同约定的面积是否符合测量规则标准进行事先审查,以避免纠纷的发生。

五、房屋占用土地面积分摊

105. 什么是土地面积分摊

土地面积公摊,是指土地使用者在共有土地面积中所分摊的面积,包括建筑物占用土地面积分摊和本宗地内共有土地面积分摊。土地面积分摊在土地有偿使用过程中是经常可见的一项工作,尤其是随着土地有偿使用制度的建立,土地面积分摊计算能否公平合理、易被人接受,显得更为重要。

106. 土地面积分摊有几种类型

土地分摊类型大致可分为两种:一是平面土地使用权分摊。这种类型分摊较简单,可按独自面积在共有使用权面积中的比例定;二是多层建筑物土地面积分摊。其中包括多层多用途和多层单一用途土地面积分摊,在这种情况下土地只作为建筑物的附属形态出现,但由于用途不同,地价不同,土地使用者应分摊的税费就不同,享有的土地面积也不相同。

107. 土地面积分摊计算方法有几种

由于土地使用情况复杂,以下几种土地面积分摊的计算方法可供参考:

(1)平均分摊法。这是目前被广泛采用的方法,适用于平面使用土地分摊和划拨用地分摊,其分摊面积一般按共有使用者之间各自在该宗地内拥有的地上附着物的占地面积或建筑面积来确定。可用以下公式计算:

土地共有使用权分摊面积＝使用者独立拥有的占地面积或建筑面积÷在共有土地上全部使用者的占地面积或建筑面积总和×土地共有使用权面积

(2)土地价值最大化分摊法。适用于底层为商业、二层以上为住宅的楼房。这种方法主要是将土地使用权确定给底层,住宅层分摊院内土地面积,土地只作为附属形式存在,体现了土地价值最大化。因为在地价中,商业用地地价最高,底层用户是土地的直接使用者,又是土地的直接受益者,这就决定了底层作为商业用地的土地收益实际上完全归底层土地使用者所有,而用作住宅的楼层却无此收费,如果将底层面积同二层以上用户进行分摊,就会出现征收土地税费时,只收取部分商业用地的税费,造成土地资产流失。如果对住宅楼的分摊面积也按商业用地同样平均分摊收取税费,就有失公平。

(3)土地用途分摊法。或称地价分摊法,适用于对多层多用途建筑物进行土地分摊。在土地利用当中,由于土地用途不同,层数不同,土地产生的价值就不同,按照不同用途地价在土地所有用途地价中的比例对土地进行分摊,确定使用者拥有多少土地面积,应承担多少税费,可以说是比较公平合理的一种方法。具体操作可用以下公式:

土地分摊面积＝底层土地面积×(某一用途地价÷不同用途地价之和)×某一使用者拥有的层数

其中相同用途的地价累加,这一公式也适用于同一层有多种用途的建筑物。

(4)楼价分摊法。适用于对不同用途相同层数的建筑物土地进行分摊。如果不同用途相同层数的建筑物需要缴同样的税费,就不太合理,所以还应利用楼价对同一用途不同楼层的土地进行分摊修正。由于不同层数的楼价是受市场因素影响的,楼的地价则不变,所以用楼价来修正地价可以说是一种操作简单的办法。计算公式为:

修正后的土地分摊面积＝某一层楼价÷所有层楼价之和×修正前土地分摊面积

　　上述的土地面积分摊计算方法应该各有千秋,平均分摊法操作比较简单,但由于土地利用类型不同,土地面积平均分摊产生的利弊不同,这种方法只注重权利的分配,而造成地价不合理分摊,对于多层商业网点和商业住宅综合楼来说,如果平均分摊,让土地使用者都承担相同的税费是不合理、不公正的,而且平均分摊会造成无偿使用的土地在出让、转让过程中难以确定收取有关税费。土地价值最大化分摊法较实用,但存在一定的局限性,不过对只适用于底层为商业、二层以上为住宅的建筑物,仍是一种可在小城镇推广应用的方法。土地用途分摊法与楼价分摊法理论上较合理,尤其是随着土地有偿使用范围的扩大,土地转让行为、改变用途行为发生频繁,这种方法就显得更加公平、合理。

第五章　房地产抵押与按揭

一、房地产抵押概述

108. 什么是房地产抵押

房地产抵押,是指抵押人(包括债务人或者第三人)将其合法的房地产以不转移占有的方式向抵押权人(即债权人)提供债务履行担保的行为。债务人不履行债务时,抵押权人有权依法以抵押的房地产折价或者以拍卖、变卖该房地产所得的价款优先受偿。房地产抵押是一种财产担保,由于这种担保形式比人的担保更加可靠,因此在经济活动中被广泛使用。

房屋抵押具有如下特征:

(1)抵押物须是房屋,房屋抵押人可以是债务人,也可以是第三人,抵押人必须对抵押的房屋拥有所有权,如果抵押房屋是国有房屋,则抵押人必须对该抵押房屋享有处分权。

(2)房屋抵押权的设定,一般采用书面形式,并应明确规定担保的范围。

(3)房屋抵押是原债权债务关系的担保,原债权债务关系是主合同,房屋抵押是从合同,它以原主合同的合法有效存在为前提条件,本身不能独立存在。

(4)抵押的房屋可以由抵押权人保管,也可以由抵押人保管,通常情况下由抵押人保管。保管人应谨慎保养所抵押房屋。

(5)负有清偿债务义务的一方不履行义务时,房屋抵押人可以直接行使房屋抵押权,不依靠债务人的行为即可实现其权利。

(6)房屋抵押人将房屋抵押后,并不丧失房屋的所有权,因此,抵押人应自己承担房屋意外灭失的风险。

(7)房屋抵押权是一种担保物权。如果房屋抵押人未经房屋抵押权人同意,将抵押房屋转给第三人时,房屋抵押权人对抵押的房屋享有追索权,房屋受让人因此受到的损失,由房屋抵押人承担。

房屋抵押人是法律关系中的一方当事人,既享有权利,也须承担义务。

109. 哪些房地产可以抵押

根据我国《担保法》和《城市房地产抵押管理办法》的规定,可以办理抵押的房地产包括:

(1)抵押人所有的房屋和其他地上定着物;

(2)抵押人依法有权处分的国有的土地使用权、房屋和其他地上定着物;

(3)抵押人依法承包并经发包方同意抵押的荒山、荒沟、荒丘、荒滩等荒地的使用权;

(4)依法通过出让方式或者行政划拨方式取得的国有土地使用权也可以抵押,但应当将抵押时该国有土地上的房屋或其他建筑物同时抵押;

(5)依法取得所有权或者取得权益的房屋含附属物;

(6)划拨国有土地上的房屋,只要其所有权合法,可设定抵押;

(7)乡镇、村企业厂房等建筑物抵押的,其占用范围内的土地使用权同时抵押;

(8)法律、法规规定的其他可以抵押的房地产。

110. 哪些房地产不能抵押

根据《担保法》和《城市房地产抵押管理办法》的有关规定,以下

的房地产是不得进行抵押或全权全额抵押的:

(1)权属有争议的房地产不得进行抵押。已被依法监管、查封、扣押或以其他形式限制的房地产。

(2)已公告列入拆迁范围的房地产不得进行抵押。该种房产已不能保障债权人债权的实际实现,不可作为抵押担保。

(3)现用于教育、医疗、市政等公共福利事业的房地产不得进行抵押。由于该类房地产属于社会公益设施,因而从保障社会稳定的角度考虑,国家对该种抵押给予限制。

(4)列入文物保护的建筑物和有重要纪念意义的其他建筑物不得进行抵押。此类房地产属于国家禁止或限制转让的房地产,缺少抵押物必备的法定条件。

(5)严禁对土地所有权做任何形式的买卖、处分,部分土地使用权可抵押。对耕地、宅基地、自留地、自留山等集体所有的土地使用权不得抵押,但是已经承包并经发包方同意抵押的荒山、荒滩等除外。

(6)地上没有建筑物、构筑物或在建工程的,纯粹以划拨方式取得的土地使用权不得进行抵押。因此土地使用者对划拨土地的使用权没有处分权,故其不能将该土地作为抵押。

(7)以享受国家优惠政策购买获得的房地产不能全额抵押。其抵押额限以房地产权利人可以处分和收益的份额比例为限。

(8)同一房地产设定两个以上抵押权时,单抵押权人不能全额抵押。应以抵押登记的先后顺序受偿,某一抵押权人只能按其占有的相应抵押份额取得处分抵押房产所得的价款。

111. 房产抵押人有哪些责任

根据不动产物权公示公信原则,抵押权人若因信赖不动产登记簿的登记信息,而与房屋权利人签订《房地产抵押贷款合同》并办理了抵押登记,即使在签订房地产抵押贷款合同时该房屋权利人隐瞒其婚姻状况或因登记机关登记错误引发的瑕疵,均可以被抵押权人

（即银行的善意）所吸收。但随着中国人民银行建设的个人征信系统完成全国联网，公安部建立的全国公民身份信息查询系统等电子化信息的网络建设，商业银行审查借款人等各方面信息的网络也开始铺开，未来不排除银监会或中国人民银行加重银行审查义务的可能。

对于抵押物财产共有人或其他信息的审查不到位，就对抵押权的设立产生瑕疵。依据《物权法》第一百零二条之规定，因共有不动产产生的债务，在对外关系上，共有人承担连带债务。因此，不论是借款人、抵押人及抵押物财产共有人对于银行贷款具有法定的连带还款义务，但是，如果抵押权不生效，该债务则变成无担保债务，银行则失去了优先受偿的权利。

二、抵押合同和抵押登记

112. 抵押合同有哪些内容

以财产包括房地产作为债务的担保的，抵押人和抵押权人应当以书面形式订立抵押合同。合同的内容必须完备、具体、明确，才好履行。一份规范的房地产抵押合同应当包括下列主要内容：

（1）抵押人、抵押权人的名称或者个人的姓名、住所；
（2）主债权的种类、数额；
（3）所抵押的房地产的处所、名称、状况、建筑面积、用地面积等；
（4）房地产的价值；
（5）抵押房地产的占用管理人、占用管理方式、占用管理责任以及意外损毁、灭失的责任；
（6）抵押期限；
（7）抵押物灭失的条件；
（8）违约责任和解决争议的方式；
（9）抵押合同订立的时间与地点；

(10)双方需约定的其他事项。

113. 如何进行抵押合同登记

房地产抵押登记是抵押双方当事人为使抵押成立而在房地产登记机构依照法定程序履行的法定行为。一方面,抵押登记的作用是为了交易安全。设立抵押权的本身是为了保障主债权的安全,经过登记这一法定程序,能起到对抵押物是否有瑕疵的把关作用,有利于抵押权人的保护。另一方面,我国现行的法律规定抵押登记是法定要式行为,抵押权是一种在抵押物上所设定的他项权利,履行抵押登记手续是抵押法律关系成立的必要条件。根据我国《担保法》的规定,房地产抵押须在签订抵押合同的30日内在房地产所在地的房屋土地管理部门办理抵押登记手续,领取他项权利证,抵押登记手续是一个不可缺少的法定程序,也是不动产抵押活动中的一个不可缺少的法律文件。

依照规定,抵押当事人应当自抵押合同签订之日起30日内,到房地产所在地的房地产管理部门办理房地产抵押登记。办理抵押登记时,应当向登记机关交验下列文件:

(1)抵押当事人的身份证明或法人资格证明;

(2)申请书和抵押合同;

(3)国有土地使用权证、房屋所有权证或房地产权证,共有的房屋还需提交房屋共有权证和其他共有人同意抵押的证明;

(4)可以证明抵押人有权设定抵押权的文件与证明材料;

(5)可以证明所抵押的房地产价值的资料;

(6)登记机关认为必要的其他文件。登记机关经审核,凡权属清楚、证明材料齐全,符合抵押条件的,予以办理抵押登记。

房地产抵押合同自抵押物登记之日起生效,受法律保护。

114. 房地产抵押登记有哪些程序

(1)抵押登记申请。办理房地产抵押登记,应当向登记机关提出申请,并提交下列文件:房地产抵押登记申请书;抵押当事人的身份证明或法人资格证明;抵押合同;主合同;国有土地使用证、房屋所有权证或房地产证;可以证明抵押人有权设定抵押权的文件与证明材料;可以证明抵押房地产价值的资料;登记机关认为必要的其他文件。

(2)受理申请。审查申请人所提交的文件是否真实、齐备,申请文件不符合规定的,不予受理;申请文件符合规定的,则予受理,给该申请编号并给回执,回执注明所收取的文件、受理日期和编号。

(3)审核。登记机关从房地产登记册查明申请转移登记的房地产权利状况,如有下列情形之一的,驳回转移登记申请:①权属来源的性质是限制抵押(包括福利房、微利房,行政划拨土地、减免地价土地)而未取得有关部门同意的;②根据城市规划,政府决定收回土地使用权的;③司法机关、行政机关依法裁定,决定查封或者以其他形式限制房地产权利的;④共有房地产,未经其他共有人书面同意的;⑤权属有争议的;⑥法律、法规或市、区政府规定禁止转让的。

驳回登记申请,应自受理申请之日起在规定时间内书面通知申请人;

从房地产登记册或电脑记录中查明申请抵押登记的房地产的权利状况后,审查下列文件是否真实、齐全和有效:①身份证明;②《房地产权证》或其他房地产权利证书;③抵押登记申请书是否按要求填写;④抵押合同书是否符合有关法律、法规的规定。经审核符合规定的予以核准登记,并通知抵押当事人。

(4)登记。对核准抵押登记的,在房地产权利证书上加盖抵押专用章,并在房地产登记册上做抵押记录。抵押记录应包括抵押人,抵押权人,抵押物名称、面积、价值、抵押金额和抵押期限等内容;预购的房地产抵押时,应在买卖合同书上加盖抵押专用章。

(5)收费发证。登记费的收取标准按国家或地方的有关规定执行;将已加盖房地产抵押专用章的房地产权利证书在规定时间内退回抵押当事人(由抵押当事人凭回执、身份证明及缴费凭证领取)。

(6)立卷归档。按规定建立土地和房地产登记的档案。

115. 房地产抵押时如何估价

(1)由抵押当事人协商议定。房地产抵押价值可以由商业银行和借款人协商议定,达成合意后应当向房地产管理部门提供确定房地产抵押价值的书面协议。房地产管理部门不得强行要求抵押当事人委托评估房地产抵押价值,也不得指定房地产估价机构评估房地产抵押价值。

(2)由房地产估价机构进行评估。房地产抵押估价原则上由商业银行委托,但商业银行与借款人另有约定的,从其约定。估价费用由委托人承担。

房地产估价机构的选用,由商业银行内信贷决策以外的部门,按照公正、公开、透明的原则,择优决定。

商业银行及其工作人员不得以任何形式向房地产估价机构收取中间业务费、业务协作费、回扣以及具有类似性质的不合理或非法费用。房地产估价机构应当坚持独立、客观、公正的原则,严格执行房地产估价规范和标准,不得以迎合高估或者低估要求、给予"回扣"、恶意压低收费等不正当方式承揽房地产抵押估价业务。评估结束后,应当向房地产管理部门提供房地产抵押估价报告。

116. 何种情形房产抵押无效

(1)未按我国《担保法》要求办理抵押物登记手续。我国《担保法》第四十二条第二项规定,以城市房地产或者乡(镇)、村企业的厂房等建筑物抵押的,必须到县级以上人民政府规定的部门办理抵押物登记。签订抵押合同后不办理抵押物登记的,抵押合同无效。

(2)未经房产所有权人同意,以他人房产作抵押。这样做不但抵押关系无效,而且构成侵权。根据最高人民法院关于贯彻执行民法通则的有关司法解释规定:以自己不享有所有权或者经营管理权的财产作抵押物的,应当认定抵押无效。

（3）未经共有人同意以共有房产作抵押。这样做不仅抵押关系无效，而且侵犯其他共有人的合法权益，由房产抵押引发侵权纠纷。

（4）用于抵押的证件不齐全。房产抵押必须质押房产证和土地使用证，有的当事人只将房产证抵押，未将该房产的土地使用证抵押；或者只在抵押合同中规定以"某某房产作抵押"，而有效房产证件未交抵押权人掌握，致使抵押物失控，造成多头抵押的不良后果。

117. 共有房地产如何设定抵押

共有房地产，每个共有人都有权对该房地产设定抵押权，但须取得其他共有人的书面同意。按份共有的房地产设定抵押时，以抵押人本人所有的份额为限；以共同共有的房地产设定抵押时，全部房地产均为抵押财产，抵押物变卖时，其他共有人员负连带责任，在以变卖款偿还债务后，其他共有人有权向抵押人追偿。

数人共有的城市私有房屋，房屋所有人应当领取共同共有或按份共有的房屋所有权证，已明确了共有人应当领取房屋共有权证，以法规的方式作为共有人的强行法律义务。用直白的话来说，就是数人共同拥有房产，共同行使对该房产的权利。共有关系存续期间，部分共有人擅自处分共有财产的，一般认定无效。该"共有人"指的是善意第三人，根据房地产登记管理部门已登记确认的房地产权证书上的共有人，而非因婚姻或继承等关系取得房地产的共有人。

118. 注销房产抵押登记需要哪些资料

（1）抵押权人属金融机构的，应由金融机构出具注销抵押登记申请；

（2）抵押权人属企业的，应由企业提交身份证明和出具注销抵押登记申请；

（3）抵押权人属个人的，应由提交经公证的注销抵押登记申请并亲自到收文窗口交件；

(4)注销抵押应与申请注销的抵押物证件同时提交(即房地产证或房地产买卖合同书,经办人应有授权委托书、身份证等)。

119. 房产抵押应注意哪些问题

设定房地产抵押,应当注意以下几个方面:

(1)抵押物要合法。抵押人对该房产是否拥有合法的产权,是否有权设立抵押权。因为在某些情况下,抵押人对抵押的房产不拥有或者不完全拥有所有权,或者在此之前该房产已经先行进行了抵押等,那么他所作的抵押行为就有可能自始无效。比如,某人虽然在名义上一直使用该房产,对外宣称其拥有该房产的所有权,但实际其只是一个管理者,或者仅仅是该房产的共有权人之一。所以首先要让抵押人出示房屋所有权以证明其权利。其次,要看该房产现在的权利状态如何。以具有土地使用权年限的房地产抵押时,其抵押期限不得超过土地使用权出让合同规定的使用年限减去已经使用年限后的剩余年限。

(2)抵押担保数额不能超过抵押物价值。抵押人所担保的债权不得超出其抵押物的价值,因此要做好房地产价值的评估确定,防止不足额抵押出现。抵押权人也可以要求抵押人为抵押的房地产投保;以享有国家优惠政策购得的房地产抵押的,其抵押额以房地产权利人可以处分和收益的份额比例为限。

(3)应办理抵押物登记。由于抵押物具有不动产的特殊属性,因此根据《房地产管理法》第四十八条的规定,应当凭房屋所有权证书到房屋管理部门进行房地产抵押登记。抵押登记有三个意义,一是对抵押权人权利的确认,保障其合法权益;二是将该房产抵押的情况通过房屋管理部门公示于众,以保障其他人的利益;三是限制了抵押人可能在此期间处置该房产的可能。

(4)其他应注意的问题。以房改房设定抵押权的,应首先弄清该房屋是否已经允许进入市场交易。如果还未被允许进入二级市场,一般不能抵押。其次要弄清房屋所有人出资比例,抵押时,其抵押的价值不能超过其购房出资比例。

以共有的房地产抵押的,抵押人应当事先征得其他共有人的书面同意,包括夫妻一方以夫妻共有的房屋作抵押的,也要有另一方的同意证明文件。

抵押权人还要弄清对方拟抵押的房地产是否已经设定过抵押。若已经设定过抵押,则只能在该抵押后剩余的价值范围内决定是否接受抵押。

三、抵押房屋买卖

120. 已抵押房屋能否买卖

(1)我国有关抵押房转让的相关规定有:《担保法》第四十九条规定,抵押期间,抵押人转让已办理登记的抵押物的,应当通知抵押权人,并告知受让人。《城市房地产抵押管理办法》第三十七条规定,经抵押权人同意,抵押房地产可以转让或者出租,抵押房地产转让或者出租所得价款应当向抵押权人提前清偿所担保的债权。超过债权数额的部分,归抵押人所有。第三十六条规定,抵押权人有权按照抵押合同的规定监督、检查抵押房地产的管理情况。

(2)抵押房屋可买卖,但须符合一定条件。法律和规章并没有禁止抵押人合法转让抵押物,只要是取得商品房预售许可证的商品房,被抵押的商品房是可以买卖的。总的来说,首先,抵押财产是允许转让的,而非老观念中转让抵押物无效。其次,抵押财产要实现转让附有一定条件,转让条件成就时才发生抵押财产所有权的变化。另外,关于抵押物转让的法律规定是针对行政管理性质的规定,而不是针对抵押物转让合同效力的强制性规定。

121. 如何购买有抵押的房产

卖家向银行或者个人借款并以房产作为抵押的,那么银行或者个人就是抵押权人,在债务人不能偿还债务时,抵押权人有权要求将房产拍卖用来清偿债务。要想购买有抵押的房屋并顺利办理过户交易手续,一般采用以下三种方式:

第一种方式:卖家先还清贷款,并从抵押权人处取得他项权证,然后到房地产交易中心办理抵押登记注销手续,办完注销手续后一般七天左右就能办理过户交易手续。如果抵押权人是银行,需要向银行预约还款时间。有些银行还规定在还款当天不能取得他项权证,因此卖家要向银行详细询问提前还贷的步骤和所需时间。

第二种方式:办理银行转按揭手续(银行是抵押权人时才可以办理),转按揭不需要卖家提前还贷和办理抵押注销手续,但对贷款人的审核比较严格,而且目前转按揭业务有较大限制,主要是中国人民银行从政策上有限制。

第三种方式:类似于银行转按揭,做法是由买方向银行申请贷款,银行批准后将贷款划到卖方账户,卖方还贷注销抵押后再过户交易。买方的贷款银行为了保证买方还款,还会要求买方提供保证人担保。

122. 购买抵押房有哪些风险

(1)若开发商未通知银行或者未告知购房者,转让行为无效。根据《担保法》第一百四十九条及房地产抵押相关法律法规的规定,开发商转让已办理抵押登记的房屋,应当通知抵押权人并告知购房者房屋已被抵押的情况。若开发商未通知银行或者未告知购房者,转让行为无效。这是对转让已抵押的房屋的一种限制。根据这些规定,开发商须事先通知银行并告知消费者房屋已抵押的事实,否则转让行为无效。

(2)银行可能会依法行使抵押权,通过拍卖房屋来还贷。另外,如果开发商在向银行提供担保或还贷方面出现问题,银行可能会依法行使抵押权,通过拍卖房屋来还贷。因此对于购房者来讲买已被抵押的房屋风险是比较大的。在这种情况下,开发商与购房者的房屋交易手续和开发商与银行解除抵押手续之间的相互衔接就显得至关重要。具体来说,购房者在与开发商签订房屋买卖合同前,应得到银行的明确承诺。即由银行密切配合,保证收到相应数额房款后即解除抵押。比较理想的方案是,签买卖合同与解押手续一并操作,并尽量减少两种手续办理上的时间差。总之,只要购房者能掌握好支付房款与解除抵押之间的合理衔接,便可使自己的购房风险降到最低。

123. 买卖已抵押的房子有哪些限制

根据《担保法》的规定,房屋所有人将房屋抵押后,房屋的所有权仍归原所有权人,他有权将房屋出售。为了保护抵押权人的利益,对房屋所有权人出售抵押的房屋做了一定的限制:

(1)抵押期间,房屋所有人转让房屋,应当通知抵押权人并告知房屋买受人房屋已经抵押的情况;房屋所有权人未通知抵押权人或者并未告知房屋买受人的,转让行为无效。中国人民银行有关个人住房贷款管理办法规定:抵押期间,未经抵押权人同意,抵押人不得将抵押物再次抵押或出租、转让、变卖、馈赠。

(2)买卖房屋的价款明显低于其价值的,抵押权人可以要求抵押人提供相应的担保;抵押人不提供的,不得出售房屋。抵押人出售房屋所得的价款,应当优先向抵押权人提前偿还所担保的债权或向与抵押权人约定的第三人提存。

(3)抵押人出售房屋所得价款,除向抵押权人清偿债务或向与抵押权人约定的第三人提存外,剩余部分归抵押人所有,不足部分由抵押人继续清偿。

124. 购买有抵押的房产应注意什么

在日常交易中,抵押房屋买卖一般采用卖方先还贷后交易的方式,如果卖家用自有资金提前还贷后再过户交易,对买家来讲则不存在风险,不过实务中卖家往往要求买家先付一部分首付,用首付

帮其提前还贷。这时,买家务必把握好以下两点:

(1)要尽量压缩付首付至过户的时间。如向银行提前还贷,要按以下步骤进行:第一,卖家要向银行预约还款时间。第二,在约定的时间到银行还贷,银行在还款当天或还款后几日内出他项权证。第三,卖家在取得他项权证后才能到房地产交易中心办理抵押注销登记手续。第四,办理抵押注销登记手续后七日左右方可办理过户交易手续。因此,买家将付首付到过户交易的时间压缩得越短越好,这样买家首付的风险就会越小,交易会越安全。

买家错误的做法是:在签订买卖合同当天就支付首付,等到合同约定过户的时间再到交易中心过户,这种做法使买家完全失去了对首付控制和监管,而卖家则完全有可能将首付挪作他用而不去提前还贷。

买家正确的做法是:向卖家的贷款银行了解提前还贷的时间,争取在合同中约定付首付和提前还贷在同一天,并要求卖家在取得他项权证的当天就到交易中心办理抵押注销手续。

(2)尽量将首付直接付到卖家的贷款银行。为防止卖家收受首付后挪作他用,买家可要求卖家先向银行申请提前还贷,再在银行规定的还贷当天与卖家一同到银行,将首付直接划给卖家的贷款账户,让银行当即划走首付用于归还贷款。与抵押类似的还有典当,有典当的房产也要先还清典当公司的借款才能过户。

如果卖方不能自行还贷,买方也不愿意用首付还贷时怎么办?在这种情况下买卖房屋,应当取得抵押权人的同意,但通常抵押权人是不会同意的。而且,抵押没有注销,房地产交易中心也不会办理过户交易手续。

四、房地产抵押贷款

125. 什么是房地产抵押贷款

房地产抵押贷款是指银行以借款人或第三人拥有的房地产作

为抵押物发放的贷款。抵押物担保的范围包括银行房地产抵押贷款的本金、利息和实现抵押物抵押权的费用及抵押合同规定的其他内容。按照贷款利率确定方法和计息方法,房地产抵押贷款分为固定利率房地产抵押贷款、浮动工资利率房地产抵押贷款和可调利率房地产抵押贷款。

商品房抵押贷款是一种商业性的房屋抵押贷款,是商业银行利用自身的信贷资金发放的购房抵押贷款,俗称购房按揭贷款,对购房者来说,可以统管向银行借款达到分期付款购买商品房的目的。

126. 房产抵押贷款有什么条件

(1)贷款人要满足的条件。贷款人要在中国境内有固定住所、有当地城镇常住户口或居住证明、具有完全民事行为能力,并且没有违法行为和不良信用记录。

(2)办理房产抵押的房产要满足的条件。对于可办理抵押贷款的房产来说,应当要求其产权清晰、证件齐全而且建筑物的年限也要符合标准。一般情况下,所要办理贷款的房产建筑年限最好控制在20年以内。

(3)房产抵押获得的贷款要满足的条件。通常在申请贷款时需要向银行说明资金的用途,而这样做的目的就是为了加强资金的流向管理,防止可能出现的骗贷或贷款资金进入股市等不良资金用途的发生。其中,满足条件的用途一般包括:购房、购车、留学及购买大型耐用消费品等,也可拥有经营性用途,比如,企业资金周转、创业等。

127. 如何办理房地产抵押贷款

(1)提交所需证件。主要包括:房地产权证或房屋所有权证,土地使用权证;借款人夫妻双方身份证,户口簿,结婚证(单身的需到所在民政局开具单身证明);收入证明(需盖公章)。

(2)房屋评估。根据抵押物所在位置、楼层、面积、朝向等进行评估。房屋一般可以贷款到评估价的五至九成。

（3）在银行面签合同。房屋评估后,还需要办理房产保险手续及相应的贷款审批手续,并与审批同意发放贷款合同及抵押合同。

（4）抵押登记。借款人持房产证、借款合同到房产所在区县房地局办理抵押登记手续,有关费用由借款人承担。

（5）放款。抵押登记办理后,银行方可发放贷款至借款人个人储蓄账户中。

128. 银行按揭还款有哪些方式

目前银行按揭购房还款主要有两种方式。

（1）等额本息还款法。等额本息还款法,即贷款期每月以相等的额度平均偿还贷款本息,每月还款计算公式为：

每月还款额＝贷款本金×月利率

备注：贷款总额以万为单位乘以贷款利率表上年限所对应的还款金额。

例如：123 000元 贷款20年 银行利率对应为：80.82

每月还款额＝12.3×80.82＝994.09元

（2）等额本金还款法。等额本金还款法（利随本清法）,即每月等额偿还贷款本金,贷款利息随本金逐月递减,每月还款额计算公式为：

每月还款额＝贷款本金/贷款期月数＋（本金－已归还本金累计额）×月利率

备注：贷款本金除以贷款月数＋[贷款总额－（贷款本金除以贷款月数）×已还款月数]×贷款利率表上年限所对应的还款金额。

例如：123 000元 贷款20年 银行利率对应为：80.82

第一月还款额＝12.3×80.82＝994.09元

第二月还款额＝123 000/240个月＋[123 000－（第一个月月还款）994.09]×80.82

第三个月还款额＝123 000/240个月＋[123 000－（前两个月月

还款)994.09×2]×80.82

备注:现银行贷款主要采用等额本息还款法。

129. 房改房能否办理抵押贷款

房改房之前属于单位所有,随着房产市场的放开,此类房产进入了房改的序列,由原来的国家所有变成了私人所有,虽然没有土地证,但是此类房产就本质而言是可以申请贷款的。尽管房改房没有产权证,但是并没有影响到此类房产贷款的办理。

我国房产抵押贷款的政策:贷款成数为房产评估值的五至六成、贷款期限为10年、贷款利率为基准年利率上浮10%。借款人在办理贷款时需要向银行提供贷款资金用途证明。银行对于借款人的征信记录(信用记录)审核的比较严格。

另外,我国的多数银行都已经开办了此类贷款业务。因此房改房可以银行抵押贷款。

130. 房产抵押贷款有哪些注意事项

(1)注意自己的房产是否属于不能办理房产抵押贷款的五类房产之一。具体来说,不具有抵押贷款申请资质的房产有以下几类:小产权房、老旧小的二手房、已购公房和在按揭房及未到5年的经济适用房。

(2)注意房屋的基本情况。如房屋的装修、地段、陈旧程度等情况。主要是注意房屋的变现能力和总体价值,因为一般银行对贷款金额都有限制,低于10万元的较难办理。

(3)注意银行发放贷款并不是完全将贷款资金发放到申请人的账户,而是根据借款人所提供的资金用途,将资金下放到相应的收款处。

(4)需要办理房屋抵押权登记。按照我国法律的相关规定,抵押合同本身不需要办理登记,但抵押合同签订后,抵押人必须依约办理抵押登记,办理完抵押登记手续后,不动产即房产的抵押才成立,债权人才对该不动产即房产享有优先受偿权。

131. 房屋抵押贷款的风险有哪些

办理房屋抵押贷款需要注意一定的风险,并不是随随便便地完成房屋抵押贷款程序就可以了,房产抵押贷款存在的风险有:

(1)违约风险。违约风险包括被迫违约和理性违约。被迫违约是指借款人的被动行为,支付能力理论认为导致被迫违约是因为支付能力不足。这说明借款人有还款的意愿,但无还款的能力。理性违约是指借款人主动违约,权益理论认为在完善的资本市场上借款人可仅通过比较其住房中特有的权益与抵押贷款债务的大小,做出违约与否的决策。当房地产市场价格上升时,借款人可以转让房屋还清贷款,收回成本并能挣取一定的利润;当房地产市场价格下降时,借款人为了转嫁损失,即使有偿还能力,也可能主动违约拒绝还款。

(2)流动性风险。流动性风险是指资金短存长贷难以变现的风险,流动性是银行保证资产质量的一条重要原则。现如今流动性风险体现在两个方面,一是目前我国的住房贷款主要来源于公积金和储蓄存款,银行吸纳的储蓄存款属于短期存款,一般只有三五年,而住房抵押贷款却属于长期贷款。这种短存长贷的行为使银行的流动性非常低,继而带来流动性风险;二是银行持有的资产债权不易变现,极易导致流动性风险。造成银行可能丧失在金融市场更有利的投资机会,增加机会成本带来的损失。

(3)经济周期风险。经济周期风险是指在国民经济整体水平周而复始的波动过程中产生的风险,相比其他产业,房地产业对于经济周期具有更高的敏感性。经济扩张时,居民收入水平提高,市场对房地产的需求量增大,房屋的变现不成问题,银行与个人都对未来充满乐观的预期,银行发放的住房抵押贷款数量也急剧增加。经济萧条时,失业率上升,居民的收入急剧下降,大量贷款无力偿还,即使已将房屋抵押给银行,也因为房地产业的疲软无法变现。这时抵押风险转变为银行的不良债权和损失,银行则面临大量的"呆坏账",极易导致银行的信用危机甚至破产。

(4)利率风险。利率风险是指利率水平的变动给银行资产价值带来的风险,它是由其业务短存长贷的资本结构所决定的,利率的波动无论是涨还是跌对银行都会带来损失。如果利率上涨,住房抵押贷款的利率也随着上调,就可能增加借款人的偿贷压力,借款额度越高,借款期限越长,其影响程度也就越大,从而增加了违约风险。如果利率下降,借款人又有可能从当前资本市场融资或以低利率重新借款来提前偿还贷款,给银行带来风险,主要表现在,提前贷款的发生使得住房贷款的现金流量发生不确定性,给银行的集约化资产负债带来一定的困难。

五、抵押房屋清偿

132. 同一房屋有两个抵押权怎么办

优先受偿权是抵押权人对该抵押房屋享有的重要权利之一。在同一房屋上设定多个抵押权时,一旦抵押人无法履行债务致使抵押权人需要实现抵押权,经拍卖、变卖抵押房屋后所得价款,首先由第一顺位抵押权人按照已登记的债权数额优先受偿,后顺位的抵押权人依次受偿。这就意味着如果前一顺位抵押权人已将抵押物变卖所得价款全部受偿完毕后,后一顺位抵押权人将无法实现抵押权,遭受经济损失。所以优先受偿的顺位则是决定抵押权人能否实现抵押权的关键。

《物权法》第一百九十九条规定,同一财产向两个以上债权人抵押的,拍卖、变卖抵押财产所得的价款依照下列规定清偿:

(一)抵押权已登记的,按照登记的先后顺序清偿;顺序相同的,按照债权比例清偿。

(二)抵押权已登记的先于未登记的受偿。

(三)抵押权未登记的,按照债权比例清偿。

根据这一规定,已登记的抵押权优先于未登记的抵押权受偿,而在同样已登记的抵押权中,决定受偿顺序的是登记时间。登记时间则是登记机构将抵押登记核准登记并记载于登记簿的时间。

要解决因登记在先的抵押权办理了债权数额减少的变更登记,变更登记时间晚于在后的抵押权,受偿顺序是否因此改变的问题,首先我们要确定的是,办理债权数额减少的变更登记是否影响到抵押权的顺位,登记时间是看抵押权设立的登记时间还是抵押权变更的登记时间。

但需注意的是,《物权法》第一百九十四条也规定了抵押权人可以放弃抵押权或抵押权的顺位。所以,因抵押权人放弃抵押权的顺位所办理的抵押权变更登记当然对抵押权的顺位产生了改变。

债权数额减少的变更登记属于抵押权变更登记的内容之一。根据前述对抵押权变更登记的理解,它并不对抵押权的主体产生改变,只是抵押的客体和内容的变化,并不影响到抵押当事人的民事法律关系。同时,抵押权设立登记与抵押权变更登记又是一种先后的、从属的关系。笔者认为,抵押权的效力是在抵押权设立登记开始时便产生的,而抵押权变更登记并没有改变抵押权的效力。所以因债权数额减少的抵押权变更登记不对抵押权的顺位产生影响,抵押权顺位的登记时间应以抵押权设立登记的时间为准。

133. 房产抵押权的顺位如何

由于《物权法》并未禁止在同一不动产上设定两个以上抵押权,因此在不同的抵押权之间就产生了顺位问题。

(1)抵押权人与抵押人可以协议变更抵押权顺位。根据《物权法》第一百九十四条的规定,抵押权人可以放弃抵押权或者抵押权的顺位,但有两种限制情形:

①抵押权人与抵押人可以协议变更抵押权顺位以及被担保的债权数额等内容,但抵押权的变更,未经其他抵押权人书面同意,不

得对其他抵押权人产生不利影响。

②债务人以自己的财产设定抵押,抵押权人放弃该抵押权、抵押权顺位或者变更抵押权的,其他担保人在抵押权人丧失优先受偿权益的范围内免除担保责任,但其他担保人承诺仍然提供担保的除外。

(2)《物权法》还规定了抵押权实现时的清偿顺序。

根据《物权法》第一百九十九条的规定,同一财产向两个以上债权人抵押的,拍卖、变卖抵押财产所得的价款依照下列规定清偿:

①抵押权已登记的,按照登记的先后顺序清偿;顺序相同的,按照债权比例清偿;

②抵押权已登记的先于未登记的受偿;

③抵押权未登记的,按照债权比例清偿。

应当注意的是,抵押权均未登记的情况,《物权法》改变了《担保法》中按合同生效时间顺序清偿的做法,一律视为相同顺序,按债权比例清偿。

134. 房屋先抵押后出售怎么受偿

房屋设定抵押权并经登记后,出卖人将该房屋又予以出售,涉及抵押权与购房消费者权益冲突。

(1)如果出卖人未通知抵押权人或者未告知购房人抵押物设定抵押的情况,根据《担保法》第四十九条第一款"抵押期间,抵押人转让已办理登记的抵押物的,应当通知抵押权人并告知受让人抵押物已经抵押的情况;抵押人未通知抵押权人或者未告知受让人的,转让行为无效"的规定,抵押权人可主张房屋转让行为无效。不动产设定抵押权,应办理抵押物登记,登记的目的在于确保财产的稳定和交易的安全,购房消费者应通过登记簿查询房屋上的权属状况,其疏于审查而导致的损失不应转嫁给抵押权人承担。

根据《最高人民法院关于适用〈中华人民共和国担保法〉若干问题的解释》第六十七条的规定,即使出卖人未通知抵押权人或者未告知购房人抵押物设定抵押的情况,买卖合同的效力不因此而受影响,抵押权人仍可就经登记的抵押物行使物上追及权实现其债权,受让人亦可行使涤除权以取得抵押物的所有权,因此,不管该房屋已转移至何人之手,即使已转移给了消费者,消费者的所有权仍然不能对抗该房屋的抵押权,受让人可以代替债务人清偿其全部债务,以取得房屋所有权,然后就涤除房屋上负担所支付的价款向抵押人追偿。

(2)如果出卖人已通知抵押权人的,对该物的处分已获得抵押权人的同意,抵押权人可提前实现其债权;如果已告知购房人抵押物设定抵押的情况,购房人仍然买受的,属于买受人自愿承担风险,自无反悔并受法律保护的依据。

六、房屋按揭

135. 什么是房屋按揭

房屋按揭通常情况下是指房屋开发建设中由开发商、银行、购房人共同参加的一种购房行为,指房屋买卖合同中的买方在支付首期购房款后余款由购房人向银行申请贷款,并将所购房屋设定担保,由银行收存保管购房人的购房证书和文本,并办理楼花或现楼抵押登记,同时开发商作为购房人不能按期还款付息的保证人,向银行承担回购保证义务。

需要说明的是,在我国盛行的"按揭"一词并不是法律术语,我国现行的法律、法规在默许"按揭"存在的前提下,并没有在任何法律文件中使用。按揭业务主要是在银行开展且必须有银行介入,而我国的一些行政法规、部门规章和地方性法规都是借鉴银行的规定对房屋开发在不同阶段的担保行为,将"按揭"一词置换成了抵押,用抵押的规定取代银行关于按揭的规定。

最高人民法院在《审理商品房买卖纠纷解释》中也避开了使用

"按揭"一词,笼统地称为"商品房担保贷款"。从某种程度而言,"按揭"一词已融入我国法律背景而形成了具有专门中国法律内涵的中国习惯法所认可的法律术语。

136. 按揭和抵押在法律上有哪些区别

按揭和抵押的区别通常表现在三方面:

(1) 在生效条件上。按揭的生效条件是,如果按揭物是现房的,那必须将房屋的产权证交付给按揭权人执管;若按揭物是期房的,则必须将商品房预售合同交付给按揭权人执管。但是不管现房还是期房,都必须向法定登记机构办理登记后方可生效。而抵押的抵押物除了法律规定必须经法定登记机关登记才可生效外,其他抵押物是否要登记后才生效,则由抵押人和抵押权人商定。

(2) 在权利依据上。按揭的权利既属于担保物权,又属于一般债权,因为按揭物如是现房,按揭人只要将按揭物的产权证交付给按揭权人即可,它是一种权利的质押,与债权并无直接关系;若按揭物是一种期房的,它实际上还并不存在,因此根本不会发生转移期房的占有权问题,只是要求把商品房预售合同交付给按揭权人即可。商品房预售合同中反映的仅是合同上的债权债务关系,也说明按揭人在商品预售的合同关系中是处于债权人的地位,这种权利只具有一种债权的性质,尚未具有直接体现财产权的性质。而抵押权属于物权,因为它是抵押人以自己的财产作为履行债务的保证。

(3) 在标的物上。按揭和抵押权的标的虽然都可以是房屋,但抵押权的标的原则上应为有体物。虽然传统民法上也可以对权利设定抵押权,如我国《担保法》规定的可以国有土地使用权设定抵押,但抵押物必须直接指向现存的具有一定交换价值的财产或者一种能即时物化的权利,这就排除了以期待权作为设定抵押的可能。而在按揭中,按揭的标的物不仅包括现房,还有在建的工程和"楼花",后两者用来设定担保的是尚未建成的建筑物,用作设定担保的是一种期待权。

137. 什么是转按揭

"转按揭"就是个人住房转按揭贷款,个人住房转按贷款是指已在银行办理个人住房贷款的借款人,向原贷款银行要求延长贷款期限或将抵押给银行的个人住房出售或转让给第三人而申请办理个人住房贷款变更借款期限、变更借款人或变更抵押物的贷款。"转按揭"的实质就是已购房产的借款人主体的变更。也就是说,购房人在未还清贷款时,可以转让或出售该房产;买入该房产的人,又可以向银行申请二手房贷款。购房者也可以在收入低、偿还贷款能力不足时购买较便宜的住房,待收入提高、偿还能力增强后,将第一套房转卖给他人,再购买条件较好的住房。

发生"转按揭"情况主要有两种:一种是借款人无力偿还贷款,房产转移由银行进行处置所发生的贷款主体的变更;另一种则是由房产的转让发生了产权关系变化,使贷款主体也发生改变。其中,变更借款人的称为"转按",延长原借款期限的称为"加按",变更抵押物称为"换按"。

138. 如何办理转按揭

目前,个人住房转按贷款一般是发生在同一银行之间,其中,中国工商银行北京市分行"转按揭"操作具体程序为:

第一,银行将重新审核"按揭房"的合法性,并按照新买主的收入情况,重新审核新买主也就是新的借款人的还款能力,并确定新买主的贷款金额、期限和利率。

第二,银行核实新的保证人资格或落实新的抵押物。

第三,新买主经审核合格后,如果转让的房屋产权证还没有办理,那么新买主可与开发商签订新的购房合同;如果房屋产权证已经办理,那么新旧买主可直接签订购房合同。

第四,如果新买主用新购置的房产作抵押,则须重新为抵押物办理保险。

第五，银行与新买主就新的贷款金额和抵押物重新签订借款合同、保证合同、抵押合同，办理抵押登记手续，发放贷款。同时，终止原借款合同，收回原贷款，撤销原抵押登记手续。

139. 转按揭时需要注意些什么

购房者在办理"转按揭"时，由于按揭贷款购买的商品房已经在房管部门设定抵押，所以当发生二次转让时，首先，需要征得抵押权人银行的同意；其次，在完成第二次交易后，银行发放贷款与房屋产权过户之间存在时间差，银行在办理转按揭的过程中存在一定风险。

另外，借款人申请个人住房"加按揭"贷款时，该借款人在工商银行办理的个人住房贷款时间应超过1年，且有稳定的收入来源，能够按期偿还贷款本息。抵押物必须为现房，并且借款人应对抵押房产具有合法、完全的产权。此外，如果原贷款有连续两次（含）以上违约记录，那么该借款人将不能再申请加按揭贷款。另外，借款人所能获得的个人住房加按揭贷款额度加上原贷款余额之和，不能超过原住房购置金额或评估价值的70%，商用房不超过50%。

140. 未取得产权证如何办理转按揭

如果购房人还未还清购房贷款，并且还未办理房屋产权证前，需要办理再转让时，该购房人需要与开发商之间签署中止买卖合同的协议，由新的购房人与开发商签署新的买卖合同，同时银行对新的购房人资信进行审查后，由贷款银行与新购房人签署新抵押借款合同，同时中止原来与贷款银行之间的抵押借款合同。

141. 什么是房屋反向抵押贷款

在一般人的思维里，如果要抵押贷款的话，首先想到的就是银行，但是为什么就只能是由人们向银行贷款，而不反过来是银行向人们贷款呢？这就是我们所要讲到的房屋反向抵押贷款，社会上有不少的老人家，无儿无女，但是手上却有多余的几套房子，如果可以房屋反向抵押贷款的话，那对于这些房屋的利用其实是很好的。

住房反向抵押贷款就是指已经拥有房屋产权的老年人将房屋产权抵押给银行、保险公司等金融机构，相应的金融机构对借款人的年龄、预计寿命、房屋的现值、未来的增值、折损情况及借款人去世时房产的价值进行综合评估后，按其房屋的评估价值减去预期折损和预支利息，并按人的平均寿命计算，将其房屋的价值化整为零，分摊到预期寿命年限中去，按月或年支付现金给借款人，一直延续到借款人去世。它使得投保人终生可以提前支用该房屋的销售款。

142. 房屋反向抵押贷款有哪些作用

第一，可以减轻国家在社会保障方面的压力，缓解养老金严重不足的问题。即老年人不需卖掉房子也能拥有一笔固定收入用于维持和改善晚年生活。它促进了社会福利制度的完善和发展，保证了社会弱势群体的生活安定，维护了社会的稳定。

第二，可以促进银行、保险公司等金融机构的业务向多元化方向的转变，也使得金融机构，特别是保险公司将社会责任和盈利目标紧密结合在一起。

第三，可以弱化存钱养老的观念，转变人们的消费意识。借由反向抵押贷款，买房不仅是一种消费行为，同时也成了一种投资和积蓄行为。这样不仅刺激和挖掘了消费，拉动了内需，也促进了国民经济的增长。

第四，促进了房地产市场的健康发展。在当前房屋价格飞涨的情况下，"住房反向抵押贷款"的推出，可以有效地活跃房地产二级市场，增加二手住房的上市量，可以有效地缓解当前我国房地产市场供需矛盾，有效地抑制房价上涨，使房地产市场更加健康稳定地发展。

七、房地产典当

143. 什么是房地产典当

房地产典当是房地产权利特有的一种流通方式,它是指房地产权利人、出典人在一定期限内,将其所有的房地产,以一定典价将权利过渡给他人承典的行为。房地产设典的权利为房屋所有权。设典时,承典人可以占有、使用房屋;也可以行为上不占有、使用该房屋,但有权将出典的房屋出租或将房屋典权转让。设典时,一般应明确典期,出典人应在典期届满时交还典价和相应利息从约定而赎回出典的房屋,也可以双方约定,由承典人补足典房的差额而实际取得房屋的所有权。房屋典当指承典人支付一定的典金,占有出典的房屋,并进行使用、收益,典期届满时,由出典人偿还典金赎回出典房屋的法律行为。

144. 典占他人房屋有哪些权利

典当中典占他人房屋的人可以拥有以下权利:
(1)对房屋使用的收益及不付给出典人租金;
(2)除合同另有约定外,可将房屋转典、出租及设定抵押;
(3)典当房因不可抗力致使全部或部分损毁的,可重建或修缮等。

同时承典人具有妥善保管房屋、缴纳税费、分担危险等责任。在典当到期时,出典人向承典人付清典当金(即本金,不计利息),就可以收回房屋的全部权利了。典当期未到,出典人如无特殊理由,无权单方要求变更合同内容,不能提前收回典房。如果典期已满而出典人未赎回房屋的,根据有关规定,典期届满,逾期10年或典契未载明期限,经过30年仍未赎的,原则上视为绝卖。绝卖就是出典人的房屋所有权为承典人所有。在典当期内,出典人和承典人是不能擅自转让典当房地产的。

145．房地产抵押和典当有哪些区别

典当与抵押的区别就是抵押不需要房屋产权人交出房屋,而是限制其产权转移,房屋仍归原产权人使用。

(1)房地产典当只能为借款合同而担保,而房地产抵押担保的债权范围则不限于此,它还可以为借款合同以外的其他合同担保。

比如,甲乙两方签订了一分买卖合同,由甲方向乙方出售价值100万元的货物,而甲方对乙方能否按时支付货款表示怀疑,这时甲方就可以要求乙方提供房地产作为抵押,如果乙方不能按时支付货款,那么甲方就有权典当评估该房地产作为优先受偿。

(2)房地产典当中的出典人只能是借款人本人,借款人以外的第三人不能替借款人担保而成为出典人;房地产抵押的抵押人既可以是债务人本人,也可以是债务人以外的第三人。

(3)房地产典当和抵押的根本区别在于:典当转移房地产的占有权,而抵押不转移抵押标的房地产的占有权。

146．房地产典当有哪些程序

房地产典当的操作程序应该包含以下几个方面:

(1)查验房地产产权证。当户典当房地产需向典当行提交的有关权利文件:房屋所有权证、国有土地使用权证、购房发票、契税证、房屋所有人户口簿上年满18周岁以上居住人的身份证及同意典当的证明、房屋产权人夫妻身份证明等。

(2)实地勘察。到房屋所在地察看房屋新旧、朝向、房型等,并与房屋所有权证、国有土地使用权证上的记载相核对,核实屋主及居住地的真实性。

(3)估价。根据房屋的新旧程度、区域地段、同类市价等综合因素进行估价,或者请专业房地产估价事务所估价,以确定房屋的现行价值。

(4)确定当金及综合费率。房屋典当相对期限较长,确定折当比例和利率、费率标准应充分与当户协商。

(5)签订房地产典当合同。以抵押形式办理典当的,要签订主合同(借款合同或当票)和抵押合同。

(6)办理登记。抵押合同签订后,要到房地产登记部门办理他项权利登记,取得他项权利证书。

(7)收存证件,发放当金。他项权证及相关资料应由典当行保存,本公司拿到他项权证后,支付当金。

(8)还款注销登记。到期借款人清偿当金本息和费用后,双方向房地产抵押登记部门注销他项权利登记,并领回原证交还当户本人。

典当房地产对业主本身也有风险,这关系到安居问题,大家应该非常慎重,最好在典当之前,咨询一下资深的房地产律师。律师会根据您的情况仔细分析,在签订典当的合同前,帮您审查合同的内容,然后提出修改方案,为您规避房地产典当带来的风险,防患于未然。

147. 房产典当要注意什么问题

任何事情都要一分为二,房产典当也是如此。最大的好处在于手续简便而且时间短,最快当天就能拿到资金,这是银行无论如何做不到的。但是要注意三点:

(1)不是所有房子都能典当的,只有达到银行所允许的放贷条件才放行。

(2)所支付的手续费和利息十分高昂,一般达到贷款额的3%之多。

(3)到期必须还款,否则无法赎回的话,房子就会被拍卖处理。因此典当的当期越短越好,以便减少成本支出。典当时请带好夫妻双方身份证、户口本、结婚或未婚的证明等。

可以看出,房产典当需要经过严格的把关,如果您想要办理房产典当，最好请一名律师协助您，申请办理前，他会帮您审核典当的房产是否合格，典当贷款到期后，帮助您办理续贷或还贷手续，以免产生不必要的损失；在归还贷款后，帮助您及时注销抵押登记，拿回所有的房产资料，以保护自己的权益，让您在办理房产典当的过程中，节约时间与经济成本。

第六章 二手房买卖

一、二手房购买条件

148. 什么是二手房

"二手房"是相对开发商开发销售的商品房而言,它是房地产产权交易二级市场的俗称。凡产权明晰、经过一手买卖之后再行上市的房屋均可称为二手房。

二手房的种类:二手房主要包括私房和已购的政策性住房两种房屋类型。已购的政策性住房主要包括职工个人按照房改政策购买的全产权公有住房;职工个人购买的实行优惠政策的安居工程住房;解困住房和经济适用住房;职工个人集资、政府和单位补贴的集资建设住房和合作建设住房。

149. 二手房交易与新房交易有什么区别

(1)交易方式不同。新房交易主要是自行交易,由于开发商是专门从事房产开发的机构,通常都由开发商或开发商委托的销售代理机构与买方直接就买卖房屋事宜进行协商,不需要其他主体参与其中。新房交易过程中开发商处于明显的强势地位,合同拟定、办理网签、联机备案及过户等手续均由开发商办理,交房时间、取得产权证的时间等取决于开发商的建设进程,而购房者自己所能控制的因素相对较少,因而过程就相对简单一些。

二手房交易有自行交易和委托交易两种方式。根据二手房交易的特点，两种方式中委托交易运用得更为广泛，即卖方委托中介公司代理出售房屋，买方通过中介公司看房选房，买卖双方与中介公司签订居间服务合同，由中介公司协助签订存量房屋买卖合同、办理过户、进行物业交割等，在这种交易方式中，涉及三方主体。此种交易方式与新房交易明显不同，由于买卖双方是平等的主体，所以各种事项的办理，尤其是合同的签订过程，需要买卖双方亲力亲为，就价款、付款方式、交房时间等逐条进行谈判，通过谈判为自己争取更多的利益，但是过程也会相应烦琐。

（2）费用承担数额不同。二手房与新房的交易价格存在一定的差距。一般来讲，就同等地段的新房和二手房而言，二手房价格相对较低，实践中，同等区域的二手房均价比新建的商品房均价大约低20%～30%。另外，二手房买卖还存在一些其他费用。因为新房都是从开发商处直接购买，所以不必支付中介公司居间服务费用，而二手房如果选择了中介公司则一般需要支付房屋购买价格3%左右的居间服务费。在缴纳税费方面，新房购房者通常只需要缴纳契税及印花税，而二手房交易过程中需要缴纳的税金相对较多，涉及的税种有契税、印花税、营业税、个人所得税等，尤其本应由卖方缴纳的营业税和个人所得税，卖方通常都将其转嫁到买方头上。

（3）交易风险不同。相对新房来讲，二手房是能看得到摸得着的，在户型、房屋质量、交通、环境、周边生活设施等方面均一目了然，而且所处的社区环境一般都比较成熟，因此房屋质量及配套设施方面的交易风险较小。但二手房交易在产权方面的纠纷往往多于新房交易，如夫妻一方擅自处置夫妻共同财产、共有人未经其他共有人同意处置共有财产、有些二手房如经济适用房等交易有诸多限制等。现实生活中，在签订合同甚至是房屋过户后，经常出现其中一方或第三方主张合同无效或要求解除合同等情况。

新房交易，尤其是期房交易，购买的时候可能只看到了开发商的广告、沙盘、样板间、效果图，除此之外，都是开发商关于新房的各种各样的承诺,而房子是尚不存在的。等将来房子真正建起来的时候,和开发商当初的承诺可能并不完全吻合,甚至有些承诺根本就不能实现,如户型变化、面积增加或减小等。所以,当新房真正建起来时可能会与购买者的心理预期有一定差距,而且,部分新房还可能存在各种质量问题,如墙面渗水、墙体裂缝、地板不平整等,在与开发商协商不成的情况下。要求赔偿损失或退房将浪费大量的时间和精力。相对于二手房交易而言,新房在房屋质量及配套设施方面的交易风险较大。但由于出卖方是开发商,而且是初次交易,因此产权方面的纠纷较少,新房交易的纠纷多表现在开发商逾期交房、逾期办理产权等,而开发商主张合同无效或解除合同的情况很少。

(4)交易程序繁简不同。就交易过程而言,二手房交易尤其是自行交易时,很多程序都需要买卖双方自行完成,因此相对较为烦琐,而新房交易很多程序都由开发商办理,因此从这个角度对于购房者而言,新房交易的程序要简单一些。

150. 二手房交易应具备哪些条件

(1)已取得房屋所有权证。《城市房屋权属登记管理办法》第五条规定,房屋权属证书是权利人依法拥有房屋所有权并对房屋行使占有、使用、收益和处分权利的唯一合法凭证。房屋所有权证作为房屋权属证书,是国家对房屋所有权的确认,也是房屋产权人的所有权凭证,所以购房者在购买二手房时,应首先审查出售方是否已取得房屋所有权证。《城市房地产管理法》第三十七条规定:未取得房屋所有权证书的房产禁止转让。因此,购买二手房的首要条件就是看有没有取得房屋所有权证。

(2)共有人同意出售的声明。根据《合同法》和《民法通则》的规定,共有人未获其他共有人同意,擅自处分共有财产的,其行为无效。为保护购房行为,购买存在其他共有人的房屋时,应审查其他共有人是否同意出售,如夫妻一方出售房屋,应审查另一方是否同意出售。需要注意的是,有些共有人在房产证书上面并没有显示,比如,家庭共有的房屋在房屋所有权证书上面往往显示的只有一个人的名字。

(3)承租方放弃优先购房的声明。根据《合同法》第二百三十条的规定,出租人出售房屋时应通知承租人,在同等条件下,承租人有优先购买权。依据上述规定,购买二手房时,应核实拟购房屋是否存在租赁关系,如果存在,应核实出售人的出售行为是否已通知承租人,且已得到承租人认可。否则,承租人可以向法院提出确认该房屋买卖合同无效。

(4)房屋未设立抵押权。根据《担保法》和《城市房屋抵押管理办法》的规定,抵押人处理抵押房屋,应获得抵押权人同意,否则不得转让房屋。依据上述规定,购买二手房应审查拟购房屋是否设有抵押权。根据《城市房屋抵押管理办法》的规定,房屋抵押应办理抵押登记,并在权属证书上记载抵押情况。所以,审查房屋是否设有抵押权,可审查权属证书原件是否有抵押记载。

(5)与产权单位不存在限制出售约定。如根据《北京市已购公有住房上市出售实施办法》第四条的规定,已购公有住房出售人与产权单位在已购公有住房买卖合同中约定限制出售条件的,按合同约定处理。依据上述规定,购买已购公有住房时,应审查出售人与产权单位的购房合同有无限制出售条款。

(6)经济适用房已使用一定年限。按照《经济适用住房管理办法》第二十六条规定,已购经济适用住房在取得房屋所有权证和土地证一定年限后,方可按市场价上市出售。另按《北京市关于已购经济适用住房上市出售有关问题的通知》的规定,北京市已购经济适用住房需住满五年后方可按市场价上市出售,上面提到的居住满五年的起始日期,以缴纳契税时取得期限按缴纳契税后完税凭证记载的日期或房屋所有权证的发证日期起计算为准。

151. 购买二手房应注意哪些问题

(1)弄清二手房的产权情况。在旧房交易中,产权证是最重要的。由于房屋不同于其他日用品,价值量巨大,法律对房屋的保护主要是对有合法产权的房屋进行保护。根据我国《城市房地产管理法》第五十九条规定:国家实行土地使用权和房屋所有权登记发证制度。因此,购买二手房时,一定要弄清楚房屋的权属,凡是产权有纠纷的,或是部分产权(如以标准价购买的公有住房)、共有产权、产权不清、无产权的房子,即使房子再合适都不要购买,以免成交后拿不到房屋产权证,同时也会引起许多不必要的麻烦。另外,要特别注意产权证上的房主是否与卖房人是同一个人。在验看产权证时,一定要查看正本并且要到房地产管理部门查询此产权的真实性。

由于我国在房改进程的不同发展阶段实行不同的政策,因此,如果是以标准价购买的公有住房,要注意是否已经按成本价补足费用,或者已与原单位确定了如何按比例分成。另外,有些单位在向职工售房时,为了维持单位人员的稳定,与职工签订有服务合同,原单位还有优先购回权。因此,要确认原单位是否同意该房子的出售。当前对于军队、医院、学校的公有住房一般还不允许上市出售,因此对这类房子一定要确认有原单位同意出售才能放心购买。

(2)了解二手房的房屋结构。二手房的房屋结构比较复杂,有些房子还经过多次改造,结构一般较差。因此,购买二手房时,不仅要了解房屋建成的年代、建筑面积和使用面积是否与产权证上标明的相一致、房屋布局是否合理、设施设备是否齐全完好等情况,更要详细考察房屋的结构情况,了解房屋有无破坏结构的装修,有无私搭、改建造成主体结构损坏隐患的情况。

(3)实地看看二手房的周边环境和配套设施。随着人们生活水平的提高,对居住区环境及配套设施设备的要求也越来越高。新建房屋会随着房屋竣工和入住的完成,逐步改善住区环境,一般会向更好的方向发展。而旧房子的周边环境已经形成多年,一般很难改变。因此,购买旧房时,要认真考察房屋周围有无污染源,如噪声、有害气体、水污染、垃圾等,另外还有房屋周边环境、小区安全保卫、卫生清洁等方面情况。

对房屋配套设施设备的考察主要有:水质,水压,供电容量,燃气供应,暖气供应情况及收费标准,电视接收的清晰度等。另外,还要观察电梯的品牌、速度和管理方式,是否安全、便捷并提供24小时服务。如有机会最好走访一些老邻居,对房屋及周围环境设施做更多的深入了解。总之,要充分了解售房人售房的真实目的,避免接手一个垃圾房。购买二手房的目的本是想改善一下居住条件,但是如果对二手房了解不全面,却会给日后生活带来更多烦恼。

(4)考察一下二手房的物业管理。购买房屋是一次性的消费支出,而物业管理水平的高低则直接影响到日后长期的居住生活质量。因此,人们不论购买新房还是旧房,都越来越关注房屋的管理水平。良好的物业管理不仅可以弥补房子的一些不足,还能给生活、工作带来更多的便利。

对物业管理的考察,主要是考察物业管理企业的信誉情况,要对其管理的物业进行走访,看保安人员的基本素质、保安装备,管理人员的专业水平和服务态度,小区环境卫生、绿化等是否清洁、舒适,各项设施设备是否完好、运行正常等,由此可以大致看出一个企业的管理水平,最终评价是以质优价廉为好。还要了解物业管理费用标准,水、电、气、暖的价格以及停车位的收费标准等,了解是否建立了公共设施设备维修养护专项基金,以免日后支付庞大的维修养护费用,出现买得起房住不起房的情况发生。

(5)二手房的交易手续要在交易场所完成。购买二手房时要亲自到交易场所办理转让手续。有些人购房时,一怕麻烦,二容易轻信别人,三为了节省一点交易手续费,在售房人的花言巧语下,由售房人全权代办交易手续,结果拿到手的产权证有可能是假的,房屋所有权得不到应有的法律保护,引起纠纷;或是在多年之后再转让房产时,才知上当受骗,这方面的案例即使在法律制度比较健全的香港也都时有发生。因此,购买二手房时,买卖双方一定要到政府指定的房地产交易场所办理产权转让手续,按国家规定交纳各种交易费用,领取政府颁发的产权证,最好买卖双方能一手交钱一手交房(指产权证),切不可因小而失大。

152. 二手房交易的流程是怎样的

(1)双方沟通。买卖双方建立信息沟通渠道,买方了解房屋整体现状及产权状况,要求卖方提供合法的证件,包括房屋所有权证书、身份证件及其他证件。

(2)签订房屋买卖合同。如卖方提供的房屋合法,可以上市交易,买方可以交纳购房定金(交纳购房定金不是商品房买卖的必经程序),买卖双方签订房屋买卖合同(或称房屋买卖契约)。买卖双方通过协商,对房屋坐落位置、产权状况及成交价格、房屋交付时间、房屋交付、产权办理等达成一致意见后,双方签订至少一式三份的房屋买卖合同。

(3)申请房屋审查。买卖双方共同向房地产交易管理部门提出申请,接受审查。买卖双方向房地产管理部门提出申请手续后,管理部门要查验有关证件,审查产权,对符合上市条件的房屋准予办理过户手续,对无产权或部分产权又未得到其他产权共有人书面同意的情况拒绝申请,禁止上市交易。

(4)立契。房地产交易管理部门根据交易房屋的产权状况和购买对象,按交易部门事先设定的审批权限逐级申报审核批准后,交易双方才能办理立契手续。现在北京市已取消了交易过程中的房地产卖契,即大家所俗称的"白契"。

(5)缴纳税费。税费的构成比较复杂,要根据交易房屋的性质而定。比如,房改房、危改回迁房、经济适用房与其他商品房的税费构成是不一样的。

(6)办理产权转移过户手续。交易双方在房地产交易管理部门办理完产权变更登记后,交易材料移送到发证部门,买方凭领取房屋所有权证通知单到发证部门申领新的产权证。

(7)银行贷款审核。对贷款的买受人来说在与卖方签订完房屋买卖合同后由买卖双方共同到贷款银行办理贷款手续,银行审核买方的资信,对双方欲交易的房屋进行评估,以确定买方的贷款额度,然后批准买方的贷款,待双方完成产权登记变更,买方领取房屋所有权证后,银行将贷款一次性发放。

(8)房款两清。买方领取房屋所有权证、付清所有房款,卖方交付房屋并结清所有物业费后双方的二手房屋买卖合同全部履行完毕。

153. 二手房交易中容易出现哪些问题

(1)"卖房者"非房主。购房人可到房管局产权登记部门查询,如卖房者非该二手房的产权人,购房人应立即中止交易。因为其中可能存在欺诈,即使不是欺诈,购房人能否取得产权也存在风险。

(2)卖房人是二手房的共有人之一,且未得到其他共有人的同意。要求该卖房者出具其他共有人同意出卖的证明。如果出卖人为已婚,买卖行为还需取得其配偶的确认;购买二手公有住房,应取得共同居住人同意。

(3)卖房者只是使用权人。只要卖房人未取得完全产权,交易都不可信。

(4)房产上存有法律不允许自由转让或者禁止转让的障碍。如该二手房已被查封或者抵押,则可在解封或消除抵押负担后,方可与之交易。

(5)签订房屋买卖合同后,卖房人又将该房转卖他人,并且办理了过户手续,致使先前的买卖合同无法履行。"预告登记"是避免这一陷阱的有效手段。但买房人要注意,必须在预告登记后三个月内去办理申请产权变更登记,超过三个月未申请的,预告登记失效。

(6)交易的二手房用途非居住用房,而是居住外用途房,如商业用途房甚至是工业厂房等。购房人一定要看清房屋性质。

(7)卖房者未将房屋出售的情况告知承租人,或者说已告知,但承租人未放弃优先购买权。购房人如发现该二手房已出租,应要求卖房者出具承租人放弃优先购买权的证明。

（8）原房主欠缴气、水、电、闭路电视等费用，会导致买房人无法正常使用这些附属设施。买房人首先要了解清楚相关情况，同时把法律责任明确写进合同当中，来约束卖房人。

154. 如何避免二手房交易风险

随着二手房的交易日趋活跃，二手房由于总价低、位置佳等优点受人青睐，但比起商品房而言，规范二手房交易的法律、法规相对滞后，因此，购买二手房要注意许多问题，需要防范风险。

（1）查验房屋是否有房产证。房产证是证明房主对房屋享有所有权的重要凭证，没有房产证的房屋交易时对买房人来说有得不到房屋的极大风险。房主可能有房产证而将其抵押或转卖，即使现在没有将来办理取得后，房主还可以抵押和转卖，所以最好选择有房产证的房屋进行交易。

（2）弄清房屋产权是否明晰。首先，弄清楚产权证上的房主与卖房人是否为同一个人，并要求卖方提供合法证件，包括产权证书、身份证件、资格证件以及其他证件。其次，确认产权证所标注的面积与实际面积是否相符，向有关房产管理部门查验所购房屋产权来源与其合法性。有些房屋有好多共有人，如有继承人共有的、有家庭共有的，还有夫妻共有的，对此买房人应当和全部共有人签订房屋买卖合同。如果只是部分共有人擅自处分共有财产，买房人与其签订的买卖合同未在其他共有人同意的情况下一般是无效的。

如果房产被抵押或查封，只有在解除抵押或查封后才能与卖方交易；产权证所有者是多人共有的，一定要有共有人同意出卖的书面证明，房产才能交易；如果是违章建筑，随时都可能被政府部门拆除；如果房产牵涉其他纠纷，不但房产买不到，可能连自己都牵连进去。因此，买房之前一定要查清房屋的权属及状况，如果买房人买了存在上述情况的房产，可能在支付了房款之后，房产却不能过户到自己名下，最后导致钱财两空的局面。

（3）了解交易房屋是否在租。有些二手房在转让时，还在被别人租赁。如果买房人只看房产证,只注重过户手续,而不注意是否存在租赁时,买房人极有可能得到一个不能及时入住或使用的房产。因为买卖不破租赁,也就是说,房屋买卖合同不能对抗在先成立的租赁合同。这一点在实际中被很多买房人及中介公司忽视,也被许多出卖人利用从而引起较多纠纷。所以,买房人在与房主签订买卖合同时,应当在合同中约定入住时间,以保证自己的合法权益。

(4)土地情况是否合理。二手房交易中买房人应注意土地的使用性质,看是划拨还是出让,因为划拨的土地一般是无偿使用,政府可无偿收回,出让是房主已缴纳了土地出让金,买房人对房屋享有较完整的权利。

155. 没有房产证的二手房能买吗

房屋所有权证是国家依法保护房屋所有权人合法权益的法律凭证,是产权人行使其合法权益的必备要件。未经登记的房屋不受法律保护,同时也会给购房人带来不必要的麻烦和损失。

(1)未经登记的房屋不能买卖。即使私下成交,也不能办理过户手续。

(2)未经登记的房屋不能抵押。以房屋抵押进行贷款,是一种银行认可的安全融资方式,如果没有产权证,房屋不能抵押,将影响做生意或投资。

(3)未经登记的房屋不能出租。如果出租的房屋没有产权证,租赁双方发生纠纷(欠租或到期不腾房),出租人的合法权益不能得到保护。

(4)未经登记的房屋不能保护合法权益。当权利人因房屋产权问题与他人发生纠纷或遭到侵害时,由于无法向行政、仲裁或司法机关提供产权证,自己的权益得不到保护。

(5)未经登记的房屋不能得到补偿。一旦遭遇房屋拆迁补偿,购房人会因没有产权证而有可能得不到补偿。

(6)未经登记的房屋不能办理继承或赠与手续。房屋进行赠与或继承时,要办理公证手续。而按规定,没有产权证,公证部门不予办理相关手续,继承人和受赠人的权益得不到保障。

156. 不能买的二手房有哪些

(1)产权不明确的房子不能买。根据《城市房地产管理法》第三十七条的规定,未依法登记领取权属证书的房地产不得转让。该规定属于强制性法律规定,因此买二手房一定要查验房主的产权证,即房屋的土地证和房产证,没有两证或两证不全的二手房不能购买。而在实际操作过程中,未办理两证的合同房进行交易的案例大量存在,但其买卖合同生效的前提还是能够顺利办到两证。

(2)无共有人声明的房子不能买。《民法通则》第七十八条规定,财产按份共有人按各自份额、共同共有人对共有财产,享有权利,分担、承担义务。按份共有的每个共有人有权要求将自己的份额分出或转让。《合同法》第五十一条规定,无处分权的人处分他人财产的合同无效。二手房大多是夫妻、家庭成员或几个出资人的共同财产,购买未取得共有人书面同意而出售的二手房会惹上麻烦。

(3)设定了抵押权的房子不能买。《城市房地产管理法》第四十七条规定,房地产抵押,是指抵押人向抵押权人提供债务履行担保的行为。《物权法》《担保法》都规定,抵押人处理抵押房屋,应获抵押权人同意,否则不得转让。因此,买房时应审查权属证书原件是否有抵押记载,如确实要购买抵押给银行的房屋,那么必须让卖方先还清贷款并注销抵押(注:实践操作中,卖方往往用买方支付的首付款去还贷,然后凭银行退还的他项权证去房地产交易中心办理抵押注销手续,在经过上述流程后,房屋才进入正常的过户交易程序)。

(4)不符合上市条件的经适房不能买。按照《经济适用住房管理办法》和《关于解决城市低收入家庭住房困难的若干意见》的规定,经济适用房属政策性住房,购房人拥有有限产权,不满5年,不得直接上市交易,确需转让的,由政府进行回购。经济适用房满5年上市交易的,购房人应向政府交纳土地收益等价款后,才可以取得完全产权。

(5)不宜出售的待拆迁房不能买。有些房屋是不宜出售的,如国务院《城市房屋拆迁管理条例》第十二条规定,拆迁范围内的单位和个人,不得新建、扩建、改建房屋;不得改变房屋和土地用途;不得租赁房屋。由此可知,出售待拆迁房屋也是被禁止的。

二、二手房买卖合同

157. 什么是二手房买卖合同

二手房买卖合同是指购房者和售房者在平等协商的基础上,就房屋的买卖所签订的协议,一方转移房屋所有权于另一方,另一方支付价款的合同。转移所有权的一方为出卖人或卖方,支付价款而取得所有权的一方为买受人或者买方。

二手房屋买卖合同的基本条款和其他交易合同是相似的,都是要写清楚合同签订双方的个人信息以及双方交易的内容,还应包含对交易双方的权利义务的约束。具体的二手房买卖合同有哪些内容呢?依据我国《合同法》及业务实践,下列内容在一份二手房买卖合同中是必不可少的:

(1)当事人的名称或姓名、住所。这里主要是搞清当事人的具体情况、地址、联系办法等,以免出现欺诈情况;双方应向对方做详细清楚的介绍或调查;应写明是否共有财产、是否夫妻共同财产或家庭共同财产。

(2)标的。这里应写明房屋位置、性质、面积、结构、格局、装修、设施设备等情况;同时还要写明房屋产权归属(要与第一条衔接);原售房单位是否允许转卖;是否存在房屋抵押或其他权利瑕疵;是否有私搭乱建部分;房屋的物业管理费用及其他交费状况;房屋相关文书资料的移交过程。

(3)价款及付款时间约定。一般新建的商品房及预售的商品房都是按所买卖房屋的建筑面积来计算房屋的价格,即约定每平方米建筑面积的售价为多少元,然后用单价乘以建筑面积来计算房屋所需支付的价款。旧房的买卖有时就直接约定每套房屋或每幢房屋所需支付的价款。在合同中一般要列一个付款时间进度表,买方按该进度表将每期所需支付的价款交付卖方。

(4)履行期限、地点、方式。这里主要写明交房时间;条件;办理相关手续的过程;配合与协调问题;双方应如何寻求中介公司、律师、评估机构等服务;各种税费、其他费用如何分摊;遇有价格上涨、下跌时如何处理。

(5)违约责任。这里主要说明哪些系违约情形;如何承担违约责任;违约金、定金、赔偿金的计算与给付;在什么情况下可以免责;担保的形式;对违约金或定金的选择适用问题。

(6)解决争议的方式。这里主要约定解决争议是采用仲裁方式还是诉讼方式,需要注意的是,如果双方同意采用仲裁的形式解决纠纷,应按照我国《仲裁法》的规定写清明确的条款。

(7)合同生效条款。双方在此约定合同生效时间;生效或失效条件;当事人不能为自己的利益不正当地阻挠条件成就或不成就;生效或失效期限;致使合同无效的情形;几种无效的免责条款;当事人要求变更或撤销合同的条件;合同无效或被撤销后,财产如何进行返还。

(8)合同中止、终止或解除条款。按照《合同法》规定,合同当事人可以中止、终止或解除房屋买卖合同。有必要在此明确约定合同中止、终止或解除的条件;上述情形中应履行的通知、协助、保密等义务;解除权的行使期限;补救措施;合同中止、终止或解除后,财产如何进行返还。

(9)合同的变更与转让。在此约定合同的变更与转让的条件或不能进行变更、转让的禁止条款。

(10)附件。在此说明本合同有哪些附件;附件的效力等。

158. 二手房交易签"黑白合同"有什么危害

"黑白合同"又叫"阴阳合同",签订"黑白合同"的目的是为规避法律或银行的规定,这是一种违法的行为,尽管这种违法行为未必会带来特别严重的法律后果,但交易双方还是尽量不要签订这样的合同,因为这还会增加交易风险。虽然有人是为规避法律主动签订,但有人也是因为另一方提出要求而被动签订,而且目前完全杜绝黑白合同的现象又很难做到。

当买卖双方因交易发生纠纷时,由于签订阴阳合同的行为明显是为了逃避国家税收,违反了《合同法》中的相关规定,属于当事人恶意串通损害国家利益,一旦进入法律程序肯定会被宣布无效。而房地产交易中心是基于"阴合同",才办理的过户手续,因而基于这份合同所进行的过户行为也会被撤销。届时,买方已支付了全部或大部分房款,但却没有取得房屋的产权,其间如再发生卖方"一房二卖"、抵押房屋或司法查封等状况,后果不堪设想。

159. 二手房买卖中的违约情形有哪些

(1)出卖人将房屋直接卖给第三人。如果出卖人将房屋另外卖给了第三人,但未办理过户手续,根据法律规定,原买房人有优先过户的权利,可以向法院请求要求对方继续履行合同。如果出卖人将房屋另外卖给了第三人,并已办理了过户,那么出卖人就已经构成了恶意违约,造成合同不能继续履行,这时买房人可以向法院提起诉讼,要求解除合同,同时要求出卖人根据房屋差价赔偿违约责任。

(2)出卖人要求提高房价办理过户。在实际买卖过程中,很多出卖人在签订合同后认为房子卖得太便宜了,要求另外加钱过户。在这种情况下,买房人应该立即向法院提起诉讼,要求冻结所购房屋,进行财产保全,防止出卖人将房屋卖给第三人,进而使所签订的合同不能继续履行,同时要求法院判定出卖人继续履行合同。

(3)出卖人卖房后反悔并要求合同无效。在这种情况下,买房人如果在买房时已经知道了房屋还有其他共有人,并且未经过共有人同意而购买房屋的,在共有人要求判定合同无效时,是可以获得支持的。但如果是夫妻间的共有房屋,在房屋买卖合同中,一般是认为经过夫妻二人同意的。买房人可以要求继续履行合同。

160. 二手房买卖中的出卖人违约怎么办

二手房买卖中出卖人违约后,可以根据买受人自己想如何处理而决定怎么解决。具体为:

(1)如果想继续履行合同,主张延期履行违约金,合同一般是约定按每日全部房款万分之几的违约金。

(2)如果想解除合同,主张解约违约金,一般合同约定的解除合同的违约金是全部房款的百分之二十。

当事人一方违约后,对方应当采取适当措施防止损失的扩大;没有采取适当措施致使损失扩大的,不得就扩大的损失要求赔偿。当事人因防止损失扩大而支出的合理费用,由违约方承担。

如果当事人既约定违约金,又约定定金的,一方违约时对方可以选择适用违约金或者定金条款。

161. 二手房买卖中的违约责任有哪些

(1)不能履行。又称给付不能,是指债务人在客观上已经没有履行能力,或者法律禁止债务的履行。在以特定物为标的物的合同中,该特定物毁损灭失,构成不能履行。

不能履行以订立合同时为标准,可分为自始不能履行和嗣后不能履行。前者可构成合同无效;后者是违约的类型。

(2)延迟履行。又称债务人延迟或者逾期履行,指债务人能够履行,但在履行期限届满时却未履行债务的现象。其构成要件为:存在有效的债务;能够履行;债务履行期已过而债务人未履行;债务人未履行不具有正当事由。是否构成延迟履行,履行期限具有重要意义。

（3）不完全履行。是指债务人虽然履行了债务，但其履行不符合债务的本旨，包括标的物的品种、规格、型号、数量、质量等不符合合同约定等。不完全履行与否，以何时为确定标准？应以履行期限届满仍未消除缺陷或者另行给付时为准。如果债权人同意给债务人一定的宽限期消除缺陷或者另行给付，那么在该宽限期届满时仍未消除或者令行为给付，则构成不完全履行。

（4）拒绝履行。拒绝履行是债务人对债权人表示不履行合同。这种表示一般为明示的，也可以是默示的。例如，债务人将应付标的物处分给第三人，即可视为拒绝履行。关于当事人一方明确表示或者以自己的行为表明不履行合同义务的规定，即指此类违约行为。其构成要件为：存在有效的债务；有不履行的意思表示（明示的和默示的）；应有履行的能力；违法的（即不属于正当权利的形式，如抗辩权）。

162. 二手房买卖违约金怎么计算

合同约定违约金数额或者计算方法的，一般以合同约定为准。但根据法律规定，约定的违约金过高造成的损失的，当事人可以请求人民法院或者仲裁机构予以适当减少。

当事人以约定违约金过高为由请求减少的，应当以违约金超过造成的损失 30% 为标准适当减少；当事人以约定的违约金低于造成的损失为由请求增加的，应当以违约造成的损失确定违约金数额。这些具体规定既符合公平原则，符合国情，又有利于法官办案中有法可依。

虽然仅仅适用于商品房买卖合同，但对于二手房买卖也是具有参考价值的。

当事人约定的违约金超过造成损失的百分之三十的，可以认定为《合同法》第一百一十四条第二款规定的过分高于造成的损失。尽管目前没有专门针对二手房买卖合同的违约金规定或解释，即违约金的调整标准既要以弥补当事人的损失为基准，又要体现一定的惩罚性,但违约金毕竟是一种合同的违约责任,其惩罚性不能完全等同于侵权的惩罚性责任,违约责任应充分考虑双方当事人的利益均衡,应考虑公平原则,因此,法官在行使调整的自由裁量权时应体现此双重性。

163. 二手房买卖合同中要注意哪些问题

(1)房屋共有人没有签字,或者由其配偶代签甚至寻找第三人冒充配偶签字。这样的合同,如果另一位共有人发现后,以未经其同意转让房产无效为由主张买卖无效,法院会判决买卖无效,如果卖房人已将钱财转移,购房人会损失惨重。

(2)价格条款约定不明。房价具体包括哪些设施、项目不明确,如屋内哪些设施是在房价之内,哪些是要另外计算费用的;煤气、维修基金是否也包括在房价之内等,是否包括车库,等等。经常发生的情况是,在签订买卖合同时,卖方口头保证,屋内的装修及家具如铝合金门窗、地板、空调、热水器等全部赠送,而等到实际交房时,买方却发现屋内已空空如也。在签订合同时,应尽量全面、详尽地约定,防止发生类似纠纷。

(3)付款方式约定不明,容易发生纠纷。一般应约定签合同时交一部分定金,等房产过完户,办了交接再付全款。

(4)风险转移时间约定不明确。过户日期和房屋交接日期是两码事,不能混淆。过户日期是房屋所有权转让的日期,而房屋交接日期直接决定了屋内的水电煤等费用是由买方还是卖方付。在签订房屋买卖合同时,应当注明房屋交接日期是在过户后第几个工作日或双方约定具体日期。房屋交接前的产生的费用由卖方承担,房屋交验后产生的费用由买方承担。

(5)关于违约责任约定不明。合同的违约金一般约定为20%,而对于何种情况下适用违约金罚则约定不明确。在合同中应标明各方的责任、义务,有利于避免纠纷的发生。违约金的具体数额、逾期付款的责任及其他违约情况的处理等,都应在合同中加以明确。

(6)直接和卖方签合同防止中介吃差价。有的中介公司以接受卖方委托为由,代替卖方签字,往往会赚取房屋差价,这是违背房产中介职业道德的,也是法律所禁止的,在签合同时买方应直接和卖方见面当面签合同,进一步核实房价,防止经济损失。

164. 二手房买卖合同无效的情形有哪些

(1)非房屋产权人出卖他人房屋的。有的房屋买卖合同的出卖人不是房屋的产权人,而是出卖了他人的(主要是在亲属名下的)房屋,事后又不能得到房屋产权人的同意。有的父母将房屋登记在未成年子女的名下,又将房屋出卖,因法律明确规定,监护人非因被监护人的利益,不得处分被监护人的财产,因而无法办理过户手续。这种情况法律上称为无权处分。

(2)出卖共有房屋未经其他共有人同意的。共有房屋形成的原因一般是:因婚姻关系形成的夫妻共有房屋,虽然房屋产权登记在一方名下,但实际上是夫妻共有房屋;因继承形成的共有房屋,即房屋的所有人死亡,其合法继承人为二人以上,尚未办理遗产析产,其房屋产权应为继承人共有;因拆迁形成的家庭共有房屋,即依据拆迁补偿协议,被补偿人为家庭中的数人,但是回迁房登记在了其中一个人的名下,实则为家庭共有房屋;因共同出资建房、购房形成的共有房屋。共有房地产,未经其他共有人书面同意的不得转让。出卖人因侵犯了其他共有人的合法权益因而形成合同无效。

(3)因房屋前期开发建设及销售违法无法取得合法产权的。开发商违反规划、未取得土地使用权证、工程未经竣工验收、未能办理合法的销售手续等原因,不能办理房屋合法产权的房屋。比如,集体土地上建设的"小产权"房屋,因没有办理土地征用手续,没有取得土地使用权证,是法律禁止上市销售的房屋。违章建筑也属于此类房屋。

(4)已经设定抵押,未经抵押权人同意转让的房屋。

165. 二手房买卖合同无效怎么办

根据我国法律规定,合同被确认无效后,合同尚未履行的,不得

履行;正在履行的,应当立即终止履行。对于无效合同造成的财产损失,一般采取如下方法处理:

(1)返还财产。返还财产是使当事人的财产关系恢复到合同签订以前的状态。返还财产可以是一方返还,也可以是双方互相返还。如果当事人依据无效合同取得的标的物还存在,则应返还对方;如果标的物即房屋已不存在或者已损坏、已被第三人合法取得、不能返还或者没有必要返还的,应当折价补偿。

(2)赔偿损失。没有过错的一方可以要求有过错的一方赔偿自己的损失;双方都有过错的,应当按照责任大小、轻重各自承担经济损失中与其责任相适应的份额。

二手房买卖协议(样本)

卖方：_____(简称甲方)身份证号码：_____
买方：_____(简称乙方)身份证号码：_____

根据《中华人民共和国经济合同法》《中华人民共和国城市房地产管理法》及其他有关法律、法规之规定,甲、乙双方在平等、自愿、协商一致的基础上,就乙方向甲方购买房产签订本合同,以资共同信守执行。

第一条 乙方同意购买甲方拥有的坐落在_____市_____区_____的房产(别墅、写字楼、公寓、住宅、厂房、店面),建筑面积为_____平方米(详见土地房屋权证第_____号)。

第二条 上述房产的交易价格为:单价:人民币_____元/平方米;总价:人民币_____元整(大写：____佰____拾____万____仟____佰____拾____元整)。本合同签订之日,乙方向甲方支付人民币_____元整,作为购房定金。

第三条 付款时间与办法：

1. 甲乙双方同意以银行按揭方式付款，并约定在房地产交易中心缴交税费当日支付首付款(含定金)人民币____拾____万____仟____佰____拾____元整给甲方，剩余房款人民币_____元整申请银行按揭(如银行实际审批数额不足前述申请额度，乙方应在缴交税费当日将差额一并支付给甲方)，并于银行放款当日付给甲方。

2. 甲乙双方同意以一次性付款方式付款，并约定在房地产交易中心缴交税费当日支付首付款(含定金)人民币____拾____万____仟____佰____拾____元整给甲方，剩余房款人民币_____元整于产权交割完毕当日付给甲方。

第四条 甲方应于收到乙方全额房款之日起____天内将交易的房产全部交付给乙方使用，并应在交房当日将_____等费用结清。

第五条 税费分担

甲乙双方应遵守国家房地产政策、法规，并按规定缴纳办理房地产过户手续所需缴纳的税费。经双方协商，交易税费由_____方承担，中介费及代办产权过户手续费由_____方承担。

第六条 违约责任

甲、乙双方合同签订后，若乙方中途违约，应书面通知甲方，甲方应在____日内将乙方的已付款(不记利息)返还给乙方，但购房定金归甲方所有。若甲方中途违约，应书面通知乙方，并自违约之日起____日内应以乙方所付定金的双倍及已付款返还给乙方。

第七条 本合同主体

1. 甲方是_____共_____人，委托代理人_____即甲方代表人。

2. 乙方是_____，代表人是_____。

第八条 本合同如需办理公证，经国家公证机关____公证处公证。

第九条　本合同一式＿＿＿份。甲方产权人一份,甲方委托代理人一份,乙方一份,××市房地产交易中心一份、＿＿＿＿＿＿＿公证处一份。

第十条　本合同发生争议的解决方式:在履约过程中发生的争议,双方可通过协商、诉讼方式解决。

第十一条　本合同未尽事宜,甲乙双方可另行约定,其补充约定经双方签章与本合同同具法律效力。

第十二条　双方约定的其他事项:

双方签字或盖章:

出卖方(甲方):＿＿＿＿＿＿＿　　购买方(乙方):＿＿＿＿＿＿＿

身份证号码:＿＿＿＿＿＿＿　　　身份证号码:＿＿＿＿＿＿＿

地址:＿＿＿＿＿＿＿＿＿＿　　　地址:＿＿＿＿＿＿＿＿＿＿

邮编:＿＿＿＿＿＿＿＿＿＿　　　邮编:＿＿＿＿＿＿＿＿＿＿

电话:＿＿＿＿＿＿＿＿＿＿　　　电话:＿＿＿＿＿＿＿＿＿＿

代理人(甲方):＿＿＿＿＿＿＿　　代理人(乙方):＿＿＿＿＿＿＿

身份证号码:＿＿＿＿＿＿＿　　　身份证号码:＿＿＿＿＿＿＿

三、二手房评估

166. 什么是二手房评估

采取房产价格评估的市场比较法,通过对同一楼盘的在售房源的挂牌价格,以及同类型楼盘的近期实际成交价格进行专业处理,换算出具体某个楼盘的平均单价,然后结合待评估房屋的实际情况,包括面积、楼层、朝向、装修状况、其他特征因素等,计算出该房屋相对科学合理的市场参考价。

167. 影响二手房价格的因素有哪些

经济学常识告诉我们,需求影响价格。需求当然是其中一个极其重要的因素。但是除了需求之外,还有哪些因素也影响了二手房的价格呢?通过实践和经验的判断,主要有以下几种:

(1)区域因素。主要包括地段等级、交通条件、小区环境、配套设施、未来发展前景及环境污染等。

(2)房屋自身因素。主要包括房屋成新率、产权状况、楼层、朝向、户型格局、房屋装修、燃气状况、物业类型、通风采光、景观等。一般来说,维护好的房屋能延长房屋的使用寿命,从而提高房屋价值。产权状况主要分为:商品房住宅、成本价住宅及标准价或优惠价住宅。对于同一位置的房屋来说,商品房住宅的价格最高,成本价住宅次之,标准价或优惠价住宅价格最低。楼层对房屋价格有较大的影响,一般来说,多层住宅以二、五层为标准,顶层最差,一层次之,三、四层最好。高层住宅则是楼层越高(顶层除外),价格也越高;朝向对房屋的价格也有较大的影响。此外,房屋的燃气状况(管道天然气、管道煤气、液化气)、物业类型(多层、板式小高层、高层塔楼)、采光(主要考虑是否有遮挡)及景观等对房屋价格都有一定的影响。

(3)市场因素。主要包括经济状况、房地产市场行情及市场供求状况等。其中市场供求状况对房屋的价格影响最大,当某一区域房屋供不应求时,房屋价格就上涨。反之,当房屋供应量过大时,房屋价格就会出现下降。

(4)消费者心理因素。主要包括消费者的心理障碍、对房屋的偏好及交易心态等。如果不是受经济制约或价格上有较大的优势,人们往往不愿去购买二手物品。购房者的偏好及交易心态对二手房的价格也有较大的影响,如果购房者特别偏好某一区域的房屋,或者他们急于买房,那么这些房屋价格在一定程度上也会提高。

当然,以上所列举的因素只是一部分。事实上,很多因素都可能导致二手房价格有所涨落,要看具体的情况才能进行分析。

168. 买二手房如何合理估价

购买二手房的时候,很多购房者都会预先对待购的房屋进行估价,以便确定是否属于自己的能力可承受范围或者值不值得购买。那么,该如何估价才是合理的呢?

事实上,目前市场上对于二手房的评估一般采用市场比较法、收益法、成本法等方法。其中市场比较法最受青睐。它既是专业评估机构所常用,也常被购房者在自行评估时所采用。

(1)购房者自行评估。具体方法是:购房者可挑选三个以上与欲评估房屋在地段、房龄、户型等方面相类似市场实例进行对照,对自己的房屋进行粗略的评估,避免因价格预估太高而导致房屋难以出手,也不会因为预估价格太低而遭受经济损失。估算公式如下:楼龄折旧,每年-2%;房屋结构,功能低-10%;楼层,顶楼-5%,次底层与次顶层-3%,中间层+3%;朝向,朝向价值从高到低:东南、西南、东北、西北。若无南向窗户则-5%;教育区域,有重点中小学+15%;电梯,有电梯的二手房相对同质量楼盘多500~2000元/平方米;小区配套,无小区配套则-5%;物业管理,无物业管理则-5%;买家心理,旧房-8%。

(2)专业评估师合理估价。由于估价是一个很复杂并且微妙的过程,往往一个朝向、一个楼层等细节因素,价位的差距就显现出来。评估人员需要具备丰富的实践经验,复杂琐碎的细节,最终直接影响评估价格的高低。对于二手房来说,由于交易是零星进行的,不存在大量交易,一般是一房一价。为确保得到较合理公正的价格,还是尽量选择专业且经验丰富的评估师进行估价。估价人员对委估及相应房地产现场查勘情况的详细程度以及收集相关资料的真实性和可靠性是能够最大化保障自身权益的砝码。

以上便是对影响二手房价格的因素有哪些以及买二手房如何合理估价等问题的分析。事实上,在选择二手房的时候,价格往往是成交的一大衡量因素，因此不管是在估价也好，谈判也好，如果在价格方面达成一致，买卖双方极有可能成交。希望以上所提及的这些内容能够为广大购房者有所帮助、有所启示。

169. 房地产评估有哪些类型

房地产评估，全称房地产价格评估，就是对房地产进行估价，也就是说，由持有房地产估价人员岗位合格证书或房地产估价师注册证的专业人员，根据估价目的，遵循估价原则，按照估价程序，运用估价方法，在综合分析、影响房地产价格因素的基础上，结合估价经验及对影响房地产价格因素的分析，对房地产的特定权益，在特定时间最可能实现的合理价格所作出的估计、推测与判断。它实质上不是估价人员的定价，而是模拟市场价格形成过程将房地产价格显现出来，它具有专业性、技术性、复杂性，是科学、艺术和经验三者的结合。房地产交易、租赁、抵押、担保、商品房开发与销售等环节都离不开对房地产的估价。

（1）一般评估。这类评估一般是在交易双方发生分歧意见或有争议时，求助于评估机构，以解决分歧和争议，使之趋于一致的手段，一般不具备法律效力，是参考性评估，它反映的是某一地域、某一时间点、某一特定物业一般的价值水平。

（2）房地产抵押贷款评估。这类评估是购房者寻求金融支持时，对自己所抵押的房屋的价值而进行的评估，它必须由金融部门指定或委派的评估机构进行评估，评估一经确定，具备法律效力、形成法律文件、对双方有约束力。这种评估值一般较低。

（3）特定评估。这种评估是房地产交易管理部门，对买卖双方交易价格明显低于市场价格水平而做的评估，为了求其公正合理，须采用两种以上的评估方法进行评估，评估结果一经确定，具有法律效力，交易双方须按确定后的评估值，计算缴纳税费。

170. 二手房价格评估方法有哪些

二手房价格评估既是一个市场化行为，也是一个非常专业化的房产研究行为,涉及的因素很多,过程也比较复杂,是目前房产交易双方极其关心的问题。目前,房地产评估机构对二手房进行评估有市场比较法、收益法、成本法三种方法,但大多数评估机构在有条件的情况下一般选用市场比较法。

所谓的市场比较法是指,挑选至少三个以上与欲评估房屋在地段、房龄、户型等方面相类似市场实例与所评估二手房进行比照,然后依据实例价格再根据所评估房屋的具体情况做出适当修正。其中,修正价格的因素包括物业类型、结构、层次、朝向、室内净高、开间跨度、建造年代、权属、地段等级、面积、房型、采光、厨卫大小、建筑质量、电梯数量和品牌、外立面造型、物业内外部装修、得房率以及物业所处外部环境、绿化、人文、交通、商业服务设施、基础设施、居住人气、小区容积率、区域规划等,都得加以适当的考虑。例如,一套房屋,朝向以南向为准,东向减5%~6%的系数,西向减10%;多层住宅楼层以3层至4层为准,底层减5%~6%,顶层减10%;新旧主要以建造年代为准,适当看保养程度,最多可减40%;房型的系数加减就更加复杂,两室一厅以厅12m^{2}为基准,同时还要考虑厅的利用价值(如过道厅和独立厅、明厅和暗厅之别);厨房、卫生间以4m^{2}为准,小于4m^{2}要减2%~5%,明间与暗间又有区别;同时,得房率的高低与加减系数也是密切相关的。

171. 二手房买卖中需要评估的情况有哪些

房地产评估不是二手房交易的必备程序,一般情况下,二手房的买卖价格只要双方协商确定,房地产管理部门就会据此登记过户,只有以下几种情形发生时需要评估:

(1)二手房价格明显过低时需要房地产评估。二手房交易价格的多少与所缴纳的税费是相关的,买卖双方当事人为了少缴税费往往向房地产管理部门申报其成交价格时低报、少报,房地产管理部门如果认为该价格明显低于房地产价值,交易双方又不愿意调整的,就会委托具有一定资质的专业评估机构对交易的二手房进行评估，并以评估的价格作为缴纳税费的依据。

(2)买卖双方认为有必要时需要评估。交易双方为确定合理的交易价格，也可以委托评估事务所进行评估，作为交易价格的参考。一般情况下，买卖双方都能自行确定交易价格，但如果有一方或双方对交易的二手房的价格没有概念，如境外人士或外地人，对国内或当地的房地产市场不了解，又不相信对方的报价或中介机构的评估，也往往要自行委托或双方共同委托有资格的评估事务所进行评估，然后参考评估价格确定双方的交易价格。

(3)进行房地产保险时需要房地产评估。房地产保险评估，分为房地产投保时的保险价值评估和保险事故发生或损失程度评估。

(4)申请抵押贷款时需要房地产评估。向银行申请房地产抵押贷款时，抵押人以抵押物作为还款的担保。有些购房人为了少付首付款而多报二手房交易价格，高于实际价值的价格对贷款银行来说有很大风险。因此，银行为确定抵押物的担保价值需要对抵押人的房地产进行估价。有些借款人为了能比较顺利地贷到款项，证实其拥有的房地产价值，确定其可能获得的贷款金额，也会提前委托评估机构对自己的房地产价值进行评估。申请公积金贷款的借款人，银行会要求其进行评估。

(5)发生房地产纠纷时可能要进行评估。例如，二手房买卖合同签订后，一方以价格过高或过低而显失公平为由发生纠纷，一方或双方或仲裁机构、法院可委托专业评估机构对纠纷案件中涉及的争议房地产进行评估，为协议、调解、仲裁、诉讼等方式解决纠纷提供参考依据。

172. 如何评估二手房的折旧费

房屋折旧是房屋价格补偿的形式，即房屋的折旧费。折旧费是指房屋建造价值的平均损耗。房屋在长期的使用中，虽然原有的实物形态不变，但由于自然损耗和人为的损耗，它的价值也会逐渐减少。这部分因损耗而减少的价值，以货币形态来表现，就是折旧费。

确定折旧费的依据是建筑造价、残值、清理费用和折旧年限。

(1)建筑造价是核算折旧费的基础,由建造中必要的物质消耗、劳动报酬和税金、利润所组成,是住宅经营中的进货价。它只应是住宅本身的进价,而不应包括其他费用。由于住宅的使用年限长达几十年,甚至一百多年,在这样长时期内物价变化很大,故一般均不以其原始造价为计算依据,而按重置,即在现实条件下重新建造该类住宅所需的货币支出来计算。

(2)房屋的残值,是指房屋经过长期使用,失去使用价值后,经过拆除清理以后残留的建筑材料的价值。清理费用是拆除清理报废的破旧房屋时所支付的人工、机具的费用,它作为使用房屋的追加耗费,应计入成本之内。一般都以残值扣除清理费用后的剩余部分为净残值,简称残值。因为它在住宅价值中所占的比例不大,而且是在住宅报废后才能得到的,因此它与原值无法比较。

在计算时,都采用按当时工资和材料价格水平预告估计的办法,有时计算折旧时也采用残值率这一参数,即残值和原值的比率。各种结构房屋的残值率一般为:钢筋混凝土结构为 0;砖混结构为 2%;砖木结构一等为 6%;砖木结构二等为 4%;砖木结构三等为 3%;简单结构为 0。

(3)使用年限,是住宅实物形态经外界的物理、化学因素作用下,从而发生有形的磨损;在有形的磨损下,住宅能维持正常使用的年限,称为使用年限。使用年限是由住宅的结构、质量决定的自然寿命。折旧年限,是住宅价值转移的年限,它是由使用过程中社会经济条件决定的社会必要平均使用寿命,或称经济寿命。折旧年限除与使用年限有关外,还受无形损耗的影响。

房屋折旧费的计算方法在《国有企业固定资产折旧试行条例》中明确规定,房屋一类的固定资产折旧,采用平均年限法,即定额折旧法。其计算公式为:

$$造价-残值造价\times(1-残值率)$$

消费者在购买旧房时,也可以利用折旧法求出所购旧房大概价值。公式为：

$$旧房价格 = 造价 - 年折旧费 \times 已使用年数$$

当然,确定房屋的价格还要考虑很多因素,如房屋所处的地段位置、房屋的建筑面积和楼房的层次与朝向等。

四、二手房买卖中介

173. 房产中介合同应包含什么内容

房地产中介服务合同,一般应当包括以下内容:

(1)当事人的姓名或名称、住所。

(2)中介服务项目的名称、内容、要求和标准。项目名称要分清是咨询业务、评估业务还是经纪代理业务。

(3)合同履行期限。合同履行期限是中介服务合同的必备条款,有些咨询服务采取计时收费,有的代销活动要确定期限。

(4)收费金额和支付方式、时间。

(5)违约责任和纠纷解决方式。

(6)当事人约定的其他内容。

174. 签房产中介合同时要注意什么

在订立房屋中介服务合同时,应当注意以下几个问题:

(1)中介服务合同主体资格的合法性。首先,应当了解订立合同的当事人是否具有订立合同的民事权利能力和民事行为能力,如果当事人不具有这些能力,则不能订立具有法律约束力的合同;其次,要审查当事人订立的合同是否属于其经营范围内的产品或项目,否则,合同将成为无效的合同;最后,如果当事人委托他人代签中介服务合同,代理人必须出具委托代理证明,而且委托代理证明记载的权限必须清楚明白。

(2)中介服务合同内容的合法性。房屋租赁中介服务合同的内容,必须符合国家的有关法律、法规,不得侵犯国家和社会公共利益,不得侵犯他人的合法权益。

(3)中介服务合同形式和手续的规范性。中介服务合同的形式,是反映当事人之间确立、变更和终止权利义务关系的一种表达方式,是双方当事人内心意思的外在表现形式。这种表现形式有两种:另一种是口头形式;一种是书面形式。口头形式是用口头表达的,是无形的。口头形式虽然具有简捷、明了、省时的特点,但发生纠纷不易取证。因此,法律、法规一般都规定中介服务合同应当采用书面形式。书面形式大体上有三种:一是一般的书面形式;二是经过主管部门审查、登记过的书面形式;三是经过公证机关公证或有关机关鉴证的书面形式。

175. 房屋中介承担哪些法律责任

(1)提供与订立合同有关的真实情况的责任。这是中介最重要的责任。房产中介提供的服务包括咨询和居间服务,签订居间合同。居间合同是居间人向委托人报告订立合同的机会或者提供订立合同的媒介服务,委托人支付报酬的合同。

(2)故意隐瞒重要事实或提供虚假情况时要赔偿。如前所述,如果中介故意隐瞒了真实信息或故意提供了虚假信息,比如,明知出售方不是产权人本人,也不是合法的代理人,就介绍给买受人,从而造成买受人的损失的,中介应当承担赔偿责任。

(3)未完成全部委托事项不得要求委托人按成交价1%支付报酬。如果居间协议中约定按成交价1%支付中介费的,中介提供的服务应当包括以下内容:

一是权籍调查:向房地产交易中心调查、征询所交易房屋权利的来源、现状、有无抵押、有无权利限制等,做好书面记录;调查、征询涉及权利人的处分要求和条件;核实处分资格、权利人和相关人的身份及权利等。

二是使用状况调查:收集、调查、征询房屋坐落环境、使用年限、有否隐瞒缺陷、房屋内的顶、墙、地、门、窗及设备等是否需要检测或修复，设备转让价格及有关费用的结清情况等；向物业管理单位查询有无租赁、违章搭建、相邻关系侵权，以及维修基金的缴纳和使用情况等。

三是行情调查：收集、调查、征询买卖价格的行情比较、税费结算、房屋户型比较、买卖双方的心理价格比较、有关政策变动的影响等；进行各种形式的信息发布活动等。

四是确定成交意向，订立交易合同：陪同双方当事人实地踏勘房屋、设备、环境；约定洽谈时间、沟通买卖双方的成交意向；出示和认定权籍资料、确定当事人身份等；为成交双方选择合同文本，进行签约指导、见证，如实告知成交双方买卖合同的约定条款和注意事项、履行方式、支付房款的方式等。

五是办理产权过户：双方当事人过户手续资料收集、报告、确认、确权时间约定，代收代付应由客户支付的税、费，完成所有交易过户、户口迁移、房屋入住手续。

176. 二手房买卖中介的义务有哪些

目前，随着二手房屋买卖市场的火爆，中介市场作为提供服务的第三方也随之活跃起来，居间人向委托人提供订立报告、订立合同的机会或提供订立合同的媒介服务，由此需要签订居间合同，把彼此的权利义务确定下来。

二手房买卖中中介的义务有：

(1) 如实报告义务。《合同法》第四百二十五条第一款规定："居间人应当就有关订立合同的事项向委托人如实报告"，这是居间人的基本义务。第二款规定：居间人故意隐瞒与订立合同有关的重要事实或者提供虚假情况，损害委托人利益的，不得要求支付报酬并应当承担损害赔偿责任。所以在二手房买卖中中介负有如实报告的义务。

(2) 保密义务。居间人即中介在居间活动中获悉委托人的有关商业秘密以及委托人提供的不宜公开的其他信息的,应当依照合同的约定保守秘密。

（3）尽力的义务。中介应为了委托人的委托事项,竭尽全力,为委托人提供信息服务和其他中介服务,以做好委托任务。

177. 履行二手房中介合同要注意什么

（1）房屋买卖双方应尽量保持理性,在委托中介公司办理过户等手续时应尽量在合同中明确各种税费的名目和数额;中介公司作为居间人,其接受的是在房屋业主出售房屋的条件之上,来寻找合同标的的买家,反之亦然。

在此,中介公司往往分别向房屋买卖的双方各自取得一定条件,然后游说买卖双方在短时间内进行主要条款的协商。一些中介公司利用当事人急于购房或卖房的心理,强烈要求和诱导其签订房屋买卖合同,想方设法促成房屋买卖合同成立,以达到《合同法》第四百二十六条所规定的"居间人促成合同成立的,委托人应当按照约定支付报酬"的形式条件。

而如果买卖双方对诸如国家规定的税费、交易习惯和相关手续的办理并不清晰,特别是出于对某些相对知名度较高的中介公司的高度信任,轻信其从业人员一己之言,又没有证据证明中介人员有欺诈行为,故而在签订买卖合同后发现与自己的真实意思有偏差,就只有自认吃亏,不仅要依约向中介公司支付咨询和中介服务费,还可能因逾期付款等情形要支付相应的违约金。

（2）委托人应当严格审查中介公司报告的事项。委托人应对中介公司所报告的事项作实质性的审查或进行必要的咨询,具体来说,可要求中介公司提供相关资料或出具情况说明。否则一旦出现纠纷,若无证据证明中介公司在披露相关信息时存在隐瞒事实或提供虚假信息的情况,委托人则难追究中介公司责任。

在房屋买卖中委托人应注意审查以下事项:房屋产权是否清晰,是否存在继承,是否存在共有人、是否取得产权证书;房屋是否具备可转让条件,是否存在抵押、查封或担保等履行障碍;委托代理人的授权委托是否有效合法,是否存在无权代理或过期委托;相关税费的计算标准和承担主体等;如果是房改房,其国有土地使用权出让金是否缴清,或业主是否将该款返还给单位。

在签订正式房屋买卖合同前,如果上述事项存在问题,一些中介公司为了诱导当事人先签订合同,会向买方保证协助解决该问题甚至担保该问题不会影响合同的继续履行,一些当事人信以为真,从而陷入中介公司促成房屋买卖双方当事人订立合同的局面,最终致使中介公司可依法不论买卖合同是否能够实际履行,均可要求当事人支付相应的中介服务费及逾期付款违约金的权利。

(3)关于居间费支付期限问题,委托人均应以居间合同明确约定的条款为准,不应轻信中介公司的口头承诺;在有的案例中,委托人在居间合同中已约定了居间费用具体的付款时间及违约责任标准,但居间人向委托人口头承诺中介费可在房屋买卖合同履行完毕后或合同履行的某一阶段交付,以及解决第三点建议中所述问题时支付,其后,居间人却起诉要求委托人承担逾期支付中介费的责任。法院在委托人无证据证明居间人口头承诺过变更具体条款时,只能支持居间人的诉求。

委托人由此造成的损失几乎会相当于双倍支付中介服务。理由是中介公司所出具的格式条款均约定房屋买卖的当事人,在中介公司的促成下,买卖双方同意在签约日或某一时间内支付该中介服务费,逾期支付的应按一定的违约计算标准(该标准往往是每日应付款的1‰或5‰)计付违约金。按该标准计算,违约方逾期付款的,在100天或200天后中介公司除取得约定的中介服务费外,还可获取相当于中介服务费一倍的逾期付款违约金,在此,无论房屋买卖合同能否得到实际履行,均会导致当事人损失的进一步增加。因此,如果出现上述情况,委托人应要求中介公司作书面承诺,以便将来发生纠纷时作为证据。

另外,在实践中,最好把支付中介费和中介的工作进度结合起来，约定根据工作进度按步骤支付费用，这样比较合理，也不容易引起纠纷。

综上，在目前房屋买卖市场中，绝大多数交易的促成多为中介公司提供服务的结果，所以约定完善的居间合同，是很重要的一个环节，对中介方和委托方同等重要。但委托方作为非专业人士，往往更加依赖于中介方的信息和服务，判断力弱，相对处于弱势，这势必造成引起纠纷的隐患。规范中介市场，减少出现中介欺诈，是重中之重，需要法律法规的健全和完善。

178. 二手房交易中存在哪些风险

（1）交易主体方面的风险。即买卖双方没有从事房屋交易的资格。具体表现为出卖人非房屋所有权人，也未获得房屋所有权人的有效授权；买受方支付能力不强或不诚实履约，出卖人不能得到全部房款。

（2）交易房屋方面的风险。房屋为非法建筑或已被列入拆迁范围；房屋权属存有争议；没有经过共有人一致同意的共有房屋；房屋已出租他人，出卖人未依法通知承租人，承租人在同等条件下的优先购买权益的；房屋已抵押，未经抵押权人书面同意转让的；已购公有住房或经济适用房上市出售后会形成新的住房困难的；被依法查封或者被依法以其他形式限制房屋权属转让；交易房屋存有质量瑕疵，有的房屋甚至还有大量的物业及水电等费用没有结清等。总之，二手房买卖中确认房屋产权的真实性非常重要。建议：买方在签订房屋买卖合同前应到房地局产权产籍处查询房屋的权属情况，包括该房屋是否抵押、是否受司法限制等情况。只有在确认了房屋的权属，核实了房屋的产权类型等情况后，买卖双方再签订房屋买卖合同。

（3）房屋贷款风险。二手房买卖中大多数买方都需办理银行按揭贷款，实践中常发生的纠纷是，为了达到居间合同的目的，很多中介公司承诺的可按房屋合同价的几成办理贷款等。一旦办理不成，造成的损失很难弥补。事实上,银行对购买二手房的贷款审核比较严格,而且还会涉及对所交易的房产进行严格的评估作价以及相应的贷款政策等,所以,买方最好应在确认贷款银行可以贷款的情况下再行购买。

(4)产权转移登记过程中风险。买卖双方在签订了房地产买卖合同后,应及时到房屋所在地的房地产交易中心办理产权过户申请手续;若双方在合理的期限内未完成交易手续的,应积极采取防范措施;若双方发生房屋买卖纠纷,一般要向法院提出诉前财产保全或诉讼财产保全,将房屋查封,防止房屋被转移。

179. 二手房买卖如何防范中介风险

第一,要审查中介机构的资质,首先应该审查中介公司的"两证"(市房地产管理局审发的资格证书和市工商行政管理局审发的经营许可证)是否齐全,并验明真假。

第二,应尽量选择规模较大的中介公司。

第三,签订合同时,对于中介公司应该提供什么样的服务要有明确的约定,并明确中介公司的责任。

第四,要亲自办理产权过户登记,防止中介公司从中作梗。

很多购买二手房的购房者都是通过中介看房然后签订买卖合同买房,但是二手房买卖合同的具体内容包括哪些他们并不清楚。另外,中国的房产中介市场情况比较复杂,有很多中介机构的信誉很差,也有很多中介机构是无照经营的,购买者与他们签订中介合同,交了中介费和订金后,经常上当受骗。因此,购房者在买二手房时不光要注意如何签订二手房买卖合同,还要注意防范中介风险,最好是在购买二手房前咨询专业律师的意见,也可请其陪同购买。

五、二手房交接验收

180. 二手房交接验收有哪些步骤

(1)应进行水电煤抄表,并计算金额,确定买卖双方各自承担的份额。

(2)应办理有线电视的结算和更名手续:买卖双方在房屋买卖交易后一般不会忘了结算水电煤的相关费用,但对有线电视往往会忽视掉,其实有线电视和煤气一样,在安装时有一笔初装费,也不是依附在房屋上的,有户名,可以变更户名,而且现在大多的有线电视费的缴纳有滞后性,很可能原屋主推迟了很多的有线电视费没有交,所以在交易后交房时除了对有线电视的费用进行结算外还不能忘了进行有线电视的更名手续。

(3)应办理维修基金、相关费用的结算和更名手续。

(4)办理相关的户口转出转入手续。

(5)交房交接书:对很多买卖双方来说,在交接了上述事项后往往会忘了签房屋交接书,通过大型中介公司,可能会签交房交接书,以确认买卖双方的最后交房行为。

181. 二手房交接应注意哪些事项

(1)维修资金余额的结算与更名。买卖双方通常都会在合同中约定维修资金的结算方式,但有时约定过于笼统,只写"送"或者"不送"。实际操作中,房屋交接时会遇上例外情况,卖方尚未缴付维修资金或维修资金部分已经使用。由于买卖合同约定不明确,卖方通常认为维修资金是"送"的,未缴部分或不足部分当然由买方自行缴付。买方却理解为,卖方应当足额缴付后,再将维修资金移至买方名下。因此,在签订房地产买卖合同时,应当明确维修资金的结算数额。

(2)水、电、煤、电话、物业管理费等生活费用的结清手续。由于双方疏忽，未于房屋交接时对日常生活费用进行结算，等买方入住后，收到上述账单时，才发现卖方欠缴大量费用。再回头结算时，房东早已音讯全无。

(3)房屋附属设施、设备、装修及附赠家电、家具验收。买方在交房时容易忽视对下水道堵塞和墙面泅水问题验收。附赠的家电、家具根据合同约定进行验收，建议在合同中明确所附赠家具、家电的数量和品牌等，或者采用图像资料作为合同附件。

(4)户口迁出问题。按照交易习惯，卖方应当在过户或交房前将房屋中入住的户口迁出。因暂无能够入住户口的房屋或子女就学等原因，有些卖方会要求推迟户口的迁出时间。

建议买卖双方采用下述办法降低交易风险。首先，在签订房屋买卖合同时，应当对上述问题进行明确约定。即使发生纠纷，买卖双方也可以有章可循。其次，将义务与权利捆绑，提高卖方履行交房义务的主动性。交房时间位于交易流程的最后环节，买方应预留一部分相应房款待卖方交房时再支付。最后，房屋交付后，双方应签订一份房屋交接书，以书面形式确认双方对于房屋交接事项的认可。对维修资金更名、户口迁出等无法按期完成的事项，签订房屋交接书时将何时完成写入其中，以便买方将来要求卖方履行。

182. 二手房如何进行验收

(1)查看是否有倾斜。专业检测房屋的倾斜度需用专门的仪器，但业主用目测的方法从四周不同角度，远近距离仔细观测也能基本上发现问题。可在房顶上用细绳拴上一重物，贴墙放下至墙脚，从四周检查其倾斜程度。

(2)查看是否有裂缝。仔细查看房屋地面和顶上有无裂缝。如有裂缝，要看是什么样的裂缝。一般来说，与房间横梁平行的裂缝，虽属质量问题，但基本不存在危险，修补后不会妨碍使用。若裂缝与墙角呈45度斜角或与横梁垂直，说明该房屋沉降严重，存在结构性质的问题。接着看房屋的外墙墙体是否有裂缝,若裂缝也属严重的质量问题。最后看承重墙是否有裂缝,若裂缝贯穿整个墙面,且穿到背后,表示该房存在危险隐患,对这类房屋,业主一定不能存有侥幸心理。

(3)查看是否有渗漏。要注意查看房屋的地面和顶层渗水情况,仔细检查房屋墙面是否有变色、起泡、脱皮、掉灰,这些都是渗漏的迹象。还应查看厨房、卫生间、阳台的顶部和管道接口是否渗漏。

(4)查看是否有空鼓。对于二手房,检查墙面、地面、天花板是否平整,不能有很明显的起伏和空鼓,同时也要检查厨房、卫生间墙面瓷砖砌筑是否合格,砖块不能有裂痕,不能空鼓,必须砌实。

183. 二手房验收时应注意哪些细节

(1)户门以内的墙面、顶棚的初装饰。

(2)户门以内的楼地面的初装饰,可只完成地面基层(找平层),不做面层。

(3)各种管线设备安装到位,并按规定进行试水、试压和照明线路的绝缘、接地试验。导线截面应满足设计要求。经建设(开发)单位验收后,灯具、水龙头、给水器具、卫生设备等可按合同进行再安装。

(4)户内门窗等油漆工程的防腐底漆应完成,面层可进行再装饰。

(5)厨房、厕浴间的墙、地面的防水措施,应按设计要求一次到位,卫生洁具在设计指定范围内可进行再安装。如有特殊要求,应事先采取措施。

(6)大空间的内部隔断(非承重墙)、壁柜、吊柜等,根据设计说明,可进行再安装。

184. 二手房买卖质量纠纷怎么解决

二手房有其特殊性,主要体现在一般的二手房都被装修过,并被使用过一定年限,买受人对于房屋的质量状况应该有一定的理性判断。房屋质量问题涉及诸多建筑领域的专业知识,一般当事人很难具备专业能力,特别是一些隐藏的质量问题不可能有一个全面的了解和判断。出卖人是否承担出卖房屋的质量保证责任,依据实际情况的不同而各不相同,主要分为三种情况:

(1)如果出卖人故意隐瞒房屋质量问题而将房屋出卖给买受人的,出卖人应该对此质量问题承担保证责任,买受人有权向出卖人请求赔偿。

(2)如果出卖人已经将房屋的质量问题明确告知买受人或者买受人明知房屋的质量问题而购买房屋的,则出卖人对此质量问题不再承担保证责任,买受人也无权向出卖人请求赔偿。

(3)如果出售房屋存在隐蔽的质量问题,并且该质量问题是房屋本身所固有而非出卖人在装潢、使用房屋过程中所产生的,那么只要没有证据证明出卖人明知有此质量问题,出卖人对此质量问题就不承担保证责任。但与此同时,买受人却仍可以房屋所有人的身份,依据因合同转让而取得的权利,向开发商主张保修责任或赔偿责任。

185. 二手房买卖面积有误差怎么办

在二手房买卖中,除非双方在合同中有明确的约定:"该房屋按照具体面积计价,出现面积误差参照新商品房买卖面积误差解决方式解决。"否则购房人不能要求退还面积差价款。因为二手房买卖中影响二手房定价的因素很多,比如,房屋环境、房屋质量、房龄,甚至包括房屋装修、房屋物业管理质量、房屋附属家具电器、小区入住率、邻居的素质等因素,其影响价位的因素比一手房买卖要多得多。而且,二手房买卖合同中,也没有约定"房屋的单价或是房屋面积以房产证为准"等内容,所以一般认定双方之间的房屋买卖是按套计价。

此外,根据目前的二手房交易习惯,二手房买卖双方一般都会亲自到实地看房。买卖双方对房屋的实际情况包括面积情况都非常清楚。所以一般情况下,二手房都是按套计价,并非按每平方米单价出售,不存在补交面积差价款的问题。当然,如前所述,如果在合同中明确约定"该房屋按每平米单价计算"的除外。

六、二手房买卖的其他问题

186. 买二手房不转户口怎么办

原产权人出售房屋,不迁户口的情况一旦发生则较难处理。我国现行法律规定户籍归公安部门管辖,所以目前法院在审理房屋纠纷中,对户口问题一般不做判决,仅就户口问题起诉的一般也不予受理。而公安机关在处理户口纠纷时,又受到户籍政策的限制。比如,卖给买方的房屋是卖方唯一的一套房屋,没有其他的房屋可供卖方迁入户口,则无论买方理由多么充分,公安机关都是无法将卖方户口强行迁出的。相应地,买方的户口也就无法迁入。

为了避免因户口问题而引发的房产纠纷,买方一定要做好以下几个方面的工作:

第一,要求卖方出示户口,并复印留存。通过审查卖方的户口本,买方即可大致了解卖方家庭的户籍情况。但这种做法存在两点缺陷,一方面,户口本只能反映卖方家庭成员的户籍状况,而不能排除非家庭成员户口落于交易房屋内的可能;另一方面,户口本上的信息可能与实际的户籍状况存在差异。

第二,在交易之前到公安机关查询交易房屋的户籍状况。房屋的户籍通常是由该房屋所在地的派出所管理的。买方可以委托律师或亲自到派出所了解房屋的户籍状况。如果派出所仅限本人调取户籍材料的话,买方可以要求同卖方一起到派出所调阅。如果卖方拒绝配合的话,则房屋的户口即可能存在问题。

第三,就户口问题进行协商。约定适当的付款方式和违约责任。如前所述,户籍问题的事后补救是非常困难的,买方必须在纠纷的预防上下足功夫。在签订购房合同时,应当把握两点:一是付款的时间。买方只有在确认所购房屋中的全部户口已经迁出时,才可以付清全部的购房款。买方应当时刻牢记:花钱买的不仅仅是一处产权无争议的房屋,还应当是一处户籍无争议的房屋。二是违约责任的约定。卖方仅仅做出将户口迁出交易房屋的承诺是远远不够的,买方必须与卖方就违反该项承诺的责任做出约定。明确了违约责任,就可以免除买方在损害方面的举证责任,买方就不必在诉讼中收集证据证明自己所遭受的损害。

187. 卖方想恶意转移房产怎么办

签订了房屋买卖协议之后,买卖双方都应当按照诚实信用原则严格依照协议的约定履行。但在实践中经常有人受到各种因素的影响,在协议有明确约定的情况下,仍然拒不履行协议,或者找出各种理由不履行协议,并有可能恶意转移房产,针对上述情况,买方可以采取以下几种方式保护自身利益:

(1)如果只签订了房屋买卖协议,尚没有办理网签(即在建委的网签平台上进行网上签约)手续的,应当立即办理网签,千万不能马虎,网签合同对于卖方恶意转移是有相当遏制作用的。

(2)但是仅仅办理了网签手续,还不能从根本上防止房产转移,只是在很大程度上给对方转移房产设置了障碍。如果最终取到房产对买方特别重要,是核心利益的体现,应当立即起诉,绝不要犹豫,延迟起诉对买方没有任何好处,在起诉的同时申请房产保全,积极提供法院要求的担保,申请文件和保全费用,直到法院采取房产保全措施,只有这样才能万无一失地保证房产不会被恶意转移,才能在打赢官司后得到房产,而不是得到一些不能补充损失的违约金。

(3)申请法院保全房产,法院会要求申请人依照规定提供等额担保,如北京的法院一般要求申请人提供房产价值30%的现金,或

70%的房产担保,如果买方不能提供担保,法院将拒绝采取保全房产措施。向法院申请房产保全除了需要上述等额担保之外,还要按照法院的规定缴纳保全费,否则法院也不会采取保全措施。向法院预交的保全费最后在法院的判决中会判定由房主来承担,申请人在申请时只是预交。

法院的保全措施有效期是两年,超过两年自然失效,所以如果诉讼程序超过两年还没有结束(这种情况相当少见,但也不是没有发生过),买方要记得再申请法院进行房产保全的续保。向法院申请续保,不缴纳保全费。

188. 如何办理二手房抵押贷款

银行对借款人的贷款申请、购房合同、协议及有关材料进行审查。

借款人将抵押房产的产权证书及保险单或有价证券交银行收押。

借贷双方担保人签订住房抵押贷款合同并进行公证。

贷款合同签订并经公证后,银行对借贷人的存款和贷款通过转账方式划入购房合同或协议指定的售房单位或建房单位。

贷款结清。贷款结清包括正常结清和提前结清两种。

(1)正常结清:在贷款到期日(一次性还本付息类)或贷款最后一期(分期偿还类)结清贷款;

(2)提前结清:在贷款到期日前,借款人如提前部分或全部结清贷款,须按借款合同约定,提前向银行提出申请,由银行审批后到指定会计柜台进行还款。

贷款结清后,借款人应持本人有效身份证件和银行出具的贷款结清凭证领回由银行收押的法律凭证和有关证明文件,并持贷款结清凭证到原抵押登记部门办理抵押登记注销手续。

提交房屋抵押申请表及相关证明材料。

借款人贷款前填写居民房屋抵押申请书,并提交银行下列证明材料：借款人所在单位出具的借款人固定经济收入证明；借款担保人的营业执照和法人证明等资信证明文件；借款人具有法律效力的身份证明；符合法律规定的有关住房所有权证件或本人有权支配住房的证明；抵押房产的估价报告书、鉴定书和保险单据；购建住房的合同、协议或其他证明文件；贷款银行要求提供的其他文件或材料。

189. 二手房买卖要缴哪些税

需要缴纳几项费用，包括：

(1) 个人所得税，一般为总房款的 1%，或者房价增值部分的 20%；

(2) 契税（房价的 1.5%～3%）；

(3) 印花税（买卖双方各万分之五）；

(4) 如果是房改房，还得补缴土地出让金（北京城八区为 15.6 元平方米）；

(5) 产权登记费等，多数地方已不收，即便收，也很少，几十元足矣。

第七章 房屋继承与赠与

一、房屋继承的原则和条件

190. 什么是房屋继承

房屋继承是指按照《中华人民共和国继承法》(以下简称《继承法》)的规定,把被继承人所遗留的房产转归继承人的行为。房屋继承分法定继承和遗嘱继承两种。继承开始后,有遗嘱的,按照遗嘱继承或遗赠办理;有遗赠扶养协议的,按照协议办理。被继承人死亡后,如果其生前立有遗嘱,或是曾经与某一社会组织或个人签订有遗赠扶养协议的,应当先按遗嘱或遗赠扶养协议的内容对遗产进行处理。没有遗嘱或协议的,则按法定继承处理。

191. 房屋继承有什么特点

房地产继承因不同于其他私有财产的继承,它具备以下特点:

(1)房地产属于不动产,按法律规定继承人在取得房产所有权或土地使用权的继承权后,必须到当地房地产管理局办理继承转移登记。

(2)房地产是特定的物,不是种类物,对房地产的继承只能是死者留下的房地产,不能用其他房地产代替。

(3)房地产是不可分割的不动产,如果同一房产有多个继承人而必须进行房地产产权分割的,不能采取分离拆散的办法,只能用作价补偿办法或产权共有的形式。如果实物可分割的,也允许分割,法律另有规定者除外。

192. 房地产继承的原则是什么

(1)保护公民个人房产继承权的原则。我国《宪法》明文规定保护公民合法财产的所有权,保护公民私有财产的继承权。

(2)男女平等原则。不论出嫁的女儿,或丧偶的妻子,都与男子有平等的继承权。

(3)尊老爱幼、互谦互让原则。在房屋遗产分配上,既要考虑婚姻、血缘关系基础,也要考虑各个继承人的实际情况,对于无经济来源的老人及未成年人要给予适当照顾。

(4)权利与义务一致原则。《继承法》中规定:"对被继承人尽了主要扶养义务或与被继承人共同生活的继承人,分配遗产时,可以多分;有扶养能力、扶养条件的继承人,不尽扶养义务的,应当不分或少分","丧偶儿媳对公婆、丧偶女婿对岳父母,尽了主要赡养义务的,作为第一顺序继承人"。

193. 房屋继承需要什么条件

在房产继承过程中应该注意继承行为时在死亡后才能发生,必须是法定继承人,必须拥有继承的法律条件等方面的要素,才能顺利进行房产继承。

(1)继承应当在被继承人(在房产继承中就是遗留下房产的人)死亡后才能发生。这是继承的首要条件。有的房产所有权人为了避免继承人在日后可能会因争夺房产而产生纠纷,在生前就将房产权交给继承人,如分给某个或各个子女,这也是合法的行为,但这不是继承,因为这时继承还没有开始,而是生前的赠与行为。

(2)继承遗产的人应当是被继承人的合法继承人,就是依照法律的规定能作为继承人的继承人。这是继承的第二个条件。被继承人如果立下遗嘱,将房产指定给法定继承人以外的人,或是捐献给国家、集体,这也是被继承人处分遗产的方式,但这不是继承而是遗赠。

(3)遗产应当是被继承人生前属于个人所有的财产。这是继承的第三个条件。有的房产是共有的,如常见的夫妻之间的共有,当一方死亡以后,并不是所有的房产都成了遗产。这时,应当先将房产进行产权分割将属于被继承人配偶的份额(除有约定者外,一般应分出房产份额的一半)分割出来以后,再对遗产进行继承。

继承开始后,按照法定继承办理有遗嘱的,按照遗嘱继承或遗赠办理。

194. 分割房屋遗产有几种方法

如果分割房屋遗产在客观上可行,且不损害房屋的效用,不影响生产、生活,可以分割处理。对于不宜分割的房屋,可以采取以下两种方法处理:

第一种方法是采取折价补偿的方法。一般是归居住使用者所有,由其按各继承人应继承的房屋遗产份额折价补偿。房屋作价标准可以由继承人自行协商确定,或根据房屋所在地人民政府规定的房屋估价标准,并参照当地市场价格合理评定。

第二种方法是采取共有方法,共有分为共同共有和按份共有两种形式。所谓共同共有就是继承人对房屋遗产平等地、不分份额地享有所有权;按份共有则是继承人按份额占有房屋遗产,并按各自的份额享受权利。

在房屋遗产分割中,尽量采用第一种方法即折价补偿的方法比较好,这样做,可以彻底解决房屋继承纠纷。采用第二种方法,则应视为对第一种方法的补充,如折价一方因经济能力负担不起折价款,而又必须兼顾其他继承人的利益的,采用共有方法,也可减少矛盾。

二、房屋的法定继承与遗赠

195. 法定继承的条件有哪些

继承是一种法律制度,继承关系要在一定的条件下才能发生。

(1)继承应当在被继承人(在房产继承中就是遗留下房产的人)死亡后才能发生。这是继承的首要条件。有的房产所有权人为了避免继承人在日后可能会因争夺房产而产生纠纷,在生前就将房产权交给继承人,如分给某个或各个子女,这也是合法的行为,但这不是继承,因为这时继承还没有开始,而是生前的赠与行为。

(2)继承遗产的人应当是被继承人的合法继承人,就是依照法律的规定能作为继承人的继承人。这是继承的第二个条件。被继承人如果立下遗嘱,将房产指定给法定继承人以外的人,或是捐献给国家、集体,这也是被继承人处分遗产的方式,但这不是继承而是遗赠。

(3)遗产应当是被继承人生前属于个人所有的财产。这是继承的第三个条件。有的房产是共有的,如常见的夫妻之间的共有,当一方死亡以后,并不是所有的房产都成了遗产。这时,应当先将房产进行产权分割将属于被继承人配偶的份额(除有约定者外,一般应分出房产份额的一半)分割出来以后,再对遗产进行继承。

196. 法定继承有什么顺序

法定继承是依照法律的规定,由继承人按继承顺序、继承份额进行继承。

《继承法》规定的法定继承人是:配偶、子女、父母、兄弟姐妹、祖父母、外祖父母。

继承顺序是指上述继承人继承遗产的先后顺序。《继承法》将继承人分成两个继承顺序:

第一顺序:配偶、子女、父母;

第二顺序:兄弟姐妹、祖父母、外祖父母。

继承开始后,先由第一顺序的继承人继承,没有第一顺序继承人继承,包括没有第一顺序继承人及虽有第一顺序继承人但全部放弃或丧失继承权的,才由第二顺序继承人继承。

继承份额是指同一顺序继承人继承遗产时,份额一般均等。对于有特殊困难的人、未成年人、缺乏劳动能力又无生活来源的继承人,应该予以照顾,适当多分配一些遗产。对于有抚养能力和抚养条件的继承人,不尽抚养义务的,在分配遗产时应当不分或少分。继承人经过协商一致,可以平均分配遗产,也可以不平均分配遗产,这一点在房产的继承上尤为重要。房产的继承和分割与其他财产不同,房产虽然可以分割但这种分割是有限的,如不能把一间房屋分成许多份。在这种情况下,可以由继承人共同继承,作为共有的房产。如一定要分割时,可以采用作价分割的方法。

197. 法定继承丧失原因有哪些

根据法律规定,继承人的继承权可以因继承人的下列行为而丧失:

(1)故意杀害被继承人的;

(2)为争夺遗产而杀害其他人的;

(3)遗弃被继承人的,或者虐待被继承人情节严重的;

(4)伪造、篡改或者销毁遗嘱,情节严重的。

198. 什么是房屋继承的开始时间和地点

继承开始的时间就是被继承人死亡的时间,它在法律上有重要意义:

(1)只有继承开始时,继承人才取得实际继承权。

(2)继承人范围要根据开始的时间来确定,只有继承开始时活着的法定继承人才享有继承权。

(3)继承房地产的数量应是继承开始时房地产的数量。

(4)遗留房屋的分配应充分考虑继承开始时各继承人的实际情况。

(5)继承开始的地点是房地产所在地。

199. 什么是房屋遗嘱继承与遗赠

房产的遗嘱继承或遗赠是指公民生前已对其个人房产预作处分,并在死亡时发生法律效力的法律行为。

有效遗嘱必须符合以下条件:

(1)遗嘱人具有行为能力,不是请人代立遗嘱;

(2)遗嘱是自愿和真实,无强迫和伪造;

(3)遗嘱内容符合现行法律、政策,而且无取消或减少法定继承人中未成年人和无劳动能力的人应继承的份额;

(4)公证遗嘱由遗嘱人经公证机关办理;自书遗嘱注明年、月、日,并由立嘱人亲自书写、签名;

(5)代书遗嘱、录音遗嘱及危机情况下的口头遗嘱有两个以上见证人在场见证,而且见证人不是无行为能力或限制行为能力的人、继承人、受遗赠人或与两者有利害关系的人。

遗嘱人可以撤销、变更自己所立的遗嘱。如果立有数份遗嘱,以最后遗嘱为准;自书、代书、录音、口头遗嘱不能撤销、变更遗嘱公证。遗嘱人在遗嘱中如果将自己的房产赠给国家、集体或法定继承人以外的人,叫遗赠。遗嘱继承或遗赠附有义务的,继承人或受遗赠人应当履行义务,无正当理由不履行的,取消接受遗产的权利。

200. 什么是房屋的代位继承

代位继承是指被继承人的子女如果先于被继承人死亡,被继承人子女或晚辈直系血亲,可以继承其应继承的房产份额。代位继承人只限于法定继承人中的孙子女、外孙子女等晚辈直系血亲,并且无论代位继承人人数多少,代位继承人只能继承他们已故父母应继承的房产份额。

201. 如何放弃继承权和受遗赠权

房产继承权的放弃是指继承人表示不愿接受死者遗留的房产。继承开始后,继承人要放弃继承的,应在遗产处理前,明确做出不接受遗产的表示。没有表示的,视为接受继承。房地产继承权一经放弃,即为永远放弃,不得再参与房地产继承。受赠人应在知道受遗赠后两月内,做出接受或放弃表示,到期未做表示者,视为放弃。

202. 无人继承的房屋如何处理

如果未有法定继承人,死者又未立遗嘱处理财产;或者所有继承人都放弃继承权,受遗赠人都放弃受遗赠权;或依法剥夺了所有继承人的继承权时,便出现所谓"绝户"产,即无人继承的房地产。如果死者生前是集体所有制组织成员,收归集体组织所有,否则收归国有。

203. 被继承人如何进行债务清偿

被继承人生前所欠税款和债务,应由其继承人清偿。缴纳税款和清偿债务以被继承人的遗产的实际价值为限,超过遗产实际价值的部分,继承人可自愿偿还,也可不偿还。继承人如果放弃继承,除了下列两种情况以外,继承人对被继承人依法应交纳和清偿的其他税款与债务可以不负偿还责任:

(1)被继承人所欠债务是用于家庭成员的共同生活方面的;
(2)被继承人所欠税债是因家庭共同经营的事业所造成的;

属于遗赠的房屋受遗赠人首先应清偿遗赠人应依法交纳的税款和债务。在清偿后,才有接受遗赠的权利。

三、各类房产继承的处理方法

204. 共有房产如何继承

共有房地产是指由两个产权人以上共同拥有的房地产。包括共同共有与按份共有两种。按份共有的产权人之一死亡后,其继承人只能继承被继承人所拥有的份额;共同共有的产权人之一死亡后,其继承人代替被继承人与其他共有人一起行使对共有房地产的所有、占有、使用和收益权。

夫妻双方在婚姻关系存续期间合法取得的房地产,均为双方共有房地产,除非双方另有约定,否则,夫妻一方死亡后,在分割房地产时,先将共有房地产的一半分出交未死亡的配偶所有,余下的一半才是被继承人的遗产,依法进行继承。如果同一不宜分割的房地产有多个继承人,在继承时可以采取折价、适当补偿或共有等方法进行处理。如果夫妻双方之一的丈夫死亡而妻子又怀胎的,在设立房产遗嘱和进行房地产继承分割时,应保留未出生婴儿的继承份额。如果胎儿出生是死体的,保留份额按法定继承办理。

205. 房改房如何继承

根据相关的法律法规规定,购房人分期付款期间调离所在市县或死亡的,由其符合购房条件的直系亲属或合法继承人付清房款。其符合购房条件的直系亲属或合法继承人不购买住房,由售房单位与其直系亲属或合法继承人进行经济结算。

个人以标准价购买的住房拥有部分产权,即占有权、使用权、有限的收益权和处分权,可以继承,不能赠与。

购房者在未付清购房款期间调离本市、出国定居或逝世的,由其继受人或继承人继续付款。原购房者和继受人或继承人不需要该房屋的,可退交原出售单位,单位应将已付房款扣除房租与已付房款利息的差额后退还给职工本人或其继承人,已付房款利息按同期银行规定的活期储蓄存款利率计算;如购房者逝世无继承人,由房管部门根据国家有关规定接管,其未交清的购房款,由接管部门补交,任何人不得侵占。

房改之中的房屋如果继承人愿意继承(继续交纳购房款,办理相关手续),则产权部门必须给予办理产权登记手续,如果已取得部分产权是可以继承的。

综上所述,可以明确推论出房改房可以认定为遗产,并可以由继承人继续付款办证,并可以登记继承人为产权人。

根据上述内容,房改房可以被认定遗产并可以依《继承法》规定继承。

如果依法定继承有几个享有继承权的人,房改部门是否有权直接登记几个继承人享有共有权?是否有权直接确定他们应当享有的份额?如果有遗嘱,是否有权直接依照遗嘱的内容登记产权人?

当前房改部门通常的做法是,必须所有享有继承权的人协商一致以某个继承人或者某几个继承人继承,房改办才给予办理产权登记手续。如果继承人之间不能达成一致,则不予受理。而此类案件诉讼到法院,法院又因此类房屋尚不属于个人产权房屋,一般也不敢确定他们的继承份额。

那么遇到购房人死亡、继承人不能一致的情况,导致了无法处理的尴尬局面。对于继承人明确的此类房改房,房改办应当及时为这些继承人办理共有的产权证,如果遗嘱是公证的,理应依公证遗嘱确定的继承人办理产权证,如果不能确定继承人以及继承的份额,人民法院应当做出司法判决确定继承人的范围和各自的继承份额。从而顺理成章地解决这些久拖不决的问题和矛盾。

206. 华侨或外国人如何继承国内房产

华侨或外国人继承在中国境内的房产的,应依照有关规定办理以下手续:

(1)申请继承在中国境内的房产的华侨或外国人,须向居住国的公证机关申请办理公证书,证明申请人的职业、住址和他与在中国遗留有房产的被继承人的亲属关系。该公证书还须经我国驻该国的使领馆认证(根据领事条约,两国互免认证的除外)。如果华侨或外国人在和我国无外交关系的国家办理的公证文书,原则上需经该国外交部及与该国与我国均有外交关系的第三国驻该国使(领)馆认证。

(2)申请人持上述经过认证的公证书、被继承人的死亡证明书、遗嘱等到房产所在地的公证机关申请办理手续。公证机关对有关证件审核后,认为符合我国法律规定的,发给房屋继承权证明书。申请人凭此证明到房产所在地的房产管理部门办理具体继承事项。申请人不能亲自来中国办理继承事宜的,可委托他人代为办理。代理人代办房产继承事宜时还应提交授权委托书,授权委托书应记明代理人的姓名、住址、代理权限并由委托人签名盖章。委托书也应按规定办理公证、认证手续。

(3)华侨或外国人因继承中国境内的房产发生纠纷时,可向房产所在地的人民法院起诉,由人民法院依法裁决,根据《继承法》的规定,华侨或外国人继承中国境内的房产,适用房产所在地法律,即适用我国法律。

207. 继子女与养子女如何继承房屋

《最高人民法院关于贯彻执行〈中华人民共和国继承法〉若干问题的意见》第二十一条第一款规定,继子女继承了继父母遗产的,不影响其继承生父母的遗产。第十九条规定,被收养人对养父母尽了赡养义务,同时又对生父母扶养较多的,除可依继承法第十条的规定继承养父母的遗产外,还可依《继承法》第十四条的规定分得生父母的适当的遗产。

四、房屋赠与

208. 什么是房屋赠与

房屋赠与是指房屋的所有人或经授权的人与受赠人签订的无偿将房屋的所有权转移给受赠人的合同。其中将自己房屋赠与别人的叫赠与人,获赠房屋的人叫受赠人。房屋赠与除受《合同法》《城市房地产管理法》《民法通则》等法律规范外,许多行政法规也做了进一步的规范,如《城市私有房屋管理条例》等。

209. 房屋赠与合同的法律特征是什么

(1)赠与行为是双方法律行为。房屋赠与合同的成立,不仅要有赠与人将自己的房屋无偿赠与他人的意思表示,还要有受赠人同意接受此项赠与的意思表示。

(2)房屋赠与以登记为标志。房屋赠与合同的标的物是赠与人所有的或经过有效授权的可以赠与的房屋,该赠与行为不是以占有权的转移为交付标志,而是以有关房管部门的登记为交付标志。

(3)房屋赠与行为是无偿的。赠与人将自己的房屋给予受赠人是无对价的,受赠人享有取得房屋的权利,但不履行支付对价的义务。

(4)房屋赠与合同是实践性合同。房屋赠与合同不仅仅有赠与人赠与房屋给受赠人和受赠人接受赠与房屋的意思表示一致,还要有赠与人实际交付房屋。

(5)房屋赠与是要式合同。房屋赠与合同的双方当事人要订立书面合同,并且要到房屋所在地的房管部门办理产权登记变更手续,然后才能生效。

210. 房屋赠与应注意哪些事项

(1)赠与人的主体资格。赠与人必须是完全民事行为能力人,无民事行为能力或限制民事行为能力人赠与他人房屋的合同,只要未经过其法定代理人同意,均为无效合同;赠与人必须是房屋的所有人或者是经过合法有效授权的人,赠与的房屋登记权利人是不是赠与人,或者授权赠与人的授权是否合法、真实、有效。

(2)赠与人意思表示真实。赠与人赠与房屋的意思表示应当是真实的,不是受胁迫或欺诈等情况下违背其真实意思情况而被迫做出的。

(3)赠与房屋不得违反法律法规、社会公共利益和侵犯他人的合法权益。赠与人不能以赠与的名义处分别人的房屋,也不能利用赠与的手段规避法律规定。国家对以赠与为名,变相买卖私有房屋的处理规定如下:对于一些人为偷逃房地产税费或者其他目的,逃避法律,以赠与为名,变相买卖私有房屋,国家严厉禁止,并且按照有关规定,一旦查出存在此种行为,由房管部门没收其非法所得,还视其情节轻重,处以非法所得两倍以下的罚款。

211. 房屋赠与需要哪些程序

(1)签订合同。赠与人与受赠人就赠与合同的主要条款达成一致,并签订书面赠与合同。

(2)办理公证。根据司法部、建设部《关于房产登记管理中加强公证的联合通知》的规定,房屋赠与必须办理公证。

(3)交纳契税。受赠人凭原房屋所有权证与房屋赠与合同,根据《契税暂行条例》规定缴纳契税,领取完税凭证。

(4)办理过户。凭原房屋所有权证、房屋赠与合同、契税完税凭证等到房地产管理部门办理房屋所有权变更登记手续。同时提供以下证件:双方当事人的证件;原房屋产权证;房屋赠与合同;公证书;契税收据;遗赠证明及赠与人死亡证明;遗赠证明公证书等。

房屋赠与合同(样本)

甲方(赠与人):×××(写明姓名、住址)

乙方(受赠人):×××(写明姓名、住址)

甲乙双方就赠送×××(赠与的标的物,应写明该赠与物是什么、在什么位置)事宜达成协议如下:

一、甲方将其所有的×××(标的物)赠送给乙方,其所有权证明为:(写明证明甲方拥有所有权的证据名称,如赠与房屋,就应有房产所有权证,赠与微机应有购买该微机的发票等)。

二、赠与物的交割

(写明交割的条件,在什么时间、什么地点交割,办理什么手续,等等。)

三、乙方应在×期限内办理所有权转移的手续,逾期不办的,视为拒绝赠与(也可以约定其他条件)。

四、本合同自××年××月××日起生效(可以写自公证之日起生效)。

五、本合同一式两份,双方各执一份。

甲方:×××(签字、盖章)　　　　乙方:×××(签字、盖章)

××××年××月××日

说明

赠与合同是指赠与方将自己所有的物品、现金或者某种权利赠送给他人的行为。赠与合同通常是单务合同,即合同生效后,赠与方负有将赠与物交给受赠人的义务而不享有任何权利;受赠方享有领取赠与物的权利而不承担义务。赠与也可以附条件,即赠与一方要求受赠方履行某种义务,受赠方不履行义务,赠与方有权撤销赠与。但这种条件一般是与赠与人的利益无关的条件,而不是要求有偿地赠送。如果将某种物送给他人并要求给付一定的金钱就不是赠与关系。因此,附条件的赠与仍然是单务行为。签订赠与合同应当注意的问题有:

(1)赠与标的必须是赠与人所有的或者赠与人有权处理的财产或者某种权利,赠与人不能把不属于自己或者自己无权处理的财产和权利赠送他人,否则,构成侵害他人权益的行为。赠与标的可以是物,可以是货币(包括外国货币),也可以是有价证券、某种权利。例如,专利权人可以将专利权赠与他人,房屋所有人可以将房屋赠与他人等。

(2)权利转移涉及有关部门批准的,应当在合同中订立清楚。例如,赠与房屋合同就需要到房管部门办理房屋所有权转移手续,没有办理手续的,其转让无效。

(3)合同中要写清楚赠与人有权处理赠与财产的证明文件,确保赠与行为的合法有效。

212. 赠与房产登记需要哪些材料

(1)赠与公证书。赠与双方应当先到房屋所在地的公证处办理赠与合同公证,领取赠与合同公证书。

(2)房屋面积测绘成果报告书。申请人先到测绘部门申请办理房屋面积测绘或转绘手续,领取测绘成果或者附图。

(3)评估地价答复书。如果该房屋尚未缴交土地出让金的,申请人申办前必须先到估价所评估需要缴交的地价,领取评估地价答复书。

(4)缴交赠与契税的完税证明。申办前,申请人必须先到征收契税窗口办理缴交赠与契税手续,领取完税证明。

(5)房地产权登记申请书。申办前,申请人先到咨询服务窗口领取房地产权登记申请书,认真填写(办证大厅已公示样板)。所有受赠人必须在申请书上签名。

(6)房地产权证(如两人以上共有的,提交共有证)。

(7)委托书。所有受赠人必须亲自到受理窗口共同申请办理,不能亲自前往办理的,应当依法办理委托书。

(8)申请人及代理人的身份证明。申请人及代理人在申办时,必须提交其本人的身份证明,如居民身份证、护照、军官证、警官证等;受赠方是单位的,必须提交单位资格证明及法定代表人身份证明。提交原件及复印件核对后,缴交复印件。

(9)市政府或房地产管理局产权地籍处批准同意赠与或受赠房屋的文件。当赠与双方中有一方是单位的,应当经县级以上人民政府批准同意,因此,必须提交该项文件。

(10)法律法规规定需要缴交的其他资料。如涉及该房屋权属等事项是法院判决、裁定或调解的,必须缴交法院判决书、裁定书或调解书等。如该房屋经实地测绘,发现已经改建或存在违法建设的,必须提交规划部门的报建审核书或处理决定书。

五、房屋继承与赠与公证

213. 房屋继承公证需要提交哪些材料

房产继承公证,是国家公证机关根据公民的申请,依法证明公民具有继承死者遗留的个人合法房产权利的真实性、合法性的活动。办理房产继承公证由被继承房产所在地公证处受理。办理房产继承公证,公证机关应要求当事人填写公证申请表,并提交下列证明、材料:

(1)申请人的居民身份证或户口簿及其复印件。

(2)代理人代为申请的,委托代理人需提交授权委托书和身份证及其复印件;其他代理人需提交有代理权资格的证明。

(3)被继承房产的产权证明。

(4)被继承人的死亡证明。

(5)法定继承人已死亡,需提交死亡证明及亲属关系证明。
(6)被继承人的婚姻、父母、子女情况证明及有关亲属关系证明。
(7)公证人员认为应提交的其他证明、材料。

214. 房屋遗嘱继承人应提交哪些材料

(1)申请人的居民身份证或户口簿及其复印件。
(2)代理人代为申请的,委托代理人需提交授权委托书和身份证及其复印件;其他代理人需提交有代理权资格的证明。
(3)被继承房产的产权证明。
(4)被继承人的死亡证明。
(5)被继承人的遗嘱书。
(6)有遗嘱执行人的,提交执行人的身份证件及其复印件。
(7)公证人员认为应提交的其他证明、材料。

经审查上述证明、材料真实、齐备,符合《公证程序规则(试行)》规定,公证处应予受理、登记、并办理公证。

215. 如何办理赠与房产公证

(1)赠与双方到公证处办理赠与公证手续,领取赠与公证书。
(2)申请人到房地产测绘部门办理房屋面积测绘或转绘手续,领取结果。
(3)申请人到征收契税窗口办理完税手续,领取完税证明。
(4)申请人备齐资料到收件窗口申请赠与登记。
(5)收件人员收件立案受理,缴交登记费,核发房地产申请登记回执。
(6)办案人员对资料进行审核,通知申请人到发件窗口领证。
(7)申请人凭登记回执到发件窗口领取房地产权证。

216. 房屋赠与公证要缴纳哪些费用

当事人办理赠与公证,如果涉及房产赠与,应首先到评估单位进行评估,确定其受益额,然后按照受益额的2%缴纳公证费。为减轻群众负担,考虑当事人的经济承受能力,公证行业约定,办理涉及房地产的继承、赠与和遗赠公证,确定当事人的受益额方法和标准分别为:

(1)办理涉及房地产的继承、赠与和遗赠公证,房屋为楼房的,按2 000元/平方米标准确定其受益额(折合每平方米40元)。

(2)办理涉及房地产的继承、赠与和遗赠公证,对房产继承人、受赠人不能提供房屋价值凭证的,或不认同第一条标准的,应告知其提供有资质的房产评估机构出具的评估报告,作为确定其受益额的依据。这个房产赠与过程中涉及了两笔费用,一笔费用是公证费,和继承权公证一样,房屋赠与的公证费收取的比例也是受益总额的2%,但不低于200元;另一笔费用是到房地产交易中心办理产权转移登记时所缴纳的费用。

(3)涉及房地产的面积以房屋产权证上登记的建筑面积为准。

(4)对认同约定受益额确定标准的,或提供有资质的房产评估机构出具的评估报告的,公证机构应严格依据有关规定,按受益额的2%收取,最低收取200元。符合法律援助范围和条件的,可依据《公证服务收费管理办法》的有关规定申请公证法律援助,减收或免收公证费。

最后一个环节就是到房地产交易中心去办理房屋所有权转移登记手续。需要的材料有房屋赠与的申请书、赠与人和受赠人的身份证件、原来房地产产权证、赠与书及公证材料以及缴纳的契税收据。这个环节需要缴纳的费用还有包括100元的登记费、5元的权证印花税、房屋评估价0.05%的合同印花税。

六、房屋继承与赠与的税费

217. 房屋继承过户需要哪些费用

办理房产继承过户有一些费用发生,主要是房产继承权公证费用、房屋估价费用及房产过户的税费：

（1）房产继承权公证费用。房产继承权公证费按照继承人所继承的房产的评估价的2‰来收取，最低不低于200元。

（2）房产价值评估费用。根据沪价房（1996）第088号文评估费用根据房产价值的高低不同采用差额定律累进方式来计算：

档次	房地产价格总额（万元）	累进计费率（‰）
1	100以下（含100）	5
2	101以上至1 000部分	2.5
3	1 001以上至2 000部分	1.5
4	2 001以上至5 000部分	0.8
5	5 001以上至8 000部分	0.4
6	8 001以上至10 000部分	0.2
7	10 000以上部分	0.1

（3）房产继承过户税费。由房屋评估价0.05％的合同印花税、100元的登记费、5元的权证印花税组成。

（4）房产继承过户契税。法定继承人继承房产，免契税，对非法定继承人根据遗嘱承受土地、房屋权属的，需要缴纳契税1.5％。

如一套100万元的房子办理继承过户，要承担5 000元的房屋评估费用＋2万元的公证费用＋500元合同印花税＋100元的登记费＋5元的权证印花税＝25 605元，费用可观，所以有的人在购买房产的时候直接将房屋登记在子女名下。

218. 继承的房屋要缴契税吗

法定继承房屋不征契税，国家税务总局明确规定对法定继承人继承土地和房屋，均不征收契税。

在国税函〔2004〕1036号的通知中，国家税务总局对继承土地房屋权属征收契税问题做出规定，对于《继承法》规定的法定继承人，包括配偶、子女、父母、兄弟姐妹、祖父母、外祖父母,继承土地、房屋权属时,不征收契税。而国家税务总局同时明确,按照《继承法》规定,对于非法定继承人根据遗嘱承受死者生前的土地、房屋权属的则属于赠与行为,应征收契税。

219. 房屋赠与需缴纳哪些费用

房屋赠与时,首先,房产的赠与人与受赠人之间需要订立一份房屋赠与的书面合同。然后,赠与人和受赠人要带着这份赠与书和房屋的产权证,同时到房屋所在地的公证处进行房屋赠与的公证。在这个过程中主要涉及了两笔费用,具体如下:

(1)首先是公证费,房屋赠与的公证费收取的比例是受益总额的2%,但不低于200元。

(2)其次就是办理过程中的税费。主要有:契税,为房管局的评估价的1.5%;印花税,为房管局评估价的0.05%;房地产权转移登记费,每宗80元(每多一位受赠人,则加10元)。以上三项一般都由受赠人支付。

以上就是关于房屋赠与的流程及所涉及费用的一个简单介绍。如果你对于房屋赠与的过户手续或是赠与合同的签订上也有疑问的话,可以向专业的房产律师进行相关信息的咨询。

220. 房屋赠与免税条件有哪些

根据财政部、国家税务总局《个人无偿受赠房屋有关个人所得税问题的通知》的规定,除房屋产权所有人将房屋产权无偿赠与配偶、父母、子女、祖父母、外祖父母、孙子女、外孙子女、兄弟姐妹;对其承担直接抚养或者赡养义务的抚养人或者赡养人;依法取得房屋产权的法定继承人、遗嘱继承人或者受遗赠人,此三种情形外,赠与他人的,受赠人因无偿受赠房屋取得的受赠所得,按照"经国务院财政部门确定征税的其他所得"项目缴纳个人所得税,税率为20%。

上述《通知》第一条规定:以下情形的房屋产权无偿赠与,对当事双方不征收个人所得税：

（1）房屋产权所有人将房屋产权无偿赠与配偶、父母、子女、祖父母、外祖父母、孙子女、外孙子女、兄弟姐妹；

（2）房屋产权所有人将房屋产权无偿赠与对其承担直接抚养或者赡养义务的抚养人或者赡养人；

（3）房屋产权所有人死亡，依法取得房屋产权的法定继承人、遗嘱继承人或者受遗赠人。

第三条规定，除本通知第一条规定情形以外，房屋产权所有人将房屋产权无偿赠与他人的，受赠人因无偿受赠房屋取得的受赠所得，按照"经国务院财政部门确定征税的其他所得"项目缴纳个人所得税，税率为20%。

第四条规定，对受赠人无偿受赠房屋计征个人所得税时，其应纳税所得额为房地产赠与合同上标明的赠与房屋价值减除赠与过程中受赠人支付的相关税费后的余额。赠与合同标明的房屋价值明显低于市场价格或房地产赠与合同未标明赠与房屋价值的，税务机关可依据受赠房屋的市场评估价格或采取其他合理方式确定受赠人的应纳税所得额。

221. 办理赠与房产免税要什么材料

《个人无偿受赠房屋有关个人所得税问题的通知》第二条规定，赠与双方办理免税手续时，应向税务机关提交以下资料：

（1）《国家税务总局关于加强房地产交易个人无偿赠与不动产税收管理有关问题的通知》（国税发〔2006〕144号）第一条规定的相关证明材料；

（2）赠与双方当事人的有效身份证件；

（3）属于本通知第一条第（一）项规定情形的，还须提供公证机构出具的赠与人和受赠人亲属关系的公证书（原件）；

（4）属于本通知第一条第（二）项规定情形的，还须提供公证机构出具的抚养关系或者赡养关系公证书（原件），或者乡镇政府或街道办事处出具的抚养关系或者赡养关系证明。

  税务机关应当认真审核赠与双方提供的上述资料，资料齐全并且填写正确的，在提交的个人无偿赠与不动产登记表上签字盖章后复印留存，原件退还提交人，同时办理个人所得税不征税手续。

第八章 农村房与小产权房

一、农村宅基地

222. 什么是农村宅基地

农村宅基地是仅限本集体经济组织内部符合规定的成员,按照法律法规规定标准享受使用,用于建造自己居住房屋的农村土地。

农村集体经济组织为保障农户生活需要而拨给农户建造房屋及小庭院使用的土地,用于建造住房、辅助用房(厨房、仓库、厕所)、庭院、沼气池、禽兽舍、柴草堆放等。农户只有使用权,不得买卖、出租和非法转让。农户对宅基地上的附着物享有所有权,有买卖和租赁的权利,不受他人侵犯。房屋出卖或出租后,宅基地的使用权随之转给受让人或承租人,但宅基地所有权始终为集体所有。出卖、出租房屋后再申请宅基地的,不予批准。农户建造房屋及小庭院使用土地,不得超过省、自治区、直辖市规定的标准。

223. 什么是农村宅基地使用权

农村宅基地使用权是我国特有的一项独立的用益物权,是农村居民在依法取得的集体经济组织所有的宅基地上建造房屋及其附属设施,并对宅基地进行占有、使用和有限制处分的权利。它具有严格的身份性、无偿使用性、永久使用性、从属性及范围的严格限制性等特点。其取得方式有原始取得与继受取得,消灭形式有绝对消灭与相对消灭。农村宅基地使用权人享有权利并负担义务。

根据我国法律规定,宅基地属于农民集体所有,公民个人没有所有权,只有使用权。同时,根据《担保法》第三十七条的规定,耕地、宅基地、自留山等集体所有土地使用权不能抵押。

224. 申请宅基地的条件是什么

(1)可以申请宅基地的条件。农村宅基地是仅限本集体经济组织内部符合规定的成员,按照法律法规规定标准享受使用,用于建造自己居住房屋的农村土地。

农村宅基地的申请条件有:因子女结婚等原因确需分户,缺少宅基地的;外来人口落户,成为本集体经济组织成员,没有宅基地的;因发生或者防御自然灾害、实施村庄和集镇规划以及进行乡(镇)村公共设施和公益事业建设,需要搬迁的。

(2)不符合申请宅基地的条件。宅基地问题是怎么来的?一般而言,住宅与土地是不可分割的,作为公民的私有财产,可以继承、转让和买卖。"宅基地"则是一个"中国特色"问题。

农村村民有下列情形之一的,不予批准使用宅基地:年龄未满十八周岁的;原有宅基地的面积已经达到规定标准或者能够解决分户需要的;出卖或者出租村内住房的。

225. 如何收回农村宅基地

有下列情形之一的,由村民委员会或农村集体经济组织报经原批准用地的人民政府批准,可以收回宅基地使用权:

(1)为实施村庄规划进行旧村改造需要调整住宅,新房建成后,逾期无正当理由不拆除旧房、退出原宅基地的;

(2)因公共设施和公益事业建设等原因确需占用宅基地的;

(3)因户口迁移等原因而停止使用宅基地的;

(4)一户拥有两处以上宅基地的,其多余的宅基地;

(5)未按照批准用途使用宅基地的。

因第(1)(2)(3)(4)项规定的原因收回宅基地使用权,有地面附着物的,由村民委员会或农村集体经济组织对原宅基地使用权人给予适当补偿,补偿标准根据地上附着物的评估价格,由村民会议确定。拒不交回或收回确有困难的,经市或县人民政府批准,可以由村民委员会或农村集体经济组织实行有偿使用,有偿使用费标准为每年每平方米1~5元,具体标准按照同村同价的原则。影响村庄规划实施的,必须依法拆除地上建筑物和其他附着物,腾出宅基地。

226. 解决宅基地纠纷有哪些原则

(1)宅基地使用权随房屋转移的原则。农村房屋发生买卖、继承、赠与等法律事由的,其所占宅基地的使用权随房屋所有权而转移。1984年《最高人民法院关于贯彻执行民事政策法律若干问题的意见》第六十四条规定:"公民在城镇依法买卖房屋时,该房屋宅基地的使用权应随房屋所有权一起转归新房主使用。"关于办理农村房屋宅基地使用权转移手续问题,实践中应注意掌握一个时间界限,村民迁居或者拆除房屋后腾出的宅基地,由集体收回使用,另做统一安排。但在农村合法继承的房屋,其宅基地使用权可以随房屋所有权而转移。

(2)未经规划的宅基地,对地界有争议的,可以参照土改时的确权情况处理。土改确权是对房屋宅基地的确权,但自1962年《农村人民公社工作条例修正草案》公布后,土改时确认的农村个人宅基地所有权即丧失法律效力,但宅基地的使用权仍归原所有人。依照最高人民法院解释的规定,如果原来确权明确的,应以确权为准;确权不明确的,应参照长期以来的实际使用情况,本着有利于生产、方便生活的原则合理地解决。

二、农村房屋买卖与继承

227. 宅基地的房屋权属如何确定

我国一直未建立农村房屋所有权等级制度,宅基地房屋则历经土改登记及新建、翻新、改扩建的演变。因此,在确定宅基地房屋权属时,应综合考虑土改证、宅基地使用证、建房用地审批等文件上核定的人员,以及房屋新建、翻新、改扩建等情况。

(1)系争房屋经土改登记,未经农村宅基地使用权登记及未新建、翻建、改扩建的,以土改时登记的权利人为房屋的权利人。

(2)系争房屋经土改登记及农村宅基地使用权登记,未进行新建、翻建、改扩建的,以土改登记及农村宅基地使用权证核定人员为房屋的权利人。

(3)系争房屋虽经土改登记,但在宅基地使用权登记前后新建、翻建、改扩建的,以农村建房用地审批文件和农村宅基地使用权证核定人员为房屋的权利人。当事人以土改登记为证据主张房屋产权的,不予支持。

有充分证据表明上述三种情况所列人员已被排除在权利人范围之外的,不能再主张权利。确定宅基地房屋权利人的具体产权份额时,应当充分考虑仍为集体经济组织成员的权利人以及对系争宅基地上房屋一直进行维修、保养等义务的权利人利益。

228. 农村房屋能否买卖

农村房屋能不能买卖呢?答案是肯定的。但由于农村房屋宅基地的特殊性质,农村房屋交易是有一定条件限制的,农村房屋的买受人必须是符合农村宅基地申请条件的人,具体来说:集体组织内部成员和集体组织以外的成员。集体组织内部成员又有三种具体情况:

(1)本身已有宅基地,且符合国家规定的宅基地标准。根据一户村民只能拥有一处宅基地的规定,对已有宅基地且符合国家标准的村民,再申请宅基地是不可能得到批准的。

(2)已有宅基地,但尚未达到国家规定的标准。对第二种情况的村民,尽管其已有一处宅基地,但如无法定理由,也很难再申请到第二处宅基地。

(3)已在集体组织落户,但尚没有被分到宅基地。对第三种情况,申请宅基地必须经过法律、法规规定的程序。因此,即使是售房行为发生在村民集体组织内部成员之间,也将难以进行。售房者首先要审查购房者的具体情况,这无疑是不现实的。

229. 农村房屋如何进行买卖

农村房屋是修在农村宅基地上的,而农村宅基地的取得方式是通过申请而取得,所以具有一定的特殊性,农村房屋的交易与普通的二手房相比较也具有一些其他的特别要求,具体来说,农村房屋的交易应该经过以下几个方面的程序:

(1)房屋买卖应经集体即村民委员会书面同意。

(2)如系共有房屋,必须征得其他共有人同意。

(3)应提交户口簿、居民身份证及土地证、房产证等相关材料的原件。

(4)应到产权登记部门查看房屋产权是否存在瑕疵:如是否存在抵押等担保、是否有人民法院采取查封等财产保全措施。

(5)应订立书面买卖合同、并办理审批、过户等手续。房屋买卖合同应由相关职能部门审批,并办理宅基地证或集体土地使用证的过户更名手续;还应到房产管理部门依法办理房产证的过户更名手续。

230. 农村房屋可以继承吗

《继承法》规定农村房屋可以继承,意味着农村房屋项下的宅基地也可以继承。这说明现行法律并不否定农村宅基地使用权随房屋所有权的转让而转让。农村宅基地使用权随房一体的可继承性，决定了其权利享受主体的可变性。如果说农村宅基地使用权在原始取得阶段是与集体经济组织成员权利紧密相连的话，那么随着一些法律事实的变化，其权利享受主体的身份将不是一成不变的，而是可以发生变动的。说明农村宅基地使用权享受主体限于本村集体经济组织成员的规定，仅仅是原始取得农村宅基地使用权时对享受主体的限制。

但在农村房屋所有权发生流转的情况下，其项下的宅基地使用权转让并不禁止，只是出卖之后不可再申请宅基地而已。所有权的占有、使用、收益、处分四项权能中，最核心的权能是处分权，处分权是所有权的标志。如果将农村房屋的处分权予以限制，则很难称之为对其房屋享有所有权了。

农村房屋转让后，新的房屋所有权人同时成为宅基地使用权的享有者，其法律意义仅在于特定位置、特定面积的农村宅基地使用权享受主体发生了变动。在权利属性上，没有动摇农村土地的集体所有性质。

四、农村土地征用与房屋拆迁

231. 什么是农村土地征用

国家为了发展社会经济的需要，以社会公共利益作为出发点和立足点，依照基本法律法规的程序规定，在经过具有批准权限主管部门批准后，对农民集体所有土地使用权进行征收，收归国有，并按照法律规定给予农村集体经济组织以及农民合理补偿的行政行为。

232. 农村土地征用的程序是怎么样的

(1)农用地土转用、征用，必须符合土地利用总体规划、城市建设总体规划和土地利用年度计划。因此,用地单位在初步选定某农用地为建设用地后,应首先向国土资源局、建设部门、规划部门咨询是否符合该农用地的各项规划。

(2)确认该农用地可以用于建设,再根据建设部门的要求,进行和编制建设项目可行性论证,向建设部门提交用地申请,建设部门审查符合的,颁发建设项目的选址意见书。用地单位应按规定缴纳选址规费,其中,农用地转用和土地征收批准文件有效期两年。

(3)用地单位持该选址意见书向同级国土资源局提出用地预审申请,由该国土资源局核发建设项目用地预审报告书。建设项目用地预审文件有效期为两年,自批准之日起计算。

(4)用地单位凭建设项目用地预审报告书向建设部门、环保局等办理立项、规划、环保许可等手续,并缴纳各项审批费用。

(5)用地单位再持以上审批文件,向原预审的国土资源局提出项目用地的正式申请。

(6)国土资源局根据土地利用总体规划、城市建设总体规划和土地利用年度计划,拟定农用地转用方案、补充耕地方案、征地方案和供地方案,分不同类型,经各级人民政府审批。

(7)由国土资源局具体负责对该农用地的所有权人和使用权人进行征用,签订补偿安置协议,按征地程序办理征地手续。

国家征用土地的,依照法定程序批准后,由县级以上地方人民政府予以公告并组织实施。

征用土地的,按照被征用土地的原用途给予补偿。征地补偿包括土地补偿费、安置补助费、青苗补偿费和地上附着物补偿费。征用耕地的土地补偿费,为该耕地被征用前三年平均年产值的六至十倍。征用耕地的安置补助费,按照需要安置的农业人口数计算。需要安置的农业人口数,按照被征用的耕地数量除以征地前被征用单位平均每人占有耕地的数量计算。每一个需要安置的农业人口的安置补助费标准,为该耕地被征用前三年平均年产值的四至六倍。但是,每公顷被征用耕地的安置补助费,最高不得超过被征用前三年平均年产值的十五倍。土地补偿费和安置补助费的总和不得超过土地被征用前三年平均年产值的三十倍。

征用其他土地的土地补偿费和安置补助费标准,由省、自治区、直辖市参照征用耕地的土地补偿费和安置补助费的标准规定。被征用土地上的附着物和青苗的补偿标准,由省、自治区、直辖市规定。征用城市郊区的菜地,用地单位应当按照国家有关规定缴纳新菜地开发建设基金。

征用耕地的土地补偿费,为该耕地被征用前三年平均年产值的六至十倍。这里的"该耕地",是指实际征用的耕地数量。而"每一个需要安置的农业人口的安置补助费标准,为该耕地被征用前三年平均年产值的四到六倍"中的"该耕地",则是指在被征用土地所在地,被征地单位平均每人占有的耕地数量。

233. 农村房屋拆迁如何补偿

农村房屋拆迁补偿的范围标准各地区是不一样的,不同建设项目拆迁补偿标准也是有判别的,应以当地政府法规为准,一般来说,补偿要考虑以下因素:

(1)拆除农村集体经济组织以土地使用权入股、联营等形式与其他单位、个人共同举办的企业所有的非居住房屋,货币补偿金额计算公式为:被拆除房屋的建安重置价+相应的土地使用权取得费用。

(2)被拆除房屋的建安重置价、相应的土地使用权取得费用,由房地产估价机构评估。

(3)其他补偿。还应当补偿被拆迁人下列费用:按国家和本市规定的货物运输价格、设备安装价格计算的设备搬迁和安装费用;无法恢复使用的设备按重置价结合成新结算的费用;因拆迁造成停产、停业的适当补偿。

(4)其他非居住房屋、居住房屋附属的棚舍,以及其他地上构筑物的补偿,按照当地有关地上附着物标准执行。

234. 农村房屋拆迁的补偿方式有哪些

目前,我国的拆迁集体土地住宅房屋的拆迁补偿方式分为货币补偿、产权调换和农民自建三种方式。

(1)货币补偿。货币补偿金额包括被拆迁集体土地住宅房屋补偿价和宅基地土地所有权区位补偿价,其计算方式如下:

被拆迁集体土地住宅房屋补偿价=被拆迁集体土地住宅房屋补偿单价×被拆迁居住房屋建筑面积

被拆迁人在同一拆迁范围内有多处集体土地住宅房屋的,应区分房屋结构、等级分别计算合并补偿。

宅基地所有权区位补偿价=宅基地综合补偿单价×核定的宅基地土地补偿面积

未超过批准使用期限的临时建设房屋,按照重置成新价和剩余使用期限予以补偿,不给予宅基地土地所有权区位补偿价。

集体土地住宅房屋补偿单价、宅基地土地所有权区位补偿单价由市国土房管局根据国民经济发展水平、国有土地所有权基准地价、房地产市场变化情况予以适当调整,经市人民政府批准后定期公布。

(2)产权调换。被拆迁人的安置面积按照以下标准核定:被拆除房屋的批准建筑面积低于$(25\sim30)m^2$/人的,按人均$(25\sim30)m^2$核定;在$(25\sim60)m^2$/人之间的,按批准的建筑面积核定;超过$60m^2$/人的,按人均$60m^2$核定。

其中,2人以下(含2人)的户,按2人核定;已婚并达到法定育龄夫妇尚未生育子女的按3人核定。被拆迁人在同一拆迁范围内有多处集体土地住宅房屋的,应合并计算房屋建筑面积。

(3)农民自建。农民自建应符合土地利用总体规划、城市规划和村镇规划,并按相关规定进行建设。下面分两种情况讨论:

一是本村集体经济组织尚有宅基地,此时可以安排宅基地给被拆迁人自建住宅或由村集体经济组织统一建设住宅,其形式如下:

如由被拆迁人自建,拆迁人对被拆迁人按照被拆迁集体土地住宅房屋补偿价给予补偿,对集体经济组织按照宅基地土地所有权区位补偿价给予补偿。如由村集体经济组织统一建设住宅,拆迁人按本规定第九条的有关规定给予村集体经济组织补偿,由村集体经济组织将建成的安置房分配给被拆迁人。

二是本村集体经济组织尚有农用地,这种情况下,可转为非农建设用地供村集体经济组织统一建设安置住宅的,由拆迁人依法办理集体土地征收、农用地转建设用地等手续和支付相关费用,对村集体经济组织按照被拆迁集体土地住宅房屋补偿价给予补偿。

235. 农村违法建筑如何处理

所谓农村违法建筑,是指未依法取得乡村建设规划许可证、建设工程规划许可证,在农用地或者农村建设用地上进行建设,擅自动工兴建的各种建筑物。

(1)在农用地上建造的建筑物。顾名思义,所谓"农用地"就是直接用于农业生产的土地,包括耕地、林地、草地、农田水利用地、养殖水面等。在未办理农用地转为建设用地前,擅自在农用地上建造房屋的,明确为相关法律所禁止,属于违法建筑。

(2)在农村建设用地上建造房屋。农村建设用地包括村民宅基地,乡镇企业用地和乡(镇)村公共设施及公益事业用地。非本村村民或者非本村村办企业,需要使用农村土地的,应当先走国家征地手续,将土地性质变为国有土地,并取得国有土地使用权后,方可在该地块上建设,否则该建筑就属于违法建筑。

对于违法建筑,处理如下:

(1)当事人在无土地规划、准建手续的情况下,在农村土地上建造房屋,违反了相关法律规定,县以上人民政府土地行政主管部门(国土资源局)可以实施行政处罚。依据《土地管理法》的规定,对违反土地利用总体规划擅自将农用地改为建设用地的,县级以上人民政府土地行政主管部门(国土资源局)有权实施以下行政处罚:拆除在非法转让的土地上新建的建筑物和其他设施、恢复土地原状；不符合土地利用总体规划的，没收在非法转让的土地上新建的建筑物和其他设施；可并处罚款。

（2）乡、镇人民政府可以实施的行政处罚。依据有关城乡规划法的规定，在乡、村庄规划区内未依法取得乡村建设规划许可证或者未按照乡村建设规划许可证的规定进行建设的，由乡、镇人民政府责令停止建设、限期改正；逾期不改正的，可以拆除。

五、小产权房

236. 什么是小产权房

所谓小产权房，是与"大产权房"相区分的，指的是城市区域内原有的农村范围内或城市周边的农村土地范围内建造的房屋，这些房屋所占用的土地没有经过"被征用为国有、然后由政府出让给开发商"的程序。通俗地讲，小产权房所使用的土地并非国有土地，而是集体土地。而普通商品房所占用的土地，是政府将国有土地经过合法程序出让给开发商，开发商为此还要缴纳一定的土地出让金。

237. 小产权房有哪几类

所谓"小产权房"是指在农民集体土地上建设的房屋，未缴纳土地出让金等费用，其产权证不是由国家房管部门颁发，而是由乡政府或村委会颁发，所以叫作"小产权房"，又叫作"乡产权房"。"小产权房"不是法律上的概念，只是人们在社会实践中形成的一种约定俗成的称谓。

第一类小产权房：占用集体用地或耕地违法建设，将农民集体用地使用权流转，用于商品住宅开发的违法建筑。

第二类小产权房：在政府划拨或出让的土地上，不按规划功能开发或使用，并将限制销售的房屋直接在市场上销售，具有产权纠纷隐患的不完全产权房。

第三类小产权房：在军队享有使用权的土地上进行商品房的开发，之后卖给军人以外的地方居民，俗称"军产房"。

238. 小产权房与大产权房有什么区别

对开发商的产权而言，将开发商的产权叫大产权，购房人的产权叫小产权，这种叫法是因为购房人的产权是由开发商一个产权分割来的。只要交足购房款，或转让时补缴土地出让金就可以自由买卖，其法律规定较为明确。

按房屋再转让时是否需要缴纳土地出让金来区分，不用再缴土地出让金的叫大产权，要补缴土地出让金的叫小产权。按这种解释普通商品房就是大产权房，经济适用房就是小产权房。按产权证的发证机关来区分，国家发产权证的叫大产权，国家不发产权证，由乡镇政府发证书的叫小产权，又被称为乡产权，乡产权并不构成真正法律意义上的产权，拿不到真正法律意义上的产权证。

第一种和第二种的小产权是合法的，只要交足购房款，或转让时补缴土地出让金就可以自由买卖，其法律规定较为明确。而第三种小产权的法律属性存在较大争议，而且拿不到真正法律意义上的产权证。

239. 小产权房能否转让

小产权房只要依法办理了相关审批手续，其就是合法建筑，法律是允许乡村集体在集体土地上建造住宅的。因此，并非只要是乡产权房就是非法建筑，其只是因销售环节存在的一些问题和现行法律法规发生冲突，才让人误认为是非法建筑。

既然是合法的，那么乡产权房是否可以购买和转让呢？根据《土地管理法》的规定，农民集体所有的土地的使用权不得出让、转让或者出租用于非农业建设。而农村宅基地属集体所有，村民对宅基地也只享有使用权，农民将房屋卖给城市居民的买卖行为不能受到法律的认可与保护,也就不能办理土地使用证、房产证、契税证等合法手续。所以,乡产权房是不能向非本集体成员的第三人转让或出售的。但这并不是说乡产权房就不能转让,而是说其转让或销售的对象是有限制的,只能在集体成员内部是可以转让、置换。

我国土地管理法律法规,对土地资源的使用进行严格的界定,特别是对农村集体土地进行了强制性的保护。我国对城市土地和农村土地实行不同的管理方法,对城市人口和农村人口也实行不同的管理办法。城市国有土地只有经过合法程序后方能建造商品房上市流转,并由国家房管部门颁发房产证。而农村集体土地只有经国家征地,土地性质变为国有后才可以用于房地产的开发,然后进行上市流转。

240. 购买小产权房有哪些风险

我国目前的法律法规不允许在集体土地上进行房地产开发,不允许集体土地上建设的房屋向本集体经济组织以外成员销售。目前,有些村集体经济组织在本村集体土地上集中建设农民住宅楼,用于安置本集体经济组织成员,但在安置过程中,擅自扩大销售对象,以较低的价格向本集体经济组织以外成员销售。然而,非集体经济组织成员购买此类房屋,将无法办理房屋产权登记,合法权益难以得到保护。因此,"乡产权""小产权",均不符合法律规定,不受法律保护。

(1)小产权房不能过户。"小产权房"是一些村集体组织或者开发商,打着新农村建设等名义出售的、建筑在集体土地上的房屋小产权房,一般是集体土地建的房子,不是说没有房产证,它的证一般是绿色的小本本,2010年后也有的地方是红色的大本本,不过你注意看,它上面盖的一般是乡政府的章,不是房产局的,小产权房没有土地证的,不能过户,可以协议买卖,但有风险。

(2)"小产权"房不受法律保护。购买小产权二手房的风险远远要比收益大得多,消费者最好不要再将目光集中在这种产权类型的二手房上面。

所谓小产权、乡产权只是当地政府用宅基地盖起的房子,没有真正的产权,不受国家法律保护,不具有房屋的所有、转让、处分、收益等权利,且不能办理房屋的产权过户手续。其中最为关键的是,即使作为完全自住的房屋,没有房产证,就意味着购房人不是合法产权人,不能以法律为武器来维护自身的权益。

(3)小产权房遭遇拆迁无补偿。如果小产权、乡产权在国家规划用地范围之内,那就是"拆你没商量",国家不会给你同等于大产权的拆迁款,即使有补偿,也是很少的一部分,并且因为法律不承认房主的产权,很可能补偿费用只给农村的大队或者乡政府,这样,房主的利益保障,等于是没有任何的法律支撑。房主没有权利跟国家讨价还价,想当"钉子户"都没有机会。小产权、乡产权还不如使用权有保障。

241. 已购买了小产权房怎么办

如果已经购买了小产权房,因国家不会发放产权证,这将导致以后对购房者一系列不利的后果。应该如何最大程度地维护小产权房购买者的合法权益呢?根据不同的情况,购房者可以采用的措施如下:

(1)如果已签了合同但尚未取得产权证明,并且该房屋系在集体土地上建设,且购房者非当地居民,鉴于可能的政策风险和法律风险,可以请求解除合同并退回已支付的购房款,这是最直接的方法。

(2)如果购买了当地居民的农民房或从他人手上购买了有产权证明的"红证房",房款已经支付且已经入住,但无法办理过户的,则要视具体情况而定。

(3)如果已经购买了集体土地上建造的房屋并取得了当地乡政府颁发的产权证明或土地使用证明的,可以自己居住或者出租,或者出售给有当地户口的居民。

(4)如果是在建的集体建设用地上的商品住宅项目,在委托专业机构评估市场风险和法律风险之后,则应当按照现有的土地管理规范,完成土地征用手续,并按照商品住房项目的规定手续报批,采取可能的补救措施。

242. 开发商承诺补办房产证可信吗

在购买小产权房时,有不少销售人员为促销,向购房者承诺,以后可以办理房产证。曾有一位小产权房销售人员就向购房者承诺:"现在没有房产证,但将来政策下来可以补办,我们在合同上可以写上这点,到时只要交点钱就行。"

2011年11月,《关于农村集体土地确权登记发证的若干意见》发布,其明确指出,城镇居民在农村购置宅基地、农民住宅或"小产权房"等违法用地,不得登记发证。这相当于对小产权房"无证"身份的再次宣判。

243. 小产权房拆迁纠纷如何处理

第一,小产权房的性质是属于履行了审批手续的房屋,但是集体经济组织在安置本集体成员过程中擅自扩大了销售对象。在此情况下,应首先认定所涉房屋的所有权是属于农村集体经济组织所有,或者属于宅基地使用人所有,拆迁安置补偿的利益,只能由所有权人即集体经济组织及其成员享有。

第二,小产权房是属于违法建筑。对于这种情况,根据《城市房屋拆迁管理条例》第二十二条第二款"拆除违章建筑和超过批准期限的临时建筑,不予补偿"的规定。

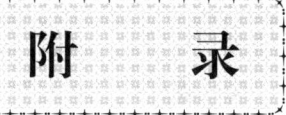

一、案例选编

董某影与张某花房屋买卖合同纠纷案[①]

原告：董某影
被告：张某花

原告董某影起诉称，2003年农历十二月30日，被告将坐落于苍南县灵溪镇观美社区集美街81号四层房屋，以房价款141 000元转让给原告，原告与被告张某花签订了房屋买卖契约，原告已将房价款当场全部支付给被告，并收存买卖契约及房屋产权证书等，原告随即搬入居住至今。2007年9月28日，被告张某花协助原告办理了房屋所有权的过户登记，在办理土地使用权过户手续时，原告多次要求被告协助办理，而被告均不予以协助，其行为已损害了原告的利益。请求判决：1. 确认原、被告之间于2003年12月30日签订坐落于苍南县灵溪镇观美社区集美街81号四层房屋买卖合同有效；2. 责令被告张某花协助原告办理涉诉房屋的土地使用权变更登记手续；3. 本案诉讼费由被告承担。

[①] 浙江省苍南县人民法院（2013）温苍民初字第1323号民事判决书。略有文字改动。

被告张某花答辩称,答辩人同意协助办理,但没有办法办理单身证明。

原告董某影在举证期限内提供如下证据材料:1.原被告身份证,证明原、被告诉讼主体资格;2.房屋买卖契约,证明购买房屋及已结清购房款的事实;3.购房款税务票据,证明原告已结清购房款的事实;4.房屋所有权证,证明被告已经将房屋产权过户给原告;5.土地使用权证,证明涉诉房屋的土地使用权证尚未过户到原告名下的事实。被告张某花在举证期限内没有提供证据。原、被告提供的上述证据,经庭审出示质证。被告对原告提供的证据没有异议。本院确认上述证据作为定案证据使用,证明力予以确认。基于当事人的陈述及上述证据,认定事实如下:2003年农历十二月30日,被告张某花将坐落于苍南县灵溪镇观美社区集美街81号四层房屋以141 000元转让给原告,双方签订了房屋买卖契约,原告当场支付全部房价款,并收存买卖契约及房屋产权证书等,原告随即搬入居住至今。2007年9月28日,被告张某花协助原告办理了房屋所有权的过户登记,涉诉房屋的土地使用权证因故一直未予以办理。

本院认为,原、被告签订的房屋买卖合同,双方当事人的意思表示真实,符合法律规定,应确认为有效。依据买卖合同的约定,被告在房屋交付使用后,应协助原告办理房产过户登记。根据《中华人民共和国城市房地产管理法》第三十一条"房地产转让、抵押时,房屋的所有权和该房屋占用范围内的土地使用权同时转让、抵押"的规定,被告协助原告办理房屋产权过户登记,同时也应协助原告办理土地使用权过户登记。现原告要求被告协助办理涉诉房屋土地使用权过户登记,予以支持。依照《中华人民共和国合同法》第六十条,《中华人民共和国城市房地产管理法》第三十一条之规定,判决如下:

一、确认原告董某影与被告张某花就坐落于苍南县灵溪镇观美社区集美街81号房屋买卖合同有效;

二、被告张某花于本判决生效之日起十日内协助原告董某影办理坐落于苍南县灵溪镇观美社区集美街81号房屋土地使用权过户登记。

吴某某与王某某房屋买卖合同纠纷案[②]

原告:吴某某
被告:王某某

2004年6月,原告因征地拆迁分配到农村宅基地一块,原告为此亦缴纳了36 000元的安置地配套设施费。后因原告暂无建房用地打算,而被告有住房需求,双方遂达成一致意愿:将原告所享有的宅基地转让给被告。原被告因听说必须建有房屋才能转让宅基地,故在该宅基地上并无任何房屋建筑的情况下,拟定了《房屋转让协议》一份,内容为转让房屋。2005年3月4日(后经核实原告当庭更正为2004年3月4日),原被告双方未经任何审批手续,私下签订了《房屋转让协议》,原告收取了被告支付的228 800元(协议中土地部分作价,其他部分并无实际支付),被告也在随后开工建房,随后居住至2013年3月。2013年3月,原告的宅基地再次被征地拆迁,宅基地上的房屋拆迁后所得的补偿款120万元由被告领取,原告对此无异议,但原告在申请新宅基地时被告知被告也已就原宅基地作了同样的申请,导致原宅基地权益归属出现争议,相关部门无法进行新宅基地的分配。原告认为,原被告双方在互有所需的情况下,签订了一份因违反国家法律法规而无效的协议。协议签订后,被告获得了近十年的土地使用权益和120万元的高额拆迁补偿,而原告在取得土地转让款后,如今面临的却是因权益归属争议而永久失去的农村宅基地权益的状况。故原告诉请判令:一、确认原被告于2004年3月4日签订的《房屋转让协议》无效。二、确认《房屋转让协议》所涉的农村宅基地的使用权益归原告享有。三、本案诉讼费由被告承担。

被告王某某答辩,原告的主张违背诚实信用原则,也与法律规定不

[②]浙江省安吉县人民法院(2013)湖安民初字第607号民事判决书。略有文字改动。

符,应予以驳回。一、原被告2004年就安置房宅基地签订的土地转让协议系双方当时真实意思表示,被告买受该地后进行了建房,九年多来被告一家也一直居住该房屋中。2013年被告居住地块再次被政府征收拆迁,故原告诉争的标的物宅基地已被政府统一征收,该结果不受原被告任何一方的意志转移,原被告诉争的标的物已不存在,现被告建房的宅基地是政府安置的宅基地,故确认原被告于2004年签订的《房屋转让协议》无效已无意义。二、根据《土地管理法》第十六条"土地所有权和使用权争议,由当事人协商解决;协商不成的,由人民政府处理",故原告应先向政府部门主张,如果对行政行为不服的,才可向法院提起诉讼,本案应适用行政法律法规调整,而不受民事法律关系调整。故应驳回原告第二项诉请。三、如果原告的诉请得到支持,则被告要求原告对被告进行赔偿,赔偿标的是160余万元,被告保留该项主张的诉权。四、原告诉称"被告在这次征用后得到的补偿款是120万元"不是事实,被告的主房(407.92平方米)房屋征用价38万元,是按照有宅基地安置的标准征用补偿的。如果按照没有宅基地安置的标准计算被告征用款则不同。综上,原告以房屋买卖不合法为由要求确认协议无效违反诚实信用原则及法律规定,请求法院驳回原告所有诉请。

原告为证明自己的主张,向本院提供证据如下:

证据一、房屋转让协议一份,用以证明原被告于2004年3月4日以房屋转让协议的形式签订了一份宅基地转让协议,原告将分配到的安置地基作价228 800元转让给了被告。

证据二、收款收据一份,用以证明原告于2004年6月21日缴纳了安置地配套设施费3.6万元并接受了安置地分配的事实。

证据三、由某某社区居民委员会出具证明一份,用以证明2004年因"城中村"改造,原告被安置在某某小区3号的情况。

证据四、由安吉县国土资源局档案室出具的土地登记卡一份,用以证明被告在某某村已拥有划拨宅基地。

被告质证对证据一至四真实性均无异议,但认为原被告协议所涉某某小区3号土地已由原告转让给被告,且该地块现因被政府征用已不存在,且原告提供的证据一至四与本案不具有关联性。

被告向本院提供证据如下：

证据五、房屋征收补偿协议两份三页，用以证明2013年1月被告的房屋被政府征收拆迁的事实。

证据六、结婚证书及证明一份，用以证明被告王某某与王某某系夫妻关系，"王某某"与"王某某"系指同一人的事实。

证据七、某某村安置区规划设计方案两份，用以证明被告的房屋被拆迁之后，在安置规划设计方案中是第四号，被告的房屋是政府征收和安置的，所按程序都是法定的。

证据八、照片两份，用以证明被告的房屋被政府拆迁后，已经被政府依法安置了宅基地，被告在该宅基地投建了房屋，投建资金为15万元。

证据九、房屋拆迁评估明细表，用以证明被告房屋在2013年1月份被政府征收拆迁之后，被告的主房407.92平方米征收重置价为900元/平方米（有宅基地安置的方案），被告获得征用补偿费为381 405元。

原告对证据五至九质证如下：对证据五真实性、合法性无异议，对关联性有异议，认为无法证明被告通过房屋征收后实际补偿金额，应以由管委会或拆迁公司出具的最终的房屋征收补偿款收据为准。对证据六"三性"无异议。对证据七、八真实性、合法性无异议，对关联性有异议，认为证据七无法证明被告已通过合法程序获得了新的安置地，宅基地的取得应以登记为准，被告的证据无法达到其证明目的，证据八与本案无关联性，且恰好证明了被告在明知宅基地存在争议，并得到有关部门多次停工通知的情况下依然强行施工的事实。对证据九三性均有异议，认为该明细表上的公章是湖州中信房产评估公司的公章，未经开发区管委会确认。

本院认定证据如下：证据一至八，原被告双方对对方提供的证据真实性均无异议，本院对证据一至八的真实性予以认定。证据九与原告争议事实并无直接关联性，本院不予认定。

综上，结合原被告举证、质证及庭审相关陈述，本院认定如下事实：2004年因城中村改造，原告取得了递铺镇某某小区3号地块的宅基地使用权，2004年11月18日原告与被告签订了房屋转让协议，虽协议上约定了建筑部分及土地部分的价格，但实际原告交付给被告只有宅基地使用权,被告支付了 228 800 元的土地作价款。被告取得该宅基地使用权之后在该宗土地上建筑了房屋,并居住至 2013 年初。2013 年 1 月 29 日,被告妻子王某某(婚姻登记时姓名为"王某某",已确认为同一人)与安吉经济开发区管委会、安吉县平地拆迁有限公司签订了《房屋征收补偿协议》及《房屋征收补偿补充协议》。该房屋被征收后,某某社区拆迁指挥部出具"某某村安置区规划设计方案"图纸一份,在该图纸 4 号地块上标有被告王某某妻子王某某姓名,被告现已开始在该地块上兴建房屋。

  本院认为,原被告于 2004 年 3 月 4 日所签订的《房屋转让协议》虽名为房屋转让协议,但该协议实质上转让的并非房屋而系宅基地使用权。宅基地使用权是农村集体经济组织成员享有的权利,与享有者存在特定的身份联系,即宅基地分配的福利性必然产生权利主体的身份特定性与权利取得的受限性,使用权主体应是该农村集体经济组织成员。根据庭审查明的事实,被告王某某并非安吉县递铺镇某某社区集体经济组织成员,并且其在现户籍所在地安吉县递铺镇万亩市区享有宅基地使用权,故根据《中华人民共和国土地管理法》第六十二条"农村村民一户只能拥有一处宅基地"及第六十三条"农民集体所有的土地的使用权不得出让、转让或者出租用于非农业建设;但是,符合土地利用总体规划并依法取得建设用地的企业,因破产、兼并等情形致使土地使用权依法发生转移的除外"的规定,原被告于 2004 年 3 月 4 日所签订的《房屋转让协议》虽系原被告真实意思表示,但该协议违反了法律强制性规定。根据《中华人民共和国合同法》第五十二条"有下列情形之一的,合同无效:……(五)违反法律、行政法规的强制性规定",故原被告于 2004 年 3 月 4 日所签协议应属无效。

  根据《中华人民共和国合同法》第五十八条"合同无效或者被撤销后,因该合同取得的财产,应当予以返还;不能返还或者没有必要返还的,应当折价补偿。有过错的一方应当赔偿对方因此所受到的损失,双方都有过错的,应当各自承担相应的责任"之规定,原被告签署的《房屋转让协议》无效后亦产生了相应的财产返还及损失赔偿问题,被告王某某在庭审中提出另行处理损失赔偿问题,故在本案中本院就该问题不予一并处理。至于财产返还,被告应当返还原告原递铺镇某某小区 3

号的宅基地使用权,但因该地块现已被征收,该地块现有权益人非原被告任何一方,故被告不可能返还原告原物。因原告系递铺镇某某社区集体经济组织成员且其宅基地被依法征收,原告依法可通过申请、审批程序再次取得宅基地使用权,现原告认为某某社区拆迁指挥部在"某某村安置区规划设计方案"图纸上标记为王某某妻子王某某姓名的4号地块即为原递铺镇某某小区3号宅基地被征收后再次分配给原告的宅基地但未提供任何申请、审批材料予以证明,在"某某村安置区规划设计方案"图纸上标记4号地块也并未办理正式的产权证书确认归属的情形下,根据《中华人民共和国土地管理法》第十六条的规定:"土地所有权和使用权争议,由当事人协商解决;协商不成的,由人民政府处理。单位之间的争议,由县级以上人民政府处理;个人之间、个人与单位之间的争议,由乡级人民政府或者县级以上人民政府处理。当事人对有关人民政府的处理决定不服的,可以自接到处理决定通知之日起三十日内,向人民法院起诉。在土地所有权和使用权争议解决前,任何一方不得改变土地利用现状",原告若坚持认为其系诉争土地的宅基地使用权人,应通过土地权属争议处理程序先行解决争议,再行向本院起诉,故对原告该项诉请本院不予支持。

综上,原告诉请合理部分本院予以支持,超出部分本院不予支持。据此,依照《中华人民共和国土地管理法》第十六条、第六十二条、第六十三条,《中华人民共和国合同法》第五十二条、第五十八条之规定,判决如下:

一、确认原告吴某某与被告王某某于2005年3月4日签订的《房屋转让协议》无效;

二、驳回原告吴某某其他诉讼请求。

马某胜与赵某、朱某房屋买卖合同纠纷案③

原告：马某胜

被告：赵某

被告：朱某

原告马某胜诉称，2011年，二被告将位于鱼台县湖陵一路东、鱼新三路南（鱼台县谷亭镇建设村）所有权人为朱印清的房屋一套出售给原告，房屋价款36.5万元。2011年6～7月，原告分批将购房款支付给被告，双方于2011年7月18日签订了书面的购房合同，二被告将房屋及房产证、土地使用证、规划证交付原告。原告接收房屋后进行了装修，花费约2万元。原告居住至今。2013年8月，朱印清向法院起诉要求返还该房屋。鱼台县人民法院以(2013)鱼民初字第1357号民事判决书判决原告向朱印清返还房屋。二被告的行为造成原告经济损失，请求法院判令二被告返还购房款36.5万元及利息，赔偿损失98 826.75元，支付违约金2万元。

被告赵某对原告起诉的事实与理由没有异议。

被告朱某辩称，1. 对该房屋买卖合同不知情，没有参加签订合同，只是和赵某共同接收了房款，不应承担责任。2. 原告明知被告赵某不是房屋所有权人的情况下，仍与被告赵某签订该房屋买卖合同，对造成合同无效负有较大责任，因此产生的后果和损失原告应当承担责任。

经审理本院认定，二被告系夫妻关系。被告朱某之父朱印清名下有房产一处，房产证号为鱼房权证谷亭建设私字第0108号，位于鱼台县湖陵一路东、鱼新三路南谷亭镇建设村，该房屋2011年前由二被告和朱某父母共同居住。2011年6、7月份，二被告将该房产出售给原告马某胜，原告马某胜将购房款36.5万元支付给二被告。2011年7月18日

---

③山东省鱼台县人民法院(2013)鱼民初字第1599号民事判决书。略有文字改动。

被告赵某以自己名义与原告马某胜签订了书面的购房合同。同时,二被告将房屋及房产证、土地使用证、规划证交付原告。原告接收房屋后装修花费2万元。原告居住至今。2013年8月,朱印清向法院起诉要求返还该房屋。2013年9月27日,本院(2013)鱼民初字第1357号民事判决书,以被告赵某无权处分为由判决原告向朱印清返还房屋。

以上事实,鱼台县民政局《婚姻登记记录证明》证实了二被告系夫妻关系;《购房合同》证实了被告赵某与原告马某胜签订房屋买卖合同的事实;银行转账凭证和交易明细,证实了原告将购房款交付二被告的事实;(2013)鱼民初字第1357号民事判决书,判决原告向朱印清返还房屋;装修款收条,证实原告为房屋装修花费20 000元。

本院认为,二被告将朱印清房产出售给原告的事实清楚,足以认定。《中华人民共和国合同法》第五十一条规定,"无处分权的人处分他人财产,经权利人追认或者无处分权的人订立合同后取得处分权的,该合同有效"。本案房产的所有权人为被告朱某之父朱印清,二被告将该房产卖给原告,系无处分权的人处分他人财产,且权利人朱印清以诉讼表明自己不予认可二被告的行为,二被告至今没有取得处分权,因此,2011年7月18日被告赵某与原告马某胜签订的购房合同属无效合同。《中华人民共和国合同法》第五十八条规定,合同无效或者被撤销后,因该合同取得的财产,应当予以返还;不能返还或者没有必要返还的,应当折价补偿。有过错的一方应当赔偿对方因此所受到的损失,双方都有过错的,应当各自承担相应的责任。本案中,原告马某胜因合同取得的房产已由本院另案判决返还,二被告取得的房屋价款36.5万元应返还原告;二被告对本案房产无权处分却进行出售,是造成合同无效的主要原因,对合同无效应承担主要责任,原告马某胜明知二被告无权处分,却同意购买,对造成合同无效也应负一定责任。因此,原告装修房屋的损失由原告自己承担,由被告赔偿原告购房款的同期银行贷款利息损失。依照上述法律规定,判决如下:

一、被告朱某、赵某于本判决生效后3日内返还原告购房款36.5万元;

二、被告朱某、赵某于本判决生效后3日内赔偿原告购房款利息

(以本金36.5万元,同期银行贷款利率计息,自2011年7月18日始至本判决确定给付之日止);

三、驳回原告的其他诉讼请求。

钟某珍与黄某兰房屋买卖合同纠纷案④

原告:钟某珍

被告:黄某兰

第三人:陈某芳

第三人:雷某杰

1998年3月,苍南县人民政府审批同意第三人陈某芳征用坐落于苍南县灵溪镇磉桥路24号的土地71.5平方米。1998年3月18日,苍南县土管局下发苍土补(1998)23号违法建房补办征用土地的批复文件。2005年9月间,第三人陈某芳、雷某杰将灵溪镇磉桥路24号土地使用权转让给被告黄某兰。2005年9月27日,被告黄某兰办理了灵溪镇磉桥路24号土地使用权证。2010年10月25日,被告黄某兰将灵溪镇磉桥路24号房屋转让给原告。之后,原告就讼争房屋的权属证书及过户等问题与被告交涉未果。为此,特诉请判决:1.确认原、被告于2010年10月25日签订的房屋买卖契约有效;2.第三人陈某芳、雷某杰协助办理灵溪镇磉桥路24号的房屋所有权证初始登记手续;3.被告黄某兰与第三人陈某芳、雷某杰协助原告办理涉案房产的房屋所有权证的过户登记手续;4.被告黄某兰协助原告办理涉案房产的土地使用权证过户登记手续。

原告钟某珍提供了下列证据材料:

1. 身份证、人口信息,证明原、被告和第三人的身份情况;

2. 苍南县个人违法建房补办用地手续审批表、苍南县土地管理局

---

④浙江省苍南县人民法院(2013)温苍民初字第900号民事判决书。略有文字改动。

收费专用发票、苍南县土地管理局文件,证明第三人已合法取得灵溪镇磙桥路24号房屋土地使用权的事实;

3. 苍南县国有土地使用权转让申请、审批表,证明第三人已将灵溪镇磙桥路24号房屋的土地使用权转让给被告的事实;

4. 苍国用(2005)第01-304号土地使用权证书,证明被告已办理灵溪镇磙桥路24号房屋土地使用权证的事实;

5. 契约,证明被告将灵溪镇磙桥路24号房屋转让给原告的事实。

被告黄某兰未做答辩,亦未提供证据材料。

第三人陈某芳、雷某杰未陈述意见,亦未提供证据材料。

原告提供的上列证据材料,经庭审出示审查,被告黄某兰及第三人陈某芳、雷某杰未到庭参加诉讼,视为放弃质证权利。本院认为,上述证据来源合法、内容客观真实且与本案有关联,对其证明力均予以确认。

本院经审理,认定事实如下:1998年3月间,经苍南县人民政府审批同意,第三人陈某芳补办个人违法建房用地手续,征得坐落于苍南县灵溪镇磙桥路24号的土地71.5平方米。之后,第三人陈某芳、雷某杰将苍南县灵溪镇磙桥路24号房屋转让给被告黄某兰,并于2005年9月间办理土地使用权转让手续。2005年9月27日,被告黄某兰办理灵溪镇磙桥路24号的土地使用权证。2010年10月25日,被告黄某兰将灵溪镇磙桥路24号房屋转让给原告。涉讼房产至今未办理房屋所有权证。

本院认为,原、被告及第三人间两次转手买卖涉案房产,其签订的房屋买卖合同系双方当事人的真实意思表示,且不违反法律、行政法规的强制性规定,应认定为有效。买卖合同的效力直接包括了标的物所有权的移转,出卖人有义务协助买受人办理房屋产权证书的初始登记手续,并协助买受人办理房屋产权转移登记。第三人陈某芳、雷某杰系讼争房屋的初始出卖人,应予协助原告办理房屋所有权证的初始登记,并协助办理过户登记手续。被告黄某兰作为第二手的房屋出卖人,应予协助原告办理房屋所有权证和国有土地使用权证的过户登记手续。据此,依照《中华人民共和国合同法》第四十四条、第一百三十五条,《中华人民共和国民事诉讼法》第一百四十四条的规定,判决如下:

一、确认钟某珍与黄某兰关于苍南县灵溪镇磻桥路24号的房屋买卖合同有效;

二、限陈某芳、雷某杰于本判决生效后十日内办理苍南县灵溪镇磻桥路24号房屋所有权证的初始登记并协助钟某珍办理房屋所有权证的过户登记手续;

三、限黄某兰于本判决生效后三十日内协助钟某珍办理苍南县灵溪镇磻桥路24号房屋所有权证和国有土地使用权证的过户登记手续。

洪某、赖某梅与陈某萍、饶某房屋买卖合同纠纷案[⑤]

原告:洪某

原告:赖某梅

被告:陈某萍

被告:饶某

2013年6月21日,二原告与二被告签订《房地产买卖合同》,将二原告名下的坐落于永安市建融花园1幢某某房产出售给二被告。合同第二条约定,房产转让价格为860 000元,分三次支付给原告,第一次于2013年6月21日付定金145 000元;第二次于2013年7月1日前付购房款430 000元,余款285 000元于双方办理产权过户之日起30日内付清。第十条约定,如果在双方办理产权过户之日起30日内,二被告没有付清余款,30日后将按余款的月息1‰支付利息。如果在双方办理产权过户之日起3个月内,二被告未付清余款,原告有权收回房产,并且之前所付房款不退还给二被告。之后,原告依约履行合同,2013年7月1日将涉案房产变更登记在二被告名下。但二被告仅支付购房定金

[⑤]福建省永安市人民法院(2013)永民初字第4524号民事判决书。略有文字改动。

145 000 元和第二次的部分购房款 190 000 元,合计支付购房款 335 000 元,尚欠原告购房款 525 000 元未支付。原告多次催讨被告支付房款未果,遂向法院起诉。请求依法判决:1. 被告陈某萍、饶某支付原告购房款 525 000 元,利息 10 500 元(按月利率 1‰计算,从 2013 年 7 月 31 日起算至 2013 年 9 月 30 日止),并继续按照上述利率支付利息至判决确定的支付期限内的被告实际还款日止;2. 诉讼费用由二被告承担。

被告陈某萍、饶某未作答辩。

经审理查明,2013 年 6 月 21 日,原告洪某、赖某梅与被告陈某萍、饶某签订《房地产买卖合同》,将其所有的坐落于永安市建融花园 1 幢某某室[永房权证字(2007)第 2958 号]房屋转让给二被告。《合同》中对于购房款及款项支付、违约责任等作了相关约定,其中第二条约定:"甲、乙双方经协商,同意上述房地产转让价格为(人民币)860 000 元,(大写)零百捌拾陆万零千零百零拾零元整。"甲、乙双方同意,在本合同签订之日起的三十天内,乙方将上述房地产转让价款分三次付与甲方,具体付款方式、期限如下:"1. 定于 2013 年 6 月 21 日付定金壹拾肆伍仟元整人民币;2. 定于 2013 年 7 月 1 日前付购房款人民币肆拾叁万元;3. 余款人民币贰拾捌万伍仟元整于双方办理产权过户之日起三十天内付清。"第五条约定:"甲方应协助乙方办理房屋所有权、土地使用权的交易过户手续,办理以上过户手续所需缴纳的各项税费甲、乙双方商定按以下约定承担:即所有过户费用由乙方承担,甲方实得购房款人民币捌拾陆万元正。"第十条补充条款约定:"1. 如果双方办理产权过户之日起三十天内乙方没有付清余款,三十天后,将按余款的月息 1‰支付甲方利息;2. 如果在双方办理产权过户之日起三个月内(90 天)乙方没有付清余款,甲方有权收回房产,并且之前所付房款不退还给乙方。"原告洪某、赖某梅和被告陈某萍、饶某分别在合同的甲、乙方处签字、捺印。

2013 年 6 月 21 日,被告陈某萍、饶某依照《房地产买卖合同》的约定,向原告洪某、赖某梅支付了购房定金 145 000 元,2013 年 6 月 26 日,被告与原告办理了涉案房屋的产权过户手续,并取得了房产证[永房权证字(2013)第 5944 号]及土地使用权证[永国用(2013)第 21042 号]。

嗣后，被告分别于 2013 年 7 月 31 日、2013 年 8 月 12 日以银行转账的方式向原告转账支付购房款共计 190 000 元，之后未再付款。原告向被告催讨付款未果，遂引发本案诉讼。

上述事实，有原告提交的原、被告身份证、《房地产买卖合同》、永房权证字（2007）第 2958 号房产证、永国用（2007）第 20574 号土地使用权证、永房权证字（2013）第 5944 号房产证、永国用（2013）第 21042 号土地使用权证及当事人的陈述等证据在案为凭，并经庭审查证属实，可以认定。

本院认为，被告陈某萍、饶某与原告洪某、赖某梅于 2013 年 6 月 21 日签订的《房地产买卖合同》系双方当事人真实意思表示，符合合同成立的形式和实质要件，该合同依法成立，为有效合同，双方应按合同约定全面履行义务。合同签订后，被告陈某萍、饶某依照《房地产买卖合同》的约定向原告支付了购房定金 145 000 元，原告洪某、赖某梅依照合同的约定于 2013 年 7 月 1 日协助被告陈某萍、饶某办理了房屋产权变更登记手续，但此后被告陈某萍、饶某却未能依照上述合同约定如期如数支付第二、三期购房款，已构成违约，依法应当承担相应的违约责任。现原告洪某、赖某梅依照合同的约定要求被告陈某萍、饶某支付尚欠的购房款 525 000 元及逾期利息，符合法律规定和合同约定，本院予以支持。被告陈某萍、饶某经本院合法传唤，无正当理由拒不到庭参加诉讼，视为其放弃了答辩和质证的权利，不影响本院根据现有证据和查明的事实依法做出裁判。据此，依照《中华人民共和国合同法》第八条、第四十四条、第六十条、第一百零七条、第一百一十四条，《中华人民共和国民事诉讼法》第一百四十四条之规定，判决如下：

被告陈某萍、饶某应于本判决生效后一个月内支付原告洪某、赖某梅购房款 525 000 元，逾期利息 10 500 元（按购房款 525 000 元，月利率 1‰ 计算，从 2013 年 7 月 31 日起算至 2013 年 9 月 30 日止，即 525 000 元 × 1‰ × 2 个月 = 10 500 元），并继续按照上述利率支付本判决确定的支付期限内的被告实际支付日止的逾期利息。

重庆中房家苑房产经纪有限公司与冉某居间合同纠纷案[6]

上诉人(原审原告):重庆中房家苑房产经纪有限公司(以下简称中房家苑公司)

被上诉人(原审被告):冉某

2012年11月23日,冉某在中房家苑公司的居间服务下与案外人喻孝平签订了《房屋买卖(转让)合同》,约定中房家苑公司为冉某居间购买位于北碚区××××号3幢2-3-4号的房屋,冉某支付中房家苑公司居间服务费1.5万元。合同签订后,中房家苑公司按约提供了居间服务,但冉某无故不前来履行合同义务,并拒付居间服务佣金。经中房家苑公司催收无果,特诉至法院,要求冉某立即支付居间服务费1.5万元,诉讼费由冉某承担。

冉某在一审中辩称,第一,中房家苑公司诉称冉某无故不履行合同的理由不成立。签订合同当日,冉某就在中房家苑公司工作人员的带领下到中国银行和中国邮政储蓄银行办理贷款,由于中房家苑公司的原因,按揭贷款一直没有办理下来。同时,按照《补充协议》的约定,中房家苑公司也没有向案外人喻孝平交纳定金。第二,冉某与案外人喻孝平的房屋买卖未能成交的主要原因是中房家苑公司未能尽到审慎服务之义务。中房家苑公司的经办人员刘强在签订合同时告知冉某办理按揭贷款是没有问题的。在签订合同后又要求冉某交纳一万余元的费用办理虚假身份证、户口本、社保资料以供办理按揭贷款,由于冉某不愿意办理虚假材料,致使按揭贷款的办理一拖再拖。第三,由于按揭贷款一直没有办理下来,按照《补充协议》的约定,冉某与案外人喻孝平的《房屋买卖(转让)合同》已经解除。同时,《服务确认书》也约定了过户

---

[6]重庆市第一中级人民法院(2013)渝一中法民终字第04438号民事判决书。略有文字改动。

之日前支付中介服务费,中房家苑公司要求冉某支付中介服务费的条件不成立,请求驳回中房家苑公司的诉讼请求。

一审法院经审理查明,2012年11月23日,中房家苑公司(丙方)、冉某(乙方)、案外人喻孝平(甲方)签订《房地产买卖(转让)合同》(合同号:0022224),该合同约定:第一条:甲方房屋基本情况:坐落于重庆市北碚区×××号3幢2-3-4号房屋。第二条:成交价格:甲、乙双方协商后的实际转让成交价为76.5万元。第三条:房款付款约定:3.1合同签订之日,乙方缴纳购房定金1万元;3.2.1在甲、乙双方签订本协议后中房家苑公司通知(12月6日后)3个工作日内,乙方应直接支付给甲方部分房价款21万元;3.2.2乙方通过银行贷款支付甲方54.5万元,乙方应于签订买卖合同后中房家苑公司通知3个工作日内向贷款银行申请贷款并提交齐全贷款所需全部资料。第四条:中介服务费、权证代办费及其他费用支付:由于丙方在本合同签订之前,为甲乙双方做了大量工作,并提供了交易机会,因此,甲、乙、丙三方在签订本合同之日(不论甲乙双方是否最后成交),须向丙方支付中介服务费1.5万元,赎楼垫资费11 475元。同时,冉某向中房家苑公司出具《服务确认书》(直营店用)一份,载明,本人冉某特委托中房家苑公司,购买北碚区×××号3幢2-3-4号房屋。本人很满意重庆中房网络有限公司之服务,并接受其专业咨询,自愿支付重庆中房网络公司服务费用(中介费、按揭费)合计26 475元。本次已交服务费用0元,未交服务费用26 475元。本人承诺未交的服务费用于过户之日前支付完毕。

合同签订当日,冉某按照中房家苑公司的要求,在中房家苑公司的工作人员刘强的带领下到中国银行股份有限公司重庆北碚支行、中国邮政储蓄银行股份有限公司重庆北碚区中山路支行办理按揭贷款手续。为办理按揭贷款,冉某按照银行工作人员的要求办理了上述两家银行的借记卡。但是由于冉某系外地户口,也不能提供1年以上当地纳税证明或社会保险缴纳证明,故上述两家银行均拒绝为中房家苑公司办理按揭贷款。

此后,冉某(甲方)和案外人喻孝平(乙方)还签订了《补充协议》,该协议约定:1. 客户冉某必须出具房交所无房证明模板。2. 还款的结算清单。3. 甲乙双方约定如不能把款贷下来则甲乙双方取消合约退还乙方所交费用。

2012年12月18日,冉某(甲方)和案外人喻孝平(乙方)再次签订《补充协议》,该协议约定:由于签订合同(JY22224)时把按揭服务费写到赎楼垫资费上了。经甲乙丙三方协商达成以下协议,把赎楼垫资费按按揭服务费收取,按揭服务费金额11 475元,由乙方支付。

一审法院认为,居间合同是居间人向委托人报告订立合同的机会或者提供订立合同的媒介服务,委托人支付报酬的合同。本案中,冉某与中房家苑公司签订了《房屋买卖(转让)合同》,其性质系冉某委托中房家苑公司提供订立合同的机会或者提供订立合同的媒介服务,并同意支付报酬的合同,因此,中房家苑、冉某之间的居间合同关系成立,且合法有效。关于冉某应否向中房家苑公司支付中介服务费1.5万元的问题,一审法院认为中房家苑公司要求冉某支付中介服务费的理由不充分,其诉讼请求不应得到支持。理由如下:1. 中房家苑公司作为专业、合法的房地产经纪机构明知冉某不符合办理按揭贷款的相关条件,而不履行如实告知义务,致使冉某无法办理按揭贷款,造成冉某与案外人喻孝平的房屋交易不能。由于中房家苑公司提供的服务有瑕疵,致使房屋买卖双方交易不能实现,不能实现冉某的合同目的。2. 虽然冉某与案外人喻孝平签订了买卖合同,按照《房屋买卖(转让)合同》的约定冉某应当向中房家苑公司支付中介服务费。但是,冉某与中房家苑公司对中介费的支付附加了条件,即中介服务费要等"过户之日"支付。由于冉某与案外人喻孝平所签订的房屋买卖合同中所涉及的房屋产权还没有过户,因此其中介服务费支付的条件没有成熟。3. 中房家苑公司要求冉某支付中介服务费的依据之一是《服务确认书》,而在《服务确认书》明确约定冉某自愿支付重庆中房网络公司服务费用(中介费、按揭费)合计26 475元,而非中房家苑公司。该《服务确认书》系中房家苑公司预先拟定的,上述约定应视为中房家苑公司、冉某双方对中介费支付对象的变更。因此,中房家苑公司无权要求冉某向其支付中介服务费。据此,依照《中华人民共和国合同法》第四百二十四条、第四百二十五条,《中华人民共和国民事诉讼法》第一百四十二条的规定,判决:驳回重庆中房家苑公司的诉讼请求。案件受理费88元,由中房家苑公司负担。

中房家苑公司不服一审判决,提起上诉称:我司作为专业、合法的房地产经纪机构,在经纪服务活动中理应收取合法的服务报酬,结合在我司的居间服务下冉某与售房方喻孝平签订的《房屋买卖(转让)合同》第四条第一款之约定:"甲、乙、丙三方在签订合同当日,乙方应向丙方支付中介费15 000元",冉某应按约支付中介费。合同签订后,我司工作人员在了解情况后第一时间与冉某取得联系并积极履行我司义务。在此期间,我司多次与冉某协商中介服务费事宜,但冉某仍拒付中介服务费,进而我司于2013年2月19日向冉某发函告知其应支付中介服务费的《履约告知函》,冉某依然不愿支付中介服务费。鉴于一审认定错误,法律适用错误,故请求二审法院撤销原判,改判支持中房家苑公司的诉讼请求,诉讼费由冉某承担。

冉某辩称:原判正确,应予维持。

二审中,中房家苑公司表示其现经与相关银行机构咨询获知,银行是可以为冉某办理按揭贷款的,但中房家苑公司未就此提供相关证据。

本院查明的其他事实与一审查明的一致,本院予以确认。

本院认为,本案的争议焦点为:冉某是否应向中房家苑公司支付中介费1.5万元。

针对上述争议焦点,本院认为,中房家苑公司作为专业、合法的房地产经纪机构,对于购房人冉某是否符合办理按揭贷款的相关条件应当明知,并应对此向冉某作如实告知。正是由于中房家苑公司未履行该如实告知义务,导致冉某与售房方虽签订了房屋买卖合同,却因冉某办理不了按揭贷款手续,而无法实现房屋交易。本院认为,冉某的合同目的不能实现与中房家苑公司提供的服务有瑕疵具有因果关系,故中房家苑公司不得要求冉某支付中介服务费。中房家苑公司在二审中提出其经向相关银行机构咨询了解到银行是能够为冉某办理按揭贷款的,因此冉某与售房方之间房屋买卖合同不能履行是冉某不愿再办理按揭贷款手续所致,但中房家苑公司并未就该说法举示相应证据,故本院不予认定。另外,从中房家苑公司要求冉某支付中介服务费的依据之一《服务确认书》看,在《服务确认书》上明确载明冉某自愿支付重庆中房网络公司服务费用(中介费、按揭费)合计 26 475 元,而非中房家苑公司。本院认为,该《服务确认书》系中房家苑公司预先拟定的,其内容应视为中房家苑公司、冉某双方对中介费支付对象的变更。据此,中房家苑公司也无权要求冉某向其支付中介服务费。

综上,中房家苑公司的上诉理由不能成立,一审判决正确,应予维持。依照《中华人民共和国民事诉讼法》第一百七十条第一款第一项之规定,判决如下:

驳回上诉,维持原判。

李某芬与舒某勇、何某春所有权确认纠纷案[7]

上诉人(原审第三人):洪某会

被上诉人(原审原告):李某芬

原审被告:舒某勇

原审被告:何某春

被告何某春、舒某勇系夫妻。2003 年 5 月,被告舒某勇向缙云县盘溪粮油公司有偿转让其坐落在缙云县舒洪镇舒洪村中一北路 29 号 75.6 平方米的国有土地使用权,并于 2003 年 6 月 4 日办理了国有土地使用证,2003 年 7 月 1 日办理了建设工程规划许可证(证上载明地点为舒洪镇舒洪村中一北路 28 号,其规模为占地面积 76.86m^2、建筑面积 307.44m^2)。2003 年 4 月,被告舒某勇交配套费平方数 378m^2,同年 12 月又补交配套费平方数 102m^2。后被告舒某勇建好该房屋六层,建筑占地面积 87.56m^2,建筑面积 570.23m^2。被告舒某勇建设的 90.23m^2 违法建筑于 2006 年 10 月被缙云县建设局处以 3 158 元罚款。2006 年 10 月 24 日,缙云县地名委员会办公室

---

[7] 浙江省丽水市中级人民法院(2014)浙丽民终字第 1 号民事判决书。略有文字改动。

将该房屋的地址确定为缙云县舒洪镇舒洪村中一北路29号A幢6号,并向被告舒某勇发放了门牌号证。2008年4月,缙云县建设局审批补办被告舒某勇该房屋建筑面积262.79m²,并向其补发了建设工程规划许可证。原告李某芬与第三人洪某会原系夫妻。2004年5月23日,原告和第三人向两被告以550 188元的价格购买上述房屋,并立下买契,买契载明该房屋坐落于缙云县舒洪镇舒洪村中一北路28号。付清房款后,原告和第三人入住该房屋。2004年11月8日,原告与第三人协议离婚,协议书第三条约定上述房产归原告所有。该房产因故至今未办理过户手续。原审法院认定两被告出售给原告和第三人的房屋即现在的缙云县舒洪镇舒洪村中一北路29号A幢6号。

原审法院审理认为:原告和第三人与两被告签订的房屋买卖合同没有违反法律禁止性规定,应为合法有效。原告和第三人付清房款后,由两被告交付该房屋,原告和第三人入住并实际占有该房屋,后原告与第三人协议离婚,双方约定该房屋归原告所有的意思表示真实合法有效,原告之诉,合法有据,法院予以支持。第三人辩称原告、第三人与两被告签订的房屋买卖合同无效,本案诉争的房屋一直由第三人居住,说明原告已经放弃该房屋等意见,无据可依,法院不予支持。原审法院依据《中华人民共和国民法通则》第七十五条,《中华人民共和国合同法》第六条、第八条、第六十条,《中华人民共和国民事诉讼法》第一百四十四条之规定,判决:坐落于缙云县舒洪镇舒洪村中一北路29号A幢6号房屋确权为原告李某芬所有。案件受理费10 300元,由原告李某芬负担。

宣判后,洪某会不服原审判决,上诉称:原审法院在原审被告及第三人不到庭的情况下,将房屋买卖合同纠纷变更为所有权确认纠纷。本案涉案房屋的土地使用权审批面积是75.6m²,经测绘中心测量实际土地使用面积87.56m²;多了12m²没有取得土地部门审批手续,是不合法的。上诉人与被上诉人领取离婚证后,被上诉人要求与上诉人复婚,需要上诉人对涉案房屋从底到天进行装修,并且口头承诺房屋今后归儿子洪港超所有,双方只有居住权。后上诉人卖掉舒洪果园新村76号的房屋,对涉案房屋进行了装修,共花费约30万元,被上诉人没有投资也没有提出异议。另外,2007年,上诉人与被上诉人复婚,但是没有重新领取结婚证。2008年1月12日上诉人与被上诉人生育第二个儿子取名为洪晨超。上诉人2008年8月15日因赌博被判有期徒刑9个月,在上诉人服刑期间,被上诉人领取上诉人取保候审的保证金53 000元。2006年,被上诉人拿走向他人借钱购买的舒洪综合市场土地1 500多m^2的投资款49万元。2009年上诉人因赌博被公安机关网上通缉,被上诉人与他人再婚,拿走上诉人家中现金5万元,项链一条,白金钻戒一只,还领走电站投资款16万元。综上,被上诉人已经实际取得涉案房屋的价值65万元,请求二审依法改判,涉案房屋判归上诉人与被上诉人的两个儿子所有。

被上诉人李某芬辩称,上诉人在上诉状中陈述的事实不客观,即使上诉人陈述的事实和理由成立,也与本案没有关系。关于第一个问题上诉人讲到一审案由的变更问题,这是一审法院经审理根据案情的需要确定的,并不影响案件的处理。关于土地审批面积中12平方米没有审批的问题,一审判决书已做出阐述,对多出部分已罚款3 000元;关于涉案房屋装修问题,在上诉人居住之前,被上诉人已经对房屋进行了装修。2004年底,由于上诉人从外面回来没有地方居住,要求到涉案房屋居住,在这种情况下,被上诉人同意让上诉人居住至另外组成家庭为止。居住期间上诉人对涉案房屋适当添置和装修,但不存在上诉人所说的花费30万元装修的事实;至于上诉人的取保候审保证金,是被上诉人帮上诉人缴纳的,确实也是被上诉人领回的;至于综合市场的投资款问题,是被上诉人哥哥投资的,后来钱退回来,就由被上诉人哥哥直接办理手续了,与上诉人没有任何关系;关于项链问题,是上诉人当在别人处,由被上诉人出钱取回的;被上诉人没有拿走上诉人现金5万元;电站投资款是15万元,被上诉人同意等两个儿子成年后平均分给两个儿子。请求二审法院驳回上诉,维持原判。

原审被告舒某勇、何某春未发表答辩意见。

二审中双方当事人均未提交新的证据。二审查明的事实与原审一致。

本院认为,作为买受人的上诉人洪某会、被上诉人李某芬与作为出卖人的原审被告舒某勇、何某春于 2004 年 5 月 23 日签订的"立杜买契",形成房屋买卖合同关系,买受人基于房屋买卖合同所享有的是合同债权。根据《中华人民共和国物权法》第九条第一款的规定,"不动产物权的设立、变更、转让和消灭,经依法登记,发生效力;未经登记,不发生效力,但法律另有规定的除外",故本案涉案房屋办理产权变更登记之前,买受人并未取得涉案房屋的所有权。买受人可基于双方的买卖合同关系,要求出卖人履行合同义务,办理相关的物权登记,从而取得涉案房屋的所有权。但被上诉人李某芬基于 2004 年 5 月 23 日签订的"立杜买契"及 2004 年 11 月 8 日的"离婚协议书",要求确认涉案房屋归其所有,于法无据,不应予以支持。原审法院将涉案房屋确权给被上诉人李某芬错误,本院予以纠正。综上,原判适用法律错误,处理结果不当,应予改判。依照《中华人民共和国物权法》第九条、《中华人民共和国民事诉讼法》第一百七十条第一款第二项之规定,判决如下:

一、撤销缙云县人民法院(2013)丽缙民初字第 827 号民事判决书。略有文字改动。

二、驳回被上诉人李某芬的诉讼请求。

万某根与李某、第三人李某利离婚后财产纠纷案[⑧]

原告:万某根

被告:李某

第三人:李某利

原告诉称,原告万某根和被告李某于 2001 年 10 月 10 日登记结婚,2009 年 8 月 30 日,双方以被告李某的名义购买位于漯河市交通路

[⑧]河南省漯河市召陵区人民法院(2013)召民初字第 696 号民事判决书。略有文字改动。

新天地尚郡小区10号楼某某室的房产一套。2011年2月，李某曾向召陵区人民法院起诉离婚，后于2011年8月撤诉。2013年2月，万某根向法院起诉离婚，庭审中才发现李某已于2012年2月24日将漯河市交通路新天地尚郡小区10号楼某某室的房产以130 000元的价格擅自出卖给了第三人李某利，并已办理了房屋产权变更登记。原告认为，该套房产为原被告双方婚后共同出资购买，是夫妻共同财产，被告李某未经原告同意，在原告毫不知情的情况下擅自将该套房产出卖，其行为属于典型的恶意转移、变卖夫妻共同财产，故原告提起诉讼，请求依法判令被告李某向原告支付其擅自出售夫妻共同房产所得房款的2/3即86 600元，并承担本案诉讼费。

被告辩称，原告的说法与事实不符，漯河市交通路新天地尚郡小区10号楼某某室的房产实际上是李某的母亲以李某的名义于2009年2月25日购买的，该套住房不是原被告双方的夫妻共同财产，故应当驳回原告的诉讼请求。

原告为支持其主张向本院提交证据如下：

证据1，《商品房买卖合同》《房屋装饰装修管理协议》《漯河新天地尚郡住宅区业主临时公约》《住宅前期物业管理服务协议》，证明位于漯河市交通路新天地尚郡小区10号楼某某室的房产是原被告双方婚后共同出资并以李某的名义购买，为夫妻共同财产。

证据2，召陵区人民法院(2013)召民二初字第63号民事判决书及结婚证复印件，证明在万某根诉李某离婚案件中，李某恶意隐瞒漯河市交通路新天地尚郡小区10号楼某某室的房产为夫妻共同财产的真相，并将该套房产在原告毫不知情的情况下出卖给第三人李某利，其行为属于典型的恶意隐藏、转移、变卖夫妻共同财产。

证据3，漯河市交通路新天地尚郡小区10号楼某某室的房屋所有权存根，证明原被告双方夫妻关系存续期间，李某在万某根不知情的情况下，将该套夫妻共同房产出卖给第三人李某利。

被告质证认为，证据1真实性无异议，该套房产的购买时间是2009年2月25日，但实际签订合同的时间靠后，虽然该套房产的购买合同及相关手续上均是李某的名字，但实际出资人是李某的母亲，该套房产不是夫妻共同财产;证据2真实性无异议,该证据只能证明原被告双方的结婚及离婚时间,并不能证明李某恶意卖房的事实,并且判决书上也没有将涉案房产认定为夫妻共同财产,该套房产的出卖情况也是被告在离婚诉讼庭审中主动告诉原告的,因此,不存在被告恶意卖房的情况;证据3真实性无异议,事实上该套房产是李某的母亲在2011年10月28日卖给了一个叫李会杰的房屋中介人,房屋出卖价格为100 000元。

被告为支持其主张向本院提交证据如下:

证据1,房屋买卖合同书,证明2011年10月28日,李某及其母亲与一个叫李会杰的房屋中介人签订了房屋买卖合同,总价款为100 000元。

证据2,提前还款凭证,证明该套房屋提前还贷款49 200元。

证据3,李某母亲交纳的房屋首付款等相关票据,证明该套房屋的购买时间是2009年2月25日,实际出资人为李某母亲。

证据4,(2013)召民二初字第63号民事判决书及庭审笔录,证明该套房产不是夫妻共同财产,该套房产的出卖情况也是被告在离婚诉讼庭审中主动告诉原告的,不存在原告所称的被告恶意卖房的情况。

原告质证认为,证据1真实性有异议,李某是以130 000元的价格将房产卖给了李某利,和李会杰没有关系,该合同书内容不真实;证据2真实性无异议,李某提前还款是在婚姻存续期间以夫妻共同财产偿还的,本案在处理时不应当扣除提前偿还的贷款;证据3真实性无异议,但票据上证明交款人均是李某,该房产为夫妻共同财产,和李某母亲无关;证据4真实性无异议,被告在离婚诉讼中称该套房产是其母亲出资以被告的名义购买,但从本案的房产手续来看,均证明购买人是李某,和其母亲无关,这就更证明了李某擅自卖房的行为是恶意隐藏、转移、变卖夫妻共同财产。

经审理查明,原告万某根和被告李某于2001年10月10日登记结婚,2009年8月30日,原被告双方以被告李某的名义按揭贷款购买了位于漯河市交通路新天地尚郡小区10号楼某某室的房产一套。2011年2月,李某曾向召陵区人民法院起诉离婚,后于2011年8月撤诉。

2013年2月,万某根向法院起诉离婚过程中,发现李某已于2012年2月17日将漯河市交通路新天地尚郡小区10号楼某某室的房产擅自出卖给了第三人李某利,并于2012年2月24日办理了房屋产权变更登记。2013年4月28日,召陵区人民法院关于万某根诉李某离婚纠纷一案作出的(2013)召民二初字第63号离婚判决书中,以无法确定该套房产是否为共同财产为由,未对该处房产作出处理。本案在审理过程中,人民法院依职权向漯河市房屋产权交易管理处调取查询了李某与李某利签订的房产转让协议,查明涉案房屋的买卖价格为100 000元。

另查明,2011年11月21日,李某提前一次性偿还漯河市交通路新天地尚郡小区10号楼某某室的房屋贷款49 200.40元。

本院认为,原被告双方以被告李某的名义于2009年8月30日购买的位于漯河市交通路新天地尚郡小区10号楼某某室的房产一套,系双方婚姻关系存续期间购买,为夫妻共同财产,李某在万某根毫不知情的情况下,将该套房产擅自出卖给第三人李某利并办理了房屋产权变更登记,其行为系擅自变卖夫妻共同财产的行为。2013年2月,万某根向法院起诉离婚时才发现该套房屋已被李某擅自出卖,依照《中华人民共和国婚姻法》第四十七条第一款之规定,"离婚后,一方发现另一方有隐藏、转移、变卖、毁损夫妻共同财产行为的,可以向人民法院提起诉讼,请求再次分割夫妻共同财产",故李某出卖该套房屋所得的房屋出售款应当按照夫妻共同财产予以再次分割。另,该套房屋系原被告双方以被告李某的名义按揭贷款购买,该贷款为夫妻共同债务,故李某提前一次性偿还的银行贷款49 200.40元,应当从出卖房屋所得的房屋出售款中扣除,下余50 799.60元,按照夫妻共同财产予以平均分割,原告万某根应得的25 399.80元,应当由被告李某予以返还。依照《中华人民共和国婚姻法》第三十九条、第四十一条、第四十七条第一款,《最高人民法院关于适用〈中华人民共和国婚姻法〉若干问题的解释(三)》第十一条,《中华人民共和国民事诉讼法》第一百四十四条之规定,判决如下:

一、被告李某于判决生效后十日内返还原告万某根人民币25 399.80元。

二、驳回原告万某根的其他诉讼请求。

王某国等人与枣庄市房产管理局行政登记纠纷案⑨

上诉人（原审第三人）：王某军
被上诉人（原审原告）：王某国
原审被告：枣庄市房产管理局（以下简称市房管局）
原审第三人：王某会
原审第三人：王某秋
原审第三人：王某玲

坐落于市中区君山路马宅子南里3号楼4单元2层西户的讼争房产原登记在王文祥名下。王文祥去世后，其家人于2010年5月12日办理了(2010)枣兴鲁证民字第616号公证书，公证的内容是讼争房产由刘洪真一人继承。2010年5月31日，刘洪真持所有权人为"王文祥"的房屋所有权证、本人身份证、(2010)枣兴鲁证民字第616号公证书等材料到被告市房管局办理产权转移登记。被告市房管局经审查，于2010年6月10日为刘洪真颁发了枣房权证枣字第00306559号房屋所有权证。2012年4月24日，刘洪真与第三人王某军持双方身份证、户口簿、第三人王某军的婚姻登记记录证明、第三人王某军与刘洪真签订的房屋买卖协议书、枣房权证枣字第00306559号房屋所有权证等材料到被告市房管局办理产权转移登记。被告市房管局审核了买卖双方提交的材料，认为事实清楚、要件齐全，遂于2012年5月10日为第三人王某军颁发了枣房权证枣字第00331403号房屋所有权证。2012年11月19日，山东省枣庄市兴鲁公证处发现(2010)枣兴鲁证民字第616号

---
⑨山东省枣庄市中级人民法院(2013)枣行终字第32号行政判决书。略有文字改动。

公证书中关于继承人人数的内容与事实不符,依法作出了(2012)枣兴鲁证撤字第 2 号撤销公证书决定书,决定撤销(2010)枣兴鲁证民字第 616 号公证书。原告王某国遂于 2013 年 1 月 14 日提起行政诉讼。

原审法院认为:一、被告市房管局为刘洪真颁发枣房权证枣字第 00306559 号房屋所有权证时,依据的主要材料是刘洪真提交的(2010)枣兴鲁证民字第 616 号公证书,现该公证书已被原公证机关依法撤销,因此,被告市房管局为刘洪真颁发的枣房权证枣字第 00306559 号房屋所有权证缺乏事实依据,属主要证据不足,依法应确认被告市房管局办理枣房权证枣字第 00306559 号房屋所有权证的登记行为违法。同理,第三人王某军的枣房权证枣字第 00331403 号房屋所有权证是在刘洪真的枣房权证枣字第 00306559 号房屋所有权证的基础上转移登记取得,因刘洪真办理房屋所有权证依据的主要材料已被依法撤销,故被告市房管局为第三人王某军颁发的枣房权证枣字第 00331403 号房屋所有权证的登记行为亦缺乏事实依据,属主要证据不足,依法应当撤销。二、第三人王某秋认为应根据最高人民法院《关于审理房屋登记案件若干问题的规定》第八条的规定中止本案审理的答辩意见本院不予采纳,理由是:最高人民法院《关于审理房屋登记案件若干问题的规定》第八条规定的起诉理由是"作为房屋登记行为基础的买卖、共有、赠与、抵押、婚姻、继承等民事法律关系无效或者应当撤销",而本案原告王某国提起诉讼的理由是作为王洪真办理房产证主要依据的公证书已被撤销,故本案不适用该条的规定。依照《中华人民共和国行政诉讼法》第五十四条第二项第 1 目和《最高人民法院关于执行〈中华人民共和国行政诉讼法〉若干问题的解释》第五十七条第二款第二项之规定,判决一、确认被告枣庄市房产管理局于 2010 年 6 月 10 日为刘洪真颁发的枣房权证枣字第 00306559 号房屋所有权证的具体行政行为违法;二、撤销被告枣庄市房产管理局于 2012 年 5 月 10 日为第三人王某军颁发的枣房权证枣字第 00331403 号房屋所有权证。案件受理费 50 元,由被告枣庄市房产管理局承担。

上诉人王某军不服一审判决,提起上诉称,1. 一审程序违法,漏列了王某民、王某善、王某春为第三人。2. 本案应先民事后行政,中止行政案件的审理，待对买卖合同的效力确认后，再恢复行政案件的审理。综上所述，请求二审法院撤销原判，依法发回重审或驳回被上诉人的起诉；二审诉讼费用由被上诉人承担。

被上诉人王某国辩称，1. 王某民、王某善、王某春不是本案行政行为的相对人，不存在漏列问题。2. 被上诉人提起诉讼的理由是，作为刘洪真办理房产证的主要证据公证文书被撤销，因此，本案不适用先民事后行政，且王某军在办证时不存在善意问题，因此，请求二审法院维持原判。

原审被告市房管局辩称，申请登记人骗取了公证书进而骗取了登记，因此，行政机关没有违法登记行为。行政机关的登记行为既有事实依据，又有法律依据，合法有效，请二审法院依法采纳。

原审第三人没有发表意见。

本院二审认定的事实同一审查明的事实。

本院认为，(2010)枣兴鲁证民字第616号公证书是证明房屋所有权发生转移给刘洪真的主要依据，由于该公证书已被依法撤销，故原审被告市房管局为刘洪真颁发枣房权证枣字第00306559号房屋所有权证的首次转移登记行为主要证据不足。但鉴于该房屋所有权又基于民事合同后续转移给上诉人王某军，故依法确认该首次转移登记行为违法。在首次转移登记行为违法的情况下，由于该房屋已为上诉人王某军善意取得，故本院确认原审被告市房管局为上诉人王某军颁发枣房权证枣字第00331403号房屋所有权证的后续转移登记行为违法，但不撤销该登记行为。综上，被上诉人王某国请求撤销原审被告市房管局为上诉人王某军颁发枣房权证枣字第00331403号房屋所有权证的登记行为的诉讼请求不当，本院不予支持。原判决适用法律错误，依法应予纠正。依照《中华人民共和国行政诉讼法》第六十一条第二项，《最高人民法院关于审理房屋登记案件若干问题的规定》第十一条第三款之规定，判决如下：

一、维持山东省枣庄市市中区人民法院(2013)市中行初字第3号行政判决第一项，即"确认被告枣庄市房产管理局于2010年6月10日为刘洪真颁发的枣房权证枣字第00306559号房屋所有权证的具体行

政行为违法"及案件受理费负担部分;

二、变更山东省枣庄市市中区人民法院(2013)市中行初字第3号行政判决第二项"撤销被告枣庄市房产管理局于2012年5月10日为第三人王某军颁发的枣房权证枣字第00331403号房屋所有权证",为"确认原审被告枣庄市房产管理局于2012年5月10日为上诉人王某军颁发枣房权证枣字第00331403号房屋所有权证的具体行政行为违法"。

黄某琴与张某竣、广州加怡房地产开发有限公司相邻损害关系纠纷案[⑩]

原告:黄某琴

被告:张某竣

被告:广州加怡房地产开发有限公司(以下简称加怡公司)

被告加怡公司是怡港街10号1305房业主,被告张某竣是使用人,由于被告张某竣使用的1305房卫生间渗漏导致原告1205房卫生间天花板发胀、起泡情况。原告多次向被告反映漏水情况及要求采取措施修复,物业管理处也多次协调被告要求修复,但是被告虽表示愿意修复却一再拖延不予处理。现原告房屋卫生间天花板发胀、起泡情况越来越严重,但被告拒不解决渗漏水问题,故原告起诉要求被告:1.立即修复广州市海珠区怡港街10号1305房卫生间渗漏水、怡港街10号1205房卫生间天花板发胀、起泡问题;2.承担本案所有诉讼费用。

被告张某竣辩称,其不是本案的当事人,原告没有任何证据显示其

[⑩] 广州市海珠区人民法院(2013)穗海法民三初字第2162号民事判决书。略有文字改动。

为1305房的实际使用人,其也不是产权人。1305房确认是其购买,但至今未取得房产证。本案的纠纷是从2009年11月开始,从原告提交的现场照片可以看到水迹只有十几厘米,要修复的话是很简单的,且在2009年至今还是这么小的水迹,是怎么形成的很难讲。从现场的照片看,原告是将下水道和排污管都作全封闭处理,违反了房屋内部装修条例,房屋内部的排污管和排水管不应该采取封闭的形式。现涉案房屋已没有漏水,考虑到是上下楼的邻居,其同意维修原告房屋漏水水迹的部位。

被告加怡公司辩称,其只是房产的开发商,并履行了交房义务,在本案中不是适格的诉讼主体,而被告张某竣是涉案房产的所有权人,故其与本案无直接的利害关系,相关权利义务与其无关,请求驳回原告对其的诉讼请求。

经审理查明,原告是广州市海珠区怡港街10号1205房的权属人。被告张某竣向被告加怡公司购买而实际取得广州市海珠区怡港街10号1305房。

原告为证明其诉讼主张,还提交了如下证据:

1. 照片。用以证明其房屋墙面已出现渗水、起泡、发胀现象。

2. 致B幢1305房业主的一封信,内容为:因你家卫生间水管破裂渗水,现渗入B幢1205房间,导致该业主投诉,请收到此信后即时联系管理处,等等。用以证明其已多次向被告、物管处反映被告房屋渗水现象,要求被告予以修缮,但被告至今置之不理。

经质证,被告张某竣对上述证据的质证意见为:对第1项证据的真实性没有异议;第2项证据其知道有这封信,但没有投递给其,该信不是原件,而且不是最早的函件,最早的函件从2009年开始。被告加怡公司没有提出质证意见。

在本案审理期间,原告向本院提出《鉴定评估申请书》,请求对其上址房屋卫生间出现发胀、起泡现象的原因进行鉴定并评估修复该卫生间墙面的修复费用。被告张某竣表示其不同意进行该项鉴定,其完全同意原告的诉讼请求,愿意修复漏水部位,无论是从房下维修起还是其上面一起维修,但要求原告给予维修配合。经本院释明,原告表示坚持将被告加怡公司列为本案当事人。被告张某竣表示其不要求被告加怡公司承担责任，由其与原告一起处理漏水问题。

本院认为，不动产的相邻各方，应当按照有利生产、方便生活、团结互助、公平合理的精神，正确处理截水、排水、通行、通风、采光等方面的相邻关系。原告虽向本院提出《鉴定评估申请书》，请求对其上址房屋卫生间出现发胀、起泡现象的原因进行鉴定并评估修复该卫生间墙面的修复费用，但被告张某竣对原告提交的照片的真实性没有异议，且表示其完全同意原告的诉讼请求，愿意修复漏水部位，无论是从房下维修起还是其上面一起维修，故无须再做相关的鉴定评估。被告张某竣应聘请有资质的专业维修单位对上址房屋进行维修并承担相关费用。原告在被告张某竣进行维修时，应予协助和配合。两被告之间的房屋买卖关系属另一法律关系，且被告张某竣表示其不要求被告加怡公司承担责任，由其与原告一起处理漏水问题，经本院释明后，原告仍表示坚持将被告加怡公司列为本案当事人，故本院对原告关于被告加怡公司的相关主张不予支持。

综上所述，依照《中华人民共和国民法通则》第八十三条、第一百三十四条第一款第二项、第五项，《最高人民法院关于民事诉讼证据的若干规定》第二条的规定，判决如下：

一、被告张某竣在本判决生效之日起 10 日内，聘请有资质的专业维修单位对广州市海珠区怡港街 10 号 1305 房的卫生间的地面进行维修，直至该卫生间下方的广州市海珠区怡港街 10 号 1205 房的卫生间楼顶板处原漏水位置不再漏水为止，所需费用由被告张某竣负担。

二、被告张某竣在本判决生效之日起 10 日内，聘请有资质的专业维修单位对广州市海珠区怡港街 10 号 1205 房卫生间的楼顶板的漏水部位进行维修，并在维修完毕之后将施工破坏部分恢复原状，所需费用由被告张某竣负担；原告在被告张某竣进行维修时，应予协助和配合。

三、驳回原告黄某琴的其他诉讼请求。

本案受理费 50 元，由被告张某竣负担。本案受理费已由原告预付，原告同意被告张某竣在履行本判决时将应负担的受理费直接支付给原告。

二、相关主要法律法规

中华人民共和国城市房地产管理法

(1994年7月5日第八届全国人民代表大会常务委员会第八次会议通过。根据2007年8月30日第十届全国人民代表大会常务委员会第二十九次会议通过《全国人民代表大会常务委员会关于修改〈中华人民共和国城市房地产管理法〉的决定》修正)

第一章 总 则

第一条 为了加强对城市房地产的管理,维护房地产市场秩序,保障房地产权利人的合法权益,促进房地产业的健康发展,制定本法。

第二条 在中华人民共和国城市规划区国有土地(以下简称国有土地)范围内取得房地产开发用地的土地使用权,从事房地产开发、房地产交易,实施房地产管理,应当遵守本法。

本法所称房屋,是指土地上的房屋等建筑物及构筑物。

本法所称房地产开发,是指在依据本法取得国有土地使用权的土地上进行基础设施、房屋建设的行为。

本法所称房地产交易,包括房地产转让、房地产抵押和房屋租赁。

第三条 国家依法实行国有土地有偿、有限期使用制度。但是,国家在本法规定的范围内划拨国有土地使用权的除外。

第四条 国家根据社会、经济发展水平,扶持发展居民住宅建设,逐步改善居民的居住条件。

第五条 房地产权利人应当遵守法律和行政法规,依法纳税。房地产权利人的合法权益受法律保护,任何单位和个人不得侵犯。

第六条 为了公共利益的需要,国家可以征收国有土地上单位和个人的房屋,并依法给予拆迁补偿,维护被征收人的合法权益;征收个人住宅的,还应当保障被征收人的居住条件。具体办法由国务院规定。

第七条　国务院建设行政主管部门、土地管理部门依照国务院规定的职权划分,各司其职,密切配合,管理全国房地产工作。

县级以上地方人民政府房产管理、土地管理部门的机构设置及其职权由省、自治区、直辖市人民政府确定。

第二章　房地产开发用地

第一节　土地使用权出让

第八条　土地使用权出让,是指国家将国有土地使用权(以下简称土地使用权)在一定年限内出让给土地使用者,由土地使用者向国家支付土地使用权出让金的行为。

第九条　城市规划区内的集体所有的土地,经依法征收转为国有土地后,该幅国有土地的使用权方可有偿出让。

第十条　土地使用权出让,必须符合土地利用总体规划、城市规划和年度建设用地计划。

第十一条　县级以上地方人民政府出让土地使用权用于房地产开发的,须根据省级以上人民政府下达的控制指标拟订年度出让土地使用权总面积方案,按照国务院规定,报国务院或者省级人民政府批准。

第十二条　土地使用权出让,由市、县人民政府有计划、有步骤地进行。出让的每幅地块、用途、年限和其他条件,由市、县人民政府土地管理部门会同城市规划、建设、房产管理部门共同拟订方案,按照国务院规定,报经有批准权的人民政府批准后,由市、县人民政府土地管理部门实施。

直辖市的县人民政府及其有关部门行使前款规定的权限,由直辖市人民政府规定。

第十三条　土地使用权出让,可以采取拍卖、招标或者双方协议的方式。

商业、旅游、娱乐和豪华住宅用地,有条件的,必须采取拍卖、招标方式;没有条件,不能采取拍卖、招标方式的,可以采取双方协议的方式。

采取双方协议方式出让土地使用权的出让金不得低于按国家规定所确定的最低价。

第十四条 土地使用权出让最高年限由国务院规定。

第十五条 土地使用权出让,应当签订书面出让合同。

土地使用权出让合同由市、县人民政府土地管理部门与土地使用者签订。

第十六条 土地使用者必须按照出让合同约定,支付土地使用权出让金;未按照出让合同约定支付土地使用权出让金的,土地管理部门有权解除合同,并可以请求违约赔偿。

第十七条 土地使用者按照出让合同约定支付土地使用权出让金的,市、县人民政府土地管理部门必须按照出让合同约定,提供出让的土地;未按照出让合同约定提供出让的土地的,土地使用者有权解除合同,由土地管理部门返还土地使用权出让金,土地使用者并可以请求违约赔偿。

第十八条 土地使用者需要改变土地使用权出让合同约定的土地用途的,必须取得出让方和市、县人民政府城市规划行政主管部门的同意,签订土地使用权出让合同变更协议或者重新签订土地使用权出让合同,相应调整土地使用权出让金。

第十九条 土地使用权出让金应当全部上缴财政,列入预算,用于城市基础设施建设和土地开发。土地使用权出让金上缴和使用的具体办法由国务院规定。

第二十条 国家对土地使用者依法取得的土地使用权,在出让合同约定的使用年限届满前不收回;在特殊情况下,根据社会公共利益的需要,可以依照法律程序提前收回,并根据土地使用者使用土地的实际年限和开发土地的实际情况给予相应的补偿。

第二十一条 土地使用权因土地灭失而终止。

第二十二条 土地使用权出让合同约定的使用年限届满,土地使用者需要继续使用土地的,应当至迟于届满前一年申请续期,除根据社会公共利益需要收回该幅土地的,应当予以批准。经批准准予续期的,应当重新签订土地使用权出让合同,依照规定支付土地使用权出让金。

土地使用权出让合同约定的使用年限届满,土地使用者未申请续期或者虽申请续期但依照前款规定未获批准的,土地使用权由国家无偿收回。

第二节　土地使用权划拨

第二十三条　土地使用权划拨,是指县级以上人民政府依法批准,在土地使用者缴纳补偿、安置等费用后将该幅土地交付其使用,或者将土地使用权无偿交付给土地使用者使用的行为。

依照本法规定以划拨方式取得土地使用权的,除法律、行政法规另有规定外,没有使用期限的限制。

第二十四条　下列建设用地的土地使用权,确属必需的,可以由县级以上人民政府依法批准划拨:

(一)国家机关用地和军事用地;

(二)城市基础设施用地和公益事业用地;

(三)国家重点扶持的能源、交通、水利等项目用地;

(四)法律、行政法规规定的其他用地。

第三章　房地产开发

第二十五条　房地产开发必须严格执行城市规划,按照经济效益、社会效益、环境效益相统一的原则,实行全面规划、合理布局、综合开发、配套建设。

第二十六条　以出让方式取得土地使用权进行房地产开发的,必须按照土地使用权出让合同约定的土地用途、动工开发期限开发土地。超过出让合同约定的动工开发日期满一年未动工开发的,可以征收相当于土地使用权出让金百分之二十以下的土地闲置费;满二年未动工开发的,可以无偿收回土地使用权;但是,因不可抗力或者政府、政府有关部门的行为或者动工开发必需的前期工作造成动工开发迟延的除外。

第二十七条 房地产开发项目的设计、施工,必须符合国家的有关标准和规范。

房地产开发项目竣工,经验收合格后,方可交付使用。

第二十八条 依法取得的土地使用权,可以依照本法和有关法律、行政法规的规定,作价入股,合资、合作开发经营房地产。

第二十九条 国家采取税收等方面的优惠措施鼓励和扶持房地产开发企业开发建设居民住宅。

第三十条 房地产开发企业是以营利为目的,从事房地产开发和经营的企业。设立房地产开发企业,应当具备下列条件:

(一)有自己的名称和组织机构;

(二)有固定的经营场所;

(三)有符合国务院规定的注册资本;

(四)有足够的专业技术人员;

(五)法律、行政法规规定的其他条件。

设立房地产开发企业,应当向工商行政管理部门申请设立登记。工商行政管理部门对符合本法规定条件的,应当予以登记,发给营业执照;对不符合本法规定条件的,不予登记。

设立有限责任公司、股份有限公司,从事房地产开发经营的,还应当执行公司法的有关规定。

房地产开发企业在领取营业执照后的一个月内,应当到登记机关所在地的县级以上地方人民政府规定的部门备案。

第三十一条 房地产开发企业的注册资本与投资总额的比例应当符合国家有关规定。

房地产开发企业分期开发房地产的,分期投资额应当与项目规模相适应,并按照土地使用权出让合同的约定,按期投入资金,用于项目建设。

第四章　房地产交易

第一节　一般规定

第三十二条　房地产转让、抵押时,房屋的所有权和该房屋占用范围内的土地使用权同时转让、抵押。

第三十三条　基准地价、标定地价和各类房屋的重置价格应当定期确定并公布。具体办法由国务院规定。

第三十四条　国家实行房地产价格评估制度。

房地产价格评估,应当遵循公正、公平、公开的原则,按照国家规定的技术标准和评估程序,以基准地价、标定地价和各类房屋的重置价格为基础,参照当地的市场价格进行评估。

第三十五条　国家实行房地产成交价格申报制度。

房地产权利人转让房地产,应当向县级以上地方人民政府规定的部门如实申报成交价,不得瞒报或者作不实的申报。

第三十六条　房地产转让、抵押,当事人应当依照本法第五章的规定办理权属登记。

第二节　房地产转让

第三十七条　房地产转让,是指房地产权利人通过买卖、赠与或者其他合法方式将其房地产转移给他人的行为。

第三十八条　下列房地产,不得转让:

(一)以出让方式取得土地使用权的,不符合本法第三十九条规定的条件的;

(二)司法机关和行政机关依法裁定、决定查封或者以其他形式限制房地产权利的;

(三)依法收回土地使用权的;

(四)共有房地产,未经其他共有人书面同意的;

(五)权属有争议的;

(六)未依法登记领取权属证书的;

(七)法律、行政法规规定禁止转让的其他情形。

第三十九条　以出让方式取得土地使用权的,转让房地产时,应当符合下列条件：

(一)按照出让合同约定已经支付全部土地使用权出让金,并取得土地使用权证书；

(二)按照出让合同约定进行投资开发,属于房屋建设工程的,完成开发投资总额的百分之二十五以上,属于成片开发土地的,形成工业用地或者其他建设用地条件。

转让房地产时房屋已经建成的,还应当持有房屋所有权证书。

第四十条　以划拨方式取得土地使用权的,转让房地产时,应当按照国务院规定,报有批准权的人民政府审批。有批准权的人民政府准予转让的,应当由受让方办理土地使用权出让手续,并依照国家有关规定缴纳土地使用权出让金。

以划拨方式取得土地使用权的,转让房地产报批时,有批准权的人民政府按照国务院规定决定可以不办理土地使用权出让手续的,转让方应当按照国务院规定将转让房地产所获收益中的土地收益上缴国家或者作其他处理。

第四十一条　房地产转让,应当签订书面转让合同,合同中应当载明土地使用权取得的方式。

第四十二条　房地产转让时,土地使用权出让合同载明的权利、义务随之转移。

第四十三条　以出让方式取得土地使用权的,转让房地产后,其土地使用权的使用年限为原土地使用权出让合同约定的使用年限减去原土地使用者已经使用年限后的剩余年限。

第四十四条　以出让方式取得土地使用权的,转让房地产后,受让人改变原土地使用权出让合同约定的土地用途的,必须取得原出让方和市、县人民政府城市规划行政主管部门的同意,签订土地使用权出让合同变更协议或者重新签订土地使用权出让合同,相应调整土地使用权出让金。

第四十五条　商品房预售,应当符合下列条件：

（一）已交付全部土地使用权出让金,取得土地使用权证书;

（二）持有建设工程规划许可证;

（三）按提供预售的商品房计算,投入开发建设的资金达到工程建设总投资的百分之二十五以上,并已经确定施工进度和竣工交付日期;

（四）向县级以上人民政府房产管理部门办理预售登记,取得商品房预售许可证明。

商品房预售人应当按照国家有关规定将预售合同报县级以上人民政府房产管理部门和土地管理部门登记备案。

商品房预售所得款项,必须用于有关的工程建设。

第四十六条　商品房预售的,商品房预购人将购买的未竣工的预售商品房再行转让的问题,由国务院规定。

第三节　房地产抵押

第四十七条　房地产抵押,是指抵押人以其合法的房地产以不转移占有的方式向抵押权人提供债务履行担保的行为。债务人不履行债务时,抵押权人有权依法以抵押的房地产拍卖所得的价款优先受偿。

第四十八条　依法取得的房屋所有权连同该房屋占用范围内的土地使用权,可以设定抵押权。

以出让方式取得的土地使用权,可以设定抵押权。

第四十九条　房地产抵押,应当凭土地使用权证书、房屋所有权证书办理。

第五十条　房地产抵押,抵押人和抵押权人应当签订书面抵押合同。

第五十一条　设定房地产抵押权的土地使用权是以划拨方式取得的,依法拍卖该房地产后,应当从拍卖所得的价款中缴纳相当于应缴纳的土地使用权出让金的款额后,抵押权人方可优先受偿。

第五十二条　房地产抵押合同签订后,土地上新增的房屋不属于抵押财产。需要拍卖该抵押的房地产时,可以依法将土地上新增的房屋与抵押财产一同拍卖,但对拍卖新增房屋所得,抵押权人无权优先受偿。

第四节 房屋租赁

第五十三条 房屋租赁,是指房屋所有权人作为出租人将其房屋出租给承租人使用,由承租人向出租人支付租金的行为。

第五十四条 房屋租赁,出租人和承租人应当签订书面租赁合同,约定租赁期限、租赁用途、租赁价格、修缮责任等条款,以及双方的其他权利和义务,并向房产管理部门登记备案。

第五十五条 住宅用房的租赁,应当执行国家和房屋所在城市人民政府规定的租赁政策。租用房屋从事生产、经营活动的,由租赁双方协商议定租金和其他租赁条款。

第五十六条 以营利为目的,房屋所有权人将以划拨方式取得使用权的国有土地上建成的房屋出租的,应当将租金中所含土地收益上缴国家。具体办法由国务院规定。

第五节 中介服务机构

第五十七条 房地产中介服务机构包括房地产咨询机构、房地产价格评估机构、房地产经纪机构等。

第五十八条 房地产中介服务机构应当具备下列条件:

(一)有自己的名称和组织机构;
(二)有固定的服务场所;
(三)有必要的财产和经费;
(四)有足够数量的专业人员;
(五)法律、行政法规规定的其他条件。

设立房地产中介服务机构,应当向工商行政管理部门申请设立登记,领取营业执照后,方可开业。

第五十九条 国家实行房地产价格评估人员资格认证制度。

第五章 房地产权属登记管理

第六十条 国家实行土地使用权和房屋所有权登记发证制度。

第六十一条 以出让或者划拨方式取得土地使用权,应当向县级以上地方人民政府土地管理部门申请登记,经县级以上地方人民政府土地管理部门核实,由同级人民政府颁发土地使用权证书。

在依法取得的房地产开发用地上建成房屋的,应当凭土地使用权证书向县级以上地方人民政府房产管理部门申请登记,由县级以上地方人民政府房产管理部门核实并颁发房屋所有权证书。

房地产转让或者变更时,应当向县级以上地方人民政府房产管理部门申请房产变更登记,并凭变更后的房屋所有权证书向同级人民政府土地管理部门申请土地使用权变更登记,经同级人民政府土地管理部门核实,由同级人民政府更换或者更改土地使用权证书。

法律另有规定的,依照有关法律的规定办理。

第六十二条　房地产抵押时,应当向县级以上地方人民政府规定的部门办理抵押登记。

因处分抵押房地产而取得土地使用权和房屋所有权的,应当依照本章规定办理过户登记。

第六十三条　经省、自治区、直辖市人民政府确定,县级以上地方人民政府由一个部门统一负责房产管理和土地管理工作的,可以制作、颁发统一的房地产权证书,依照本法第六十一条的规定,将房屋的所有权和该房屋占用范围内的土地使用权的确认和变更,分别载入房地产权证书。

第六章　法律责任

第六十四条　违反本法第十一条、第十二条的规定,擅自批准出让或者擅自出让土地使用权用于房地产开发的,由上级机关或者所在单位给予有关责任人员行政处分。

第六十五条　违反本法第三十条的规定,未取得营业执照擅自从事房地产开发业务的,由县级以上人民政府工商行政管理部门责令停止房地产开发业务活动,没收违法所得,可以并处罚款。

第六十六条　违反本法第三十九条第一款的规定转让土地使用权的,由县级以上人民政府土地管理部门没收违法所得,可以并处罚款。

第六十七条　违反本法第四十条第一款的规定转让房地产的,由县级以上人民政府土地管理部门责令缴纳土地使用权出让金,没收违法所得,可以并处罚款。

第六十八条 违反本法第四十五条第一款的规定预售商品房的,由县级以上人民政府房产管理部门责令停止预售活动,没收违法所得,可以并处罚款。

第六十九条 违反本法第五十八条的规定,未取得营业执照擅自从事房地产中介服务业务的,由县级以上人民政府工商行政管理部门责令停止房地产中介服务业务活动,没收违法所得,可以并处罚款。

第七十条 没有法律、法规的依据,向房地产开发企业收费的,上级机关应当责令退回所收取的钱款;情节严重的,由上级机关或者所在单位给予直接责任人员行政处分。

第七十一条 房产管理部门、土地管理部门工作人员玩忽职守、滥用职权,构成犯罪的,依法追究刑事责任;不构成犯罪的,给予行政处分。

房产管理部门、土地管理部门工作人员利用职务上的便利,索取他人财物,或者非法收受他人财物为他人谋取利益,构成犯罪的,依法追究刑事责任;不构成犯罪的,给予行政处分。

第七章 附 则

第七十二条 在城市规划区外的国有土地范围内取得房地产开发用地的土地使用权,从事房地产开发、交易活动以及实施房地产管理,参照本法执行。

第七十三条 本法自 1995 年 1 月 1 日起施行。

附录
相关主要法律法规

中华人民共和国建筑法

（1997年11月1日第八届全国人民代表大会常务委员会第28次会议通过。根据2011年4月22日第十一届全国人民代表大会常务委员会第20次会议《关于修改〈中华人民共和国建筑法〉的决定》修正）

第一章 总 则

第一条 为了加强对建筑活动的监督管理，维护建筑市场秩序，保证建筑工程的质量和安全，促进建筑业健康发展，制定本法。

第二条 在中华人民共和国境内从事建筑活动，实施对建筑活动的监督管理，应当遵守本法。

本法所称建筑活动，是指各类房屋建筑及其附属设施的建造和与其配套的线路、管道、设备的安装活动。

第三条 建筑活动应当确保建筑工程质量和安全，符合国家的建筑工程安全标准。

第四条 国家扶持建筑业的发展，支持建筑科学技术研究，提高房屋建筑设计水平，鼓励节约能源和保护环境，提倡采用先进技术、先进设备、先进工艺、新型建筑材料和现代管理方式。

第五条 从事建筑活动应当遵守法律、法规，不得损害社会公共利益和他人的合法权益。任何单位和个人都不得妨碍和阻挠依法进行的建筑活动。

第六条 国务院建设行政主管部门对全国的建筑活动实施统一监督。

第二章 建筑许可

第一节 建筑工程施工许可

第七条 建筑工程开工前，建设单位应当按照国家有关规定向工程所在地县级以上人民政府建设行政主管部门申请领取施工许可证；但是，国务院建设行政主管部门确定的限额以下的小型工程除外。

按照国务院规定的权限和程序批准开工报告的建筑工程，不再领取施工许可证。

第八条 申请领取施工许可证，应当具备下列条件：

（一）已经办理该建筑工程用地批准手续；

（二）在城市规划区的建筑工程，已经取得规划许可证；

（三）需要拆迁的，其拆迁进度符合施工要求；

（四）已经确定建筑施工企业；

（五）有满足施工需要的施工图纸及技术资料；

（六）有保证工程质量和安全的具体措施；

（七）建设资金已经落实；

（八）法律、行政法规规定的其他条件。

建设行政主管部门应当自收到申请之日起十五日内，对符合条件的申请颁发施工许可证。

第九条 建设单位应当自领取施工许可证之日起三个月内开工，因故不能按期开工的，应当向发证机关申请延期；延期以两次为限，每次不超过三个月。既不开工又不申请延期或者超过延期时限的，施工许可证自行废止。

第十条 在建的建筑工程因故中止施工的，建设单位应当自中止施工之日起一个月内，向发证机关报告，并按照规定做好建筑工程的维护管理工作。

建筑工程恢复施工时，应当向发证机关报告；中止施工满一年的工程恢复施工前，建设单位应当报发证机关核验施工许可证。

第十一条 按照国务院有关规定批准开工报告的建筑工程，因故不能按期开工或者中止施工的，应当及时向批准机关报告情况。因故不能按期开工超过六个月的，应当重新办理开工报告的批准手续。

第二节　从业资格

第十二条 从事建筑活动的建筑施工企业、勘察单位、设计单位和

工程监理单位,应当具备下列条件:

(一)符合国家规定的注册资本;

(二)与其从事的建筑活动相适应的具有法定执业资格的专业技术人员;

(三)有从事相关建筑活动所应有的技术装备;

(四)法律、行政法规规定的其他条件。

第十三条 从事建筑活动的建筑施工企业、勘察单位、设计单位和工程监理单位,按照其拥有的注册资本、专业技术人员、技术装备和已完成的建筑工程业绩等资质条件,划分为不同的资质等级,经资质审查合格,取得相应等级的资质证书后,方可在其资质等级许可的范围内从事建筑活动。

第十四条 从事建筑活动的专业技术人员,应当依法取得相应的执业资格证书,并在执业资格证书许可的范围内从事建筑活动。

第三章 建筑工程发包与承包

第一节 一般规定

第十五条 建筑工程的发包单位与承包单位应当依法订立书面合同,明确双方的权利和义务。

发包单位和承包单位应当全面履行合同约定的义务。不按照合同约定履行义务的,依法承担违约责任。

第十六条 建筑工程发包与承包的招标投标活动,应当遵循公开、公正、平等竞争的原则,择优选择承包单位。

建筑工程的招标投标,本法没有规定的,适用有关招标投标法律的规定。

第十七条 发包单位及其工作人员在建筑工程发包中不得收受贿赂、回扣或者索取其他好处。

承包单位及其工作人员不得利用向发包单位及其工作人员行贿、提供回扣或者给予其他好处等不正当手段承揽工程。

第十八条 建筑工程造价应当按照国家有关规定,由发包单位与承包单位在合同中约定。公开招标发包的,其造价的约定,须遵守招标投标法律的规定。

发包单位应当按照合同的约定,及时拨付工程款项。

第二节 发 包

第十九条 建筑工程依法实行招标发包,对不适于招标发包的可以直接发包。

第二十条 建筑工程实行公开招标的,发包单位应当依照法定程序和方式,发布招标公告,提供载有招标工程的主要技术要求、主要的合同条款、评标的标准和方法以及开标、评标、定标的程序等内容的招标文件。

开标应当在招标文件规定的时间、地点公开进行。开标后应当按照招标文件规定的评标标准和程序对标书进行评价、比较,在具备相应资质条件的投标者中,择优选定中标者。

第二十一条 建筑招标的开标、评标、定标由建设单位依法组织实施,并接受有关行政主管部门的监督。

第二十二条 建筑工程实行招标发包的,发包单位应当将建筑工程发包给依法中标的承包单位。建筑工程实行直接发包的,发包单位应当将建筑工程发包给具有相应资质条件的承包单位。

第二十三条 政府及其所属部门不得滥用行政权力,限定发包单位将招标发包的建筑工程发包给指定的承包单位。

第二十四条 提倡对建筑工程实行总承包,禁止将建筑工程肢解发包。

建筑工程的发包单位可以将建筑工程的勘察、设计、施工、设备采购一并发包给一个工程总承包单位,也可以将建筑工程勘察、设计、施工、设备采购的一项或者多项发包给一个工程总承包单位;但是,不得将应当由一个承包单位完成的建筑工程肢解成若干部分发包给几个承包单位。

第二十五条 按照合同约定,建筑材料、建筑构配件和设备由工程承包单位采购的,发包单位不得指定承包单位购入用于工程的建筑材料、建筑构配件和设备或者指定生产厂、供应商。

第三节 承 包

第二十六条 承包建筑工程的单位应当持有依法取得的资质证书,并在其资质等级许可的业务范围内承揽工程。

禁止建筑施工企业超越本企业资质等级许可的业务范围或者以任何形式用其他建筑施工企业的名义承揽工程。禁止建筑施工企业以任何形式允许其他单位或者个人使用本企业的资质证书、营业执照,以本企业的名义承揽工程。

第二十七条 大型建筑工程或者结构复杂的建筑工程,可以由两个以上的承包单位联合共同承包。共同承包的各方对承包合同的履行承担连带责任。

两个以上不同资质等级的单位实行联合共同承包的,应当按照资质等级低的单位的业务许可范围承揽工程。

第二十八条 禁止承包单位将其承包的全部建筑工程转包给他人,禁止承包单位将其承包的全部建筑工程肢解以后以分包的名义分别转包给他人。

第二十九条 建筑工程总承包单位可以将承包工程中的部分工程发包给具有相应资质条件的分包单位;但是,除总承包合同中约定的分包外,必须经建设单位认可。施工总承包的,建筑工程主体结构的施工必须由总承包单位自行完成。

建筑工程总承包单位按照总承包合同的约定对建设单位负责;分包单位按照分包合同的约定对总承包单位负责。总承包单位和分包单位就分包工程对建设单位承担连带责任。

禁止总承包单位将工程分包给不具备相应资质条件的单位。禁止分包单位将其承包的工程再分包。

第四章 建筑工程监理

第三十条 国家推行建筑工程监理制度。

国务院可以规定实行强制监理的建筑工程的范围。

第三十一条 实行监理的建筑工程,由建设单位委托具有相应资质条件的工程监理单位监理。建设单位与其委托的工程监理单位应当订立书面委托监理合同。

　　第三十二条 建筑工程监理应当依照法律、行政法规及有关的技术标准、设计文件和建筑规模承包合同,对承包单位在施工质量、建设工期和建设资金使用等方面,代表建设单位实施监督。

　　工程监理人员认为工程施工不符合工程设计要求、施工技术标准和合同约定的,有权要求建筑施工企业改正。

　　工程监理人员发现工程设计不符合建筑工程质量标准或者合同约定的质量要求的,应当报告建设单位要求设计单位改正。

　　第三十三条 实施建筑工程监理前,建设单位应当将委托的工程监理单位、监理的内容及监理权限,书面通知被监理的建筑施工企业。

　　第三十四条 工程监理单位应当在其资质等级许可的监理范围内,承担工程监理业务。工程监理单位应当根据建设单位的委托,客观、公正地执行监理任务。

　　工程监理单位与被监理工程的承包单位以及建筑材料、建筑构配件和设备供应单位不得有隶属关系或者其他利害关系。

　　工程监理单位不得转让工程监理业务。

　　第三十五条 工程监理单位不按照委托监理合同的约定履行监理义务,对应当监督检查的项目不检查或者不按照规定检查,给建设单位造成损失的,应当承担相应的赔偿责任。

　　工程监理单位与承包单位串通,为承包单位谋取非法利益,给建设单位造成损失的,应当与承包单位承担连带赔偿责任。

第五章　建筑安全生产管理

　　第三十六条 建筑工程安全生产管理必须坚持安全第一、预防为主的方针,建立健全安全生产的责任制度和群防群治制度。

　　第三十七条 建筑工程设计应当符合按照国家规定制定的建筑安全规程和技术规范,保证工程的安全性能。

　　第三十八条 建筑施工企业在编制施工组织设计时,应当根据建筑工程的特点制定相应的安全技术措施;对专业性较强的工程项目,应当编制专项安全施工组织设计,并采取安全技术措施。

第三十九条　建筑施工企业应当在施工现场采取维护安全、防范危险、预防火灾等措施;有条件的,应当对施工现场实行封闭管理。

施工现场对毗邻的建筑物、构筑物和特殊作业环境可能造成损害的,建筑施工企业应当采取安全防护措施。

第四十条　建设单位应当向建筑施工企业提供与施工现场相关的地下管线资料,建筑施工企业应当采取措施加以保护。

第四十一条　建筑施工企业应当遵守有关环境保护和安全生产的法律、法规的规定,采取控制和处理施工现场的各种粉尘、废气、废水、固体废物以及噪声、振动对环境的污染和危害的措施。

第四十二条　有下列情形之一的,建设单位应当按照国家有关规定办理申请批准手续:

(一)需要临时占用规划批准范围以外场地的;

(二)可能损坏道路、管线、电力、邮电通讯等公共设施的;

(三)需要临时停水、停电、中断道路交通的;

(四)需要进行爆破作业的;

(五)法律、法规规定需要办理报批手续的其他情形。

第四十三条　建设行政主管部门负责建筑安全生产的管理,并依法接受劳动行政主管部门对建筑安全生产的指导和监督。

第四十四条　建筑施工企业必须依法加强对建筑安全生产的管理,执行安全生产责任制度,采取有效措施,防止伤亡和其他安全生产事故的发生。

建筑施工企业的法定代表人对本企业的安全生产负责。

第四十五条　施工现场安全由建筑施工企业负责。实行施工总承包的,由总承包单位负责。分包单位向总承包单位负责,服从总承包单位对施工现场的安全生产管理。

第四十六条　建筑施工企业应当建立健全劳动安全生产教育培训制度,加强对职工安全生产的教育培训;未经安全生产教育培训的人员,不得上岗作业。

第四十七条 建筑施工企业和作业人员在施工过程中,应当遵守有关安全生产的法律、法规和建筑行业安全规章、规程,不得违章指挥或者违章作业。作业人员有权对影响人身健康的作业程序和作业条件提出改进意见,有权获得安全生产所需的防护用品。作业人员对危及生命安全和人身健康的行为有权提出批评、检举和控告。

第四十八条 建筑施工企业应当依法为职工参加工伤保险缴纳工伤保险费。鼓励企业为从事危险作业的职工办理意外伤害保险,支付保险费。

第四十九条 涉及建筑主体和承重结构变动的装修工程,建设单位应当在施工前委托原设计单位或者具有相应资质条件的设计单位提出设计方案;没有设计方案的,不得施工。

第五十条 房屋拆除应当由具备保证安全条件的建筑施工单位承担,由建筑施工单位负责人对安全负责。

第五十一条 施工中发生事故时,建筑施工企业应当采取紧急措施减少人员伤亡和事故损失,并按照国家有关规定及时向有关部门报告。

第六章 建筑工程质量管理

第五十二条 建筑工程勘察、设计、施工的质量必须符合国家有关建筑工程安全标准的要求,具体管理办法由国务院规定。

有关建筑工程安全的国家标准不能适应确保建筑安全的要求时,应当及时修订。

第五十三条 国家对从事建筑活动的单位推行质量体系认证制度。从事建筑活动的单位根据自愿原则可以向国务院产品质量监督管理部门或者国务院产品质量监督管理部门授权的部门认可的认证机构申请质量体系认证。经认证合格的,由认证机构颁发质量体系认证证书。

第五十四条 建设单位不得以任何理由,要求建筑设计单位或者建筑施工企业在工程设计或者施工作业中,违反法律、行政法规和建筑工程质量、安全标准,降低工程质量。

建筑设计单位和建筑施工企业对建设单位违反前款规定提出的降低工程质量的要求,应当予以拒绝。

第五十五条 建筑工程实行总承包的,工程质量由工程总承包单位负责,总承包单位将建筑工程分包给其他单位的,应当对分包工程的质量与分包单位承担连带责任。分包单位应当接受总承包单位的质量管理。

第五十六条 建筑工程的勘察设计单位必须对其勘察、设计的质量负责。勘察、设计文件应当符合有关法律、行政法规的规定和建筑工程质量、安全标准、建筑工程勘察、设计技术规范以及合同的约定。设计文件选用的建筑材料、建筑构配件和设备,应当注明其规格、型号、性能等技术指标,其质量要求必须符合国家规定的标准。

第五十七条 建筑设计单位对设计文件选用的建筑材料、建筑构配件和设备不得指定生产厂、供应商。

第五十八条 建筑施工企业对工程的施工质量负责。

建筑施工企业必须按照工程设计图纸和施工技术标准施工,不得偷工减料。工程设计的修改由原设计单位负责,建筑施工企业不得擅自修改工程设计。

第五十九条 建筑施工企业必须按照工程设计要求、施工技术标准和合同的约定,对建筑材料、建筑构配件和设备进行检验,不合格的不得使用。

第六十条 建筑物在合理使用寿命内,必须确保地基基础工程和主体结构的质量。

建筑工程竣工时,屋顶、墙面不得留有渗漏、开裂等质量缺陷;对已经发现的质量缺陷,建筑施工企业应当修复。

第六十一条 交付竣工验收的建筑工程,必须符合规定的建筑工程质量标准,有完整的工程技术经济资料和经签署的工程保修书,并具备国家规定的其他竣工条件。

建筑工程竣工经验收合格后,方可交付使用;未经验收或者验收不合格的,不得交付使用。

第六十二条 建筑工程实行质量保修制度。

建筑工程的保修范围应当包括地基基础工程、主体结构工程、屋面防水工程和其他土建工程,以及电气管线、上下水管线的安装工程,供热、供冷系统工程等项目;保修的期限应当按照保证建筑物合理寿命年限内正常使用,维护使用者合法权益的原则确定。具体的保修范围和最低保修期限由国务院规定。

第六十三条　任何单位和个人对建筑工程的质量事故、质量缺陷都有权向建设行政主管部门或者其他有关部门进行检举、控告、投诉。

第七章　法律责任

第六十四条　违反本法规定,未取得施工许可证或者开工报告未经批准擅自施工的,责令改正,对不符合开工条件的责令停止施工,可以处以罚款。

第六十五条　发包单位将工程发包给不具有相应资质条件的承包单位的,或者违反本法规定将建筑工程肢解发包的,责令改正,处以罚款。

超越本单位资质等级承揽工程的,责令停止违法行为,处以罚款,可以责令停业整顿,降低资质等级;情节严重的,吊销资质证书;有违法所得的,予以没收。

未取得资质证书承揽工程的,予以取缔,并处罚款;有违法所得的,予以没收。

以欺骗手段取得资质证书的,吊销资质证书,处以罚款;构成犯罪的,依法追究刑事责任。

第六十六条　建筑施工企业转让、出借资质证书或者以其他方式允许他人以本企业的名义承揽工程的,责令改正,没收违法所得,并处罚款,可以责令停业整顿,降低资质等级;情节严重的,吊销资质证书。对因该项承揽工程不符合规定的质量标准造成的损失,建筑施工企业与使用本企业名义的单位或者个人承担连带赔偿责任。

第六十七条　承包单位将承包的工程转包的,或者违反本法规定进行分包的,责令改正,没收违法所得,并处罚款,可以责令停业整顿,降低资质等级;情节严重的,吊销资质证书。

承包单位有前款规定的违法行为的,对因转包工程或者违法分包的工程不符合规定的质量标准造成的损失,与接受转包或者分包的单位承担连带赔偿责任。

第六十八条 在工程发包与承包中索贿、受贿、行贿,构成犯罪的,依法追究刑事责任;不构成犯罪的,分别处以罚款。没收贿赂的财物,对直接负责的主管人员和其他直接责任人员给予处分。

对在工程承包中行贿的承包单位,除依照前款规定处罚外,可以责令停业整顿,降低资质等级或者吊销资质证书。

第六十九条 工程监理单位与建设单位或者建筑施工企业串通,弄虚作假、降低工程质量的,责令改正,处以罚款,降低资质等级或者吊销资质证书;有违法所得的,予以没收;造成损失的,承担连带赔偿责任;构成犯罪的,依法追究刑事责任。

工程监理单位转让监理业务的,责令改正,没收违法所得,可以责令停业整顿,降低资质等级;情节严重的,吊销资质证书。

第七十条 违反本法规定,涉及建筑主体或者承重结构变动的装修工程擅自施工的,责令改正,处以罚款;造成损失的,承担赔偿责任;构成犯罪的,依法追究刑事责任。

第七十一条 建筑施工企业违反本法规定,对建筑安全事故隐患不采取措施予以消除的,责令改正,可以处以罚款;情节严重的,责令停业整顿,降低资质等级或者吊销资质证书;构成犯罪的,依法追究刑事责任。

建筑施工企业的管理人员违章指挥、强令职工冒险作业,因而发生重大伤亡事故或者造成其他严重后果的,依法追究刑事责任。

第七十二条 建设单位违反本法规定,要求建筑设计单位或者建筑施工企业违反建筑工程质量、安全标准,降低工程质量的,责令改正,可以处以罚款;构成犯罪的,依法追究刑事责任。

第七十三条 建筑设计单位不按照建筑工程质量、安全标准进行设计的,责令改正,处以罚款;造成工程质量事故的,责令停业整顿,降低资质等级或者吊销资质证书,没收违法所得,并处罚款;造成损失的,承担赔偿责任;构成犯罪的,依法追究刑事责任。

第七十四条 建筑施工企业在施工中偷工减料的,使用不合格的建筑材料、建筑构配件和设备的,或者有其他不按照工程设计图纸或者施工技术标准施工的行为的,责令改正,处以罚款;情节严重的,责令停业整顿,降低资质等级或者吊销资质证书;造成建筑工程质量不符合规定的质量标准的,负责返工、修理,并赔偿因此造成的损失;构成犯罪的,依法追究刑事责任。

第七十五条 建筑施工企业违反本法规定,不履行保修义务或者拖延履行保修义务的,责令改正,可以处以罚款,并对在保修期内因屋顶、墙面渗漏、开裂等质量缺陷造成的损失,承担赔偿责任。

第七十六条 本法规定的责令停业整顿、降低资质等级和吊销资质证书的行政处罚,由颁发资质证书的机关决定;其他行政处罚,由建设行政主管部门或者有关部门依照法律和国务院规定的职权范围决定。

依照本法规定被吊销资质证书的,由工商行政管理部门吊销其营业执照。

第七十七条 违反本法规定,对不具备相应资质等级条件的单位颁发该等级资质证书的,由其上级机关责令收回所发的资质证书,对直接负责的主管人员和其他直接负责人员给予行政处分;构成犯罪的,依法追究刑事责任。

第七十八条 政府及其所属部门的工作人员违反本法规定,限定发包单位将招标发包给指定的承包单位的,由上级机关责令改正;构成犯罪的,依法追究刑事责任。

第七十九条 负责颁发建筑工程许可证的部门及其工作人员对不符合施工条件的建筑工程颁发施工许可证的,负责工程质量监督检查或者竣工验收的部门及其工作人员对不合格的建筑工程出具质量合格文件或者按合格工程验收的,由上级机关责令改正,对责任人员给予行政处分;构成犯罪的,依法追究刑事责任;造成损失的,由该部门承担相应的赔偿责任。

第八十条 在建筑物的合理使用寿命内,因建筑工程质量不合格受到损害的,有权向责任者要求赔偿。

第八章 附 则

第八十一条 本法关于施工许可、建筑施工企业资质审查和建筑工程发包、承包、禁止转包,以及建筑工程监理、建筑工程安全和质量管理的规定,适用于其他专业建筑工程的建筑活动,具体办法由国务院规定。

第八十二条 建设行政主管部门和其他有关部门在对建筑活动实施监督管理中,除按照国务院有关规定收取费用外,不得收取其他费用。

第八十三条 省、自治区、直辖市人民政府确定的小型房屋建筑工程的建筑活动,参照本法执行。

依法核定作为文物保护的纪念建筑物和古建筑等的修缮,依照文物保护的有关法律规定执行。

抢险救灾及其他临时性房屋建筑和农民自建低层住宅的建筑活动,不适用本法。

第八十四条 军用房屋建筑工程建筑活动的具体管理办法,由国务院、中央军事委员会依据本法制定。

第八十五条 本法自1998年3月1日起施行。

商品房销售管理办法

(2001年3月14日经建设部第38次部常务会议审议通过,自2001年6月1日起施行)

第一章 总 则

第一条 为了规范商品房销售行为,保障商品房交易双方当事人的合法权益,根据《中华人民共和国城市房地产管理法》、《城市房地产开发经营管理条例》,制定本办法。

第二条 商品房销售及商品房销售管理应当遵守本办法。

第三条 商品房销售包括商品房现售和商品房预售。

本办法所称商品房现售,是指房地产开发企业将竣工验收合格的商品房出售给买受人,并由买受人支付房价款的行为。

本办法所称商品房预售,是指房地产开发企业将正在建设中的商品房预先出售给买受人,并由买受人支付定金或者房价款的行为。

第四条 房地产开发企业可以自行销售商品房,也可以委托房地产中介服务机构销售商品房。

第五条 国务院建设行政主管部门负责全国商品房的销售管理工作。

省、自治区人民政府建设行政主管部门负责本行政区域内商品房的销售管理工作。

直辖市、市、县人民政府建设行政主管部门、房地产行政主管部门(以下统称房地产开发主管部门)按照职责分工,负责本行政区域内商品房的销售管理工作。

第二章 销售条件

第六条 商品房预售实行预售许可制度。

商品房预售条件及商品房预售许可证明的办理程序,按照《城市房地产开发经营管理条例》和《城市商品房预售管理办法》的有关规定执行。

第七条 商品房现售,应当符合以下条件:

(一)现售商品房的房地产开发企业应当具有企业法人营业执照和房地产开发企业资质证书;

(二)取得土地使用权证书或者使用土地的批准文件;

(三)持有建设工程规划许可证和施工许可证;

(四)已通过竣工验收;

(五)拆迁安置已经落实;

(六)供水、供电、供热、燃气、通信等配套基础设施具备交付使用条件,其他配套基础设施和公共设施具备交付使用条件或者已确定施工进度和交付日期;

（七）物业管理方案已经落实。

第八条　房地产开发企业应当在商品房现售前将房地产开发项目手册及符合商品房现售条件的有关证明文件报送房地产开发主管部门备案。

第九条　房地产开发企业销售设有抵押权的商品房，其抵押权的处理按照《中华人民共和国担保法》、《城市房地产抵押管理办法》的有关规定执行。

第十条　房地产开发企业不得在未解除商品房买卖合同前，将作为合同标的物的商品房再行销售给他人。

第十一条　房地产开发企业不得采取返本销售或者变相返本销售的方式销售商品房。

房地产开发企业不得采取售后包租或者变相售后包租的方式销售未竣工商品房。

第十二条　商品住宅按套销售，不得分割拆零销售。

第十三条　商品房销售时，房地产开发企业选聘了物业管理企业的，买受人应当在订立商品房买卖合同时与房地产开发企业选聘的物业管理企业订立有关物业管理的协议。

第三章　广告与合同

第十四条　房地产开发企业、房地产中介服务机构发布商品房销售宣传广告，应当执行《中华人民共和国广告法》、《房地产广告发布暂行规定》等有关规定，广告内容必须真实、合法、科学、准确。

第十五条　房地产开发企业、房地产中介服务机构发布的商品房销售广告和宣传资料所明示的事项，当事人应当在商品房买卖合同中约定。

第十六条　商品房销售时，房地产开发企业和买受人应当订立书面商品房买卖合同。

商品房买卖合同应当明确以下主要内容：

（一）当事人名称或者姓名和住所；

（二）商品房基本状况；

(三)商品房的销售方式；

(四)商品房价款的确定方式及总价款、付款方式、付款时间；

(五)交付使用条件及日期；

(六)装饰、设备标准承诺；

(七)供水、供电、供热、燃气、通信、道路、绿化等配套基础设施和公共设施的交付承诺和有关权益、责任；

(八)公共配套建筑的产权归属；

(九)面积差异的处理方式；

(十)办理产权登记有关事宜；

(十一)解决争议的方法；

(十二)违约责任；

(十三)双方约定的其他事项。

第十七条 商品房销售价格由当事人协商议定，国家另有规定的除外。

第十八条 商品房销售可以按套(单元)计价，也可以按套内建筑面积或者建筑面积计价。

商品房建筑面积由套内建筑面积和分摊的共有建筑面积组成，套内建筑面积部分为独立产权，分摊的共有建筑面积部分为共有产权，买受人按照法律、法规的规定对其享有权利，承担责任。

按套(单元)计价或者按套内建筑面积计价的，商品房买卖合同中应当注明建筑面积和分摊的共有建筑面积。

第十九条 按套(单元)计价的现售房屋，当事人对现售房屋实地勘察后可以在合同中直接约定总价款。

按套(单元)计价的预售房屋，房地产开发企业应当在合同中附所售房屋的平面图。平面图应当标明详细尺寸，并约定误差范围。房屋交付时，套型与设计图纸一致，相关尺寸也在约定的误差范围内，维持总价款不变；套型与设计图纸不一致或者相关尺寸超出约定的误差范围，合同中未约定处理方式的，买受人可以退房或者与房地产开发企业重新约定总价款。买受人退房的，由房地产开发企业承担违约责任。

第二十条 按套内建筑面积或者建筑面积计价的，当事人应当在合同中载明合同约定面积与产权登记面积发生误差的处理方式。

合同未作约定的,按以下原则处理:

(一)面积误差比绝对值在3%以内(含3%)的,据实结算房价款;

(二)面积误差比绝对值超出3%时,买受人有权退房。买受人退房的,房地产开发企业应当在买受人提出退房之日起30日内将买受人已付房价款退还给买受人,同时支付已付房价款利息。买受人不退房的,产权登记面积大于合同约定面积时,面积误差比在3%以内(含3%)部分的房价款由买受人补足;超出3%部分的房价款由房地产开发企业承担,产权归买受人。产权登记面积小于合同约定面积时,面积误差比绝对值在3%以内(含3%)部分的房价款由房地产开发企业返还买受人;绝对值超出3%部分的房价款由房地产开发企业双倍返还买受人。

$$面积误差比 = \frac{产权登记面积 - 合同约定面积}{合同约定面积} \times 100\%$$

因本办法第二十四条规定的规划设计变更造成面积差异,当事人不解除合同的,应当签署补充协议。

第二十一条 按建筑面积计价的,当事人应当在合同中约定套内建筑面积和分摊的共有建筑面积,并约定建筑面积不变而套内建筑面积发生误差以及建筑面积与套内建筑面积均发生误差时的处理方式。

第二十二条 不符合商品房销售条件的,房地产开发企业不得销售商品房,不得向买受人收取任何预订款性质费用。

符合商品房销售条件的,房地产开发企业在订立商品房买卖合同之前向买受人收取预订款性质费用的,订立商品房买卖合同时,所收费用应当抵作房价款;当事人未能订立商品房买卖合同的,房地产开发企业应当向买受人返还所收费用;当事人之间另有约定的,从其约定。

第二十三条 房地产开发企业应当在订立商品房买卖合同之前向买受人明示《商品房销售管理办法》和《商品房买卖合同示范文本》;预售商品房的,还必须明示《城市商品房预售管理办法》。

第二十四条 房地产开发企业应当按照批准的规划、设计建设商品房。商品房销售后,房地产开发企业不得擅自变更规划、设计。

经规划部门批准的规划变更、设计单位同意的设计变更导致商品房的结构型式、户型、空间尺寸、朝向变化,以及出现合同当事人约定的其他影响商品房质量或者使用功能情形的,房地产开发企业应当在变更确立之日起10日内,书面通知买受人。

买受人有权在通知到达之日起15日内做出是否退房的书面答复。买受人在通知到达之日起15日内未作书面答复的,视同接受规划、设计变更以及由此引起的房价款的变更。房地产开发企业未在规定时限内通知买受人的,买受人有权退房;买受人退房的,由房地产开发企业承担违约责任。

第四章 销售代理

第二十五条 房地产开发企业委托中介服务机构销售商品房的,受托机构应当是依法设立并取得工商营业执照的房地产中介服务机构。

房地产开发企业应当与受托房地产中介服务机构订立书面委托合同,委托合同应当载明委托期限、委托权限以及委托人和被委托人的权利、义务。

第二十六条 受托房地产中介服务机构销售商品房时,应当向买受人出示商品房的有关证明文件和商品房销售委托书。

第二十七条 受托房地产中介服务机构销售商品房时,应当如实向买受人介绍所代理销售商品房的有关情况。

受托房地产中介服务机构不得代理销售不符合销售条件的商品房。

第二十八条 受托房地产中介服务机构在代理销售商品房时不得收取佣金以外的其他费用。

第二十九条 商品房销售人员应当经过专业培训,方可从事商品房销售业务。

第五章 交 付

第三十条 房地产开发企业应当按照合同约定,将符合交付使用条件的商品房按期交付给买受人。未能按期交付的,房地产开发企业应当承担违约责任。

因不可抗力或者当事人在合同中约定的其他原因,需延期交付的,房地产开发企业应当及时告知买受人。

第三十一条　房地产开发企业销售商品房时设置样板房的,应当说明实际交付的商品房质量、设备及装修与样板房是否一致,未作说明的,实际交付的商品房应当与样板房一致。

第三十二条　销售商品住宅时,房地产开发企业应当根据《商品住宅实行质量保证书和住宅使用说明书制度的规定》(以下简称《规定》),向买受人提供《住宅质量保证书》、《住宅使用说明书》。

第三十三条　房地产开发企业应当对所售商品房承担质量保修责任。当事人应当在合同中就保修范围、保修期限、保修责任等内容做出约定。保修期从交付之日起计算。

商品住宅的保修期限不得低于建设工程承包单位向建设单位出具的质量保修书约定保修期的存续期;存续期少于《规定》中确定的最低保修期限的,保修期不得低于《规定》中确定的最低保修期限。

非住宅商品房的保修期限不得低于建设工程承包单位向建设单位出具的质量保修书约定保修期的存续期。

在保修期限内发生的属于保修范围的质量问题,房地产开发企业应当履行保修义务,并对造成的损失承担赔偿责任。因不可抗力或者使用不当造成的损坏,房地产开发企业不承担责任。

第三十四条　房地产开发企业应当在商品房交付使用前按项目委托具有房产测绘资格的单位实施测绘,测绘成果报房地产行政主管部门审核后用于房屋权属登记。

房地产开发企业应当在商品房交付使用之日起60日内,将需要由其提供的办理房屋权属登记的资料报送房屋所在地房地产行政主管部门。

房地产开发企业应当协助商品房买受人办理土地使用权变更和房屋所有权登记手续。

第三十五条　商品房交付使用后,买受人认为主体结构质量不合格的,可以依照有关规定委托工程质量检测机构重新核验。经核验,确属主体结构质量不合格的,买受人有权退房;给买受人造成损失的,房地产开发企业应当依法承担赔偿责任。

第六章 法律责任

第三十六条 未取得营业执照,擅自销售商品房的,由县级以上人民政府工商行政管理部门依照《城市房地产开发经营管理条例》的规定处罚。

第三十七条 未取得房地产开发企业资质证书,擅自销售商品房的,责令停止销售活动,处5万元以上10万元以下的罚款。

第三十八条 违反法律、法规规定,擅自预售商品房的,责令停止违法行为,没收违法所得;收取预付款的,可以并处已收取的预付款1%以下的罚款。

第三十九条 在未解除商品房买卖合同前,将作为合同标的物的商品房再行销售给他人的,处以警告,责令限期改正,并处2万元以上3万元以下罚款;构成犯罪的,依法追究刑事责任。

第四十条 房地产开发企业将未组织竣工验收、验收不合格或者对不合格按合格验收的商品房擅自交付使用的,按照《建设工程质量管理条例》的规定处罚。

第四十一条 房地产开发企业未按规定将测绘成果或者需要由其提供的办理房屋权属登记的资料报送房地产行政主管部门的,处以警告,责令限期改正,并可处以2万元以上3万元以下罚款。

第四十二条 房地产开发企业在销售商品房中有下列行为之一的,处以警告,责令限期改正,并可处以1万元以上3万元以下罚款:

(一)未按照规定的现售条件现售商品房的;

(二)未按照规定在商品房现售前将房地产开发项目手册及符合商品房现售条件的有关证明文件报送房地产开发主管部门备案的;

(三)返本销售或者变相返本销售商品房的;

(四)采取售后包租或者变相售后包租方式销售未竣工商品房的;

(五)分割拆零销售商品住宅的;

(六)不符合商品房销售条件,向买受人收取预订款性质费用的;

（七）未按照规定向买受人明示《商品房销售管理办法》、《商品房买卖合同示范文本》、《城市商品房预售管理办法》的；

（八）委托没有资格的机构代理销售商品房的。

第四十三条 房地产中介服务机构代理销售不符合销售条件的商品房的，处以警告，责令停止销售，并可处以2万元以上3万元以下罚款。

第四十四条 国家机关工作人员在商品房销售管理工作中玩忽职守、滥用职权、徇私舞弊，依法给予行政处分；构成犯罪的，依法追究刑事责任。

第七章 附 则

第四十五条 本办法所称返本销售，是指房地产开发企业以定期向买受人返还购房款的方式销售商品房的行为。

本办法所称售后包租，是指房地产开发企业以在一定期限内承租或者代为出租买受人所购该企业商品房的方式销售商品房的行为。

本办法所称分割拆零销售，是指房地产开发企业以将成套的商品住宅分割为数部分分别出售给买受人的方式销售商品住宅的行为。

本办法所称产权登记面积，是指房地产行政主管部门确认登记的房屋面积。

第四十六条 省、自治区、直辖市人民政府建设行政主管部门可以根据本办法制定实施细则。

第四十七条 本办法由国务院建设行政主管部门负责解释。

第四十八条 本办法自2001年6月1日起施行。

城市商品房预售管理办法

(1994年11月15日建设部令第40号发布。根据2001年8月15日《建设部关于修改〈城市商品房预售管理办法〉的决定》、2004年7月20日《建设部关于修改〈城市商品房预售管理办法〉的决定》修正)

第一条 为加强商品房预售管理,维护商品房交易双方的合法权益,根据《中华人民共和国城市房地产管理法》、《城市房地产开发经营管理条例》,制定本办法。

第二条 本办法所称商品房预售是指房地产开发企业(以下简称开发企业)将正在建设中的房屋预先出售给承购人,由承购人支付定金或房价款的行为。

第三条 本办法适用于城市商品房预售的管理。

第四条 国务院建设行政主管部门归口管理全国城市商品房预售管理;

省、自治区建设行政主管部门归口管理本行政区域内城市商品房预售管理;

市、县人民政府建设行政主管部门或房地产行政主管部门(以下简称房地产管理部门)负责本行政区域内城市商品房预售管理。

第五条 商品房预售应当符合下列条件:

(一)已交付全部土地使用权出让金,取得土地使用权证书;

(二)持有建设工程规划许可证和施工许可证;

(三)按提供预售的商品房计算,投入开发建设的资金达到工程建设总投资的25%以上,并已经确定施工进度和竣工交付日期。

第六条 商品房预售实行许可制度。开发企业进行商品房预售,应当向房地产管理部门申请预售许可,取得《商品房预售许可证》。

未取得《商品房预售许可证》的,不得进行商品房预售。

第七条 开发企业申请预售许可,应当提交下列证件(复印件)及资料：

（一）商品房预售许可申请表；

（二）开发企业的《营业执照》和资质证书；

（三）土地使用权证、建设工程规划许可证、施工许可证；

（四）投入开发建设的资金占工程建设总投资的比例符合规定条件的证明；

（五）工程施工合同及关于施工进度的说明；

（六）商品房预售方案。预售方案应当说明预售商品房的位置、面积、竣工交付日期等内容，并应当附预售商品房分层平面图。

第八条　商品房预售许可依下列程序办理：

（一）受理。开发企业按本办法第七条的规定提交有关材料，材料齐全的，房地产管理部门应当当场出具受理通知书；材料不齐的，应当当场或者5日内一次性书面告知需要补充的材料。

（二）审核。房地产管理部门对开发企业提供的有关材料是否符合法定条件进行审核。

开发企业对所提交材料实质内容的真实性负责。

（三）许可。经审查，开发企业的申请符合法定条件的，房地产管理部门应当在受理之日起10日内，依法作出准予预售的行政许可书面决定，发送开发企业，并自作出决定之日起10日内向开发企业颁发、送达《商品房预售许可证》。

经审查，开发企业的申请不符合法定条件的，房地产管理部门应当在受理之日起10日内，依法作出不予许可的书面决定。书面决定应当说明理由，告知开发企业享有依法申请行政复议或者提起行政诉讼的权利，并送达开发企业。

商品房预售许可决定书、不予商品房预售许可决定书应当加盖房地产管理部门的行政许可专用印章，《商品房预售许可证》应当加盖房地产管理部门的印章。

（四）公示。房地产管理部门作出的准予商品房预售许可的决定，应当予以公开，公众有权查阅。

第九条　开发企业进行商品房预售，应当向承购人出示《商品房预售许可证》。售楼广告和说明书应当载明《商品房预售许可证》的批准文号。

第十条 商品房预售,开发企业应当与承购人签订商品房预售合同。开发企业应当自签约之日起30日内,向房地产管理部门和市、县人民政府土地管理部门办理商品房预售合同登记备案手续。

房地产管理部门应当积极应用网络信息技术,逐步推行商品房预售合同网上登记备案。

商品房预售合同登记备案手续可以委托代理人办理。委托代理人办理的,应当有书面委托书。

第十一条 开发企业预售商品房所得款项应当用于有关的工程建设。

商品房预售款监管的具体办法,由房地产管理部门制定。

第十二条 预售的商品房交付使用之日起90日内,承购人应当依法到房地产管理部门和市、县人民政府土地管理部门办理权属登记手续。开发企业应当予以协助,并提供必要的证明文件。

由于开发企业的原因,承购人未能在房屋交付使用之日起90日内取得房屋权属证书的,除开发企业和承购人有特殊约定外,开发企业应当承担违约责任。

第十三条 开发企业未取得《商品房预售许可证》预售商品房的,依照《城市房地产开发经营管理条例》第三十九条的规定处罚。

第十四条 开发企业不按规定使用商品房预售款项的,由房地产管理部门责令限期纠正,并可处以违法所得3倍以下但不超过3万元的罚款。

第十五条 开发企业隐瞒有关情况、提供虚假材料,或者采用欺骗、贿赂等不正当手段取得商品房预售许可的,由房地产管理部门责令停止预售,撤销商品房预售许可,并处3万元罚款。

第十六条 省、自治区建设行政主管部门、直辖市建设行政主管部门或房地产行政管理部门可以根据本办法制定实施细则。

第十七条 本办法由国务院建设行政主管部门负责解释。

第十八条 本办法自1995年1月1日起施行。

商品房销售面积计算及
公用建筑面积分摊规则(试行)

(建设部1995年9月8日建房〔1995〕517号通知发布,自1995年12月1日起施行)

第一条 根据国家有关技术标准,制定《商品房销售面积计算及公用建筑面积分摊规则(试行)》。

第二条 本规则适用于商品房的销售和产权登记。

第三条 商品房销售以建筑面积为面积计算单位。建筑面积应按国家现行《建筑面积计算规则》进行计算。

第四条 商品房整栋销售,商品房的销售面积即为整栋商品房的建筑面积(地下室作为人防工程的,应从整栋商品房的建筑面积扣除)。

第五条 商品房按"套"或"单元"出售,商品房的销售面积即为购房者所购买的套内或单元内建筑面积(以下简称套内建筑面积)与应分摊的公用建筑面积之和。

商品房销售面积=套内建筑面积+分摊的公用建筑面积

第六条 套内建筑面积由以下三部分组成:

1. 套(单元)内的使用面积;
2. 套内墙体面积;
3. 阳台建筑面积。

第七条 套内建筑面积各部分的计算原则如下:

1. 套(单元)内的使用面积

住宅按《住宅建筑设计规范》规定的方法计算。其他建筑按照专用建筑设计规范规定的方法或参照《住宅建筑设计规范》计算。

2. 套内墙体面积

商品房各套(单元)内使用空间周围的维护或承重墙体,有共有墙及非共用墙两种。

商品房各套(单元)之间的分隔墙、套(单元)与公用建筑空间之间的分隔墙以及外墙(包括山墙)均为共用墙,共用墙墙体水平投影面积的一半计入套内墙体面积。

非共用墙墙体水平投影面积全部计入套内墙体面积。

3. 阳台建筑面积

按国家现行《建筑面积计算规则》进行计算。

4. 套内建筑面积的计算公为:

套内建筑面积＝套内使用面积＋套内墙体面积＋阳台建筑面积

第八条 公用建筑面积由以下两部分组成:

1. 电梯井、楼梯间、垃圾道、变电室、设备间、公共门厅和过道、地下室、值班警卫室以及其他功能上为整栋建筑服务的公共用房和管理用房建筑面积;

2. 套(单元)与公用建筑空间之间的分隔墙以及外墙(包括山墙)墙体水平投影面积的一半。

第九条 公用建筑面积计算原则

凡已作为独立使用空间销售或出租的地下室、车棚等,不应计入公用建筑面积部分。作为人防工程的地下室也不计入公用建筑面积。

公用建筑面积按以下方法计算:

整栋建筑物的建筑面积扣除整栋建筑物各套(单元)套内建筑面积之和,并扣除已作为独立使用空间销售或出租的地下室、车棚及人防工程等建筑面积,即为整栋建筑物的公用建筑面积。

第十条 公用建筑面积分摊系数计算

将整栋建筑物的公用建筑面积除以整栋建筑物的各套套内建筑面积之和,得到建筑的公用建筑面积分摊系数。

公用建筑面积/套内建筑面积之和＝公用建筑面积分摊系数

第十一条 公用建筑面积分摊计算

各套(单元)的套内建筑面积乘以公用建筑面积分摊系数,得到购房者应合理分摊的公用建筑面积。

分摊的公用建筑面积＝公用建筑面积分摊系数×套内建筑面积

第十二条 其他房屋的买卖和房地产权属登记,可参照本规则执行。

第十三条 本规则由建设部解释。

第十四条 本规则自1995年12月1日起施行。

房产测绘管理办法

（2000年10月8日建设部第31次部常务会议、2000年10月26日国家测绘局局常务会议审议通过，自2001年5月1日起施行）

第一章 总 则

第一条 为加强房产测绘管理，规范房产测绘行为，保护房屋权利人的合法权益，根据《中华人民共和国测绘法》和《中华人民共和国城市房地产管理法》，制定本办法。

第二条 在中华人民共和国境内从事房产测绘活动，实施房产测绘管理，应当遵守本办法。

第三条 房产测绘单位应当严格遵守国家有关法律、法规，执行国家房产测量规范和有关技术标准、规定，对其完成的房产测绘成果质量负责。

房产测绘单位应当采用先进技术和设备，提高测绘技术水平，接受房地产行政主管部门和测绘行政主管部门的技术指导和业务监督。

第四条 房产测绘从业人员应当保证测绘成果的完整、准确，不得违规测绘、弄虚作假，不得损害国家利益、社会公共利益和他人合法权益。

第五条 国务院测绘行政主管部门和国务院建设行政主管部门根据国务院确定的职责分工负责房产测绘及成果应用的监督管理。

省、自治区、直辖市人民政府测绘行政主管部门（以下简称省级测绘行政主管部门）和省、自治区人民政府建设行政主管部门、直辖市人民政府房地产行政主管部门（以下简称省级房地产行政主管部门）根据省、自治区、直辖市人民政府确定的职责分工负责房产测绘及成果应用的监督管理。

第二章 房产测绘的委托

第六条 有下列情形之一的,房屋权利申请人、房屋权利人或者其他利害关系人应当委托房产测绘单位进行房产测绘:

(一)申请产权初始登记的房屋;

(二)自然状况发生变化的房屋;

(三)房屋权利人或者其他利害关系人要求测绘的房屋。

房产管理中需要的房产测绘,由房地产行政主管部门委托房产测绘单位进行。

第七条 房产测绘成果资料应当与房产自然状况保持一致。房产自然状况发生变化时,应当及时实施房产变更测量。

第八条 委托房产测绘的,委托人与房产测绘单位应当签订书面房产测绘合同。

第九条 房产测绘单位应当是独立的经济实体,与委托人不得有利害关系。

第十条 房产测绘所需费用由委托人支付。

房产测绘收费标准按照国家有关规定执行。

第三章 资格管理

第十一条 国家实行房产测绘单位资格审查认证制度。

第十二条 房产测绘单位应当依照《中华人民共和国测绘法》和本办法的规定,取得省级以上人民政府测绘行政主管部门颁发的载明房产测绘业务的《测绘资格证书》。

第十三条 除本办法另有规定外、房产测绘资格审查、分级标准、作业限额、年度检验等按照国家有关规定执行。

第十四条 申请房产测绘资格的单位应当向所在地省级测绘行政主管部门提出书面申请,并按照测绘资格审查管理的要求提交有关材料。

省级测绘行政主管部门在决定受理之日起5日内,转省级房地产行政主管部门初审。省级房地产行政主管部门应当在15日内,提出书面初审意见,并反馈省级测绘行政主管部门;其中,对申请甲级房产测绘资格的初审意见应当同时报国务院建设行政主管部门备案。

申请甲级房产测绘资格的,由省级测绘行政主管部门报国务院测绘行政主管部门审批发证;申请乙级以下房产测绘资格的,由省级测绘行政主管部门审批发证。

取得甲级房产测绘资格的单位,由国务院测绘行政主管部门和国务院建设行政主管部门联合向社会公告。取得乙级以下房产测绘资格的单位,由省级测绘行政主管部门和省级房地产行政主管部门联合向社会公告。

第十五条　《测绘资格证书》有效期为5年,期满3个月前,由持证单位提请复审,发证机关负责审查和换证。对有房产测绘项目的,发证机关在审查和换证时,应当征求同级房地产行政主管部门的意见。

在《测绘资格证书》有效期内,房产测绘资格由测绘行政主管部门进行年检。年检时,测绘行政主管部门应当征求同级房地产行政主管部门的意见。对年检中被降级或者取消房产测绘资格的单位,由年检的测绘行政主管部门和同级房地产行政主管部门联合向社会公告。

在《测绘资格证书》有效期内申请房产测绘资格升级的,依照本办法第十四条的规定重新办理资格审查手续。

第四章　成果管理

第十六条　房产测绘成果包括:房产簿册、房产数据和房产图集等。

第十七条　当事人对房产测绘成果有异议的,可以委托国家认定的房产测绘成果鉴定机构鉴定。

第十八条　用于房屋权属登记等房产管理的房产测绘成果,房地产行政主管部门应当对施测单位的资格、测绘成果的适用性、界址点准确性、面积测算依据与方法等内容进行审核。审核后的房产测绘成果纳入房产档案统一管理。

第十九条　向国(境)外团体和个人提供、赠送、出售未公开的房产测绘成果资料,委托国(境)外机构印制房产测绘图件,应当按照《中华人民共和国测绘法》和《中华人民共和国测绘成果管理规定》以及国家安全、保密等有关规定办理。

第五章　法律责任

第二十条　未取得载明房产测绘业务的《测绘资格证书》从事房产测绘业务以及承担房产测绘任务超出《测绘资格证书》所规定的房产测绘业务范围、作业限额的,依照《中华人民共和国测绘法》和《测绘资格审查认证管理规定》的规定处罚。

第二十一条　房产测绘单位有下列情形之一的,由县级以上人民政府房地产行政主管部门给予警告并责令限期改正,并可处以1万元以上3万元以下的罚款;情节严重的,由发证机关予以降级或者取消其房产测绘资格:

(一)在房产面积测算中不执行国家标准、规范和规定的;

(二)在房产面积测算中弄虚作假、欺骗房屋权利人的;

(三)房产面积测算失误,造成重大损失的。

第二十二条　违反本办法第十九条规定的,根据《中华人民共和国测绘法》、《中华人民共和国测绘成果管理规定》及国家安全、保密法律法规的规定处理。

第二十三条　房产测绘管理人员、工作人员在工作中玩忽职守、滥用职权、徇私舞弊的,给予行政处分;构成犯罪的,依法追究刑事责任。

第六章　附　则

第二十四条　省级房地产行政主管部门和测绘行政主管部门可以根据本办法制定实施细则。

第二十五条　本办法由国务院建设行政主管部门和国务院测绘行政主管部门共同解释。

第二十六条　本办法自2001年5月1日起施行。

最高人民法院关于审理商品房买卖合同纠纷案件适用法律若干问题的解释

（2003年3月24日由最高人民法院审判委员会第1267次会议通过。自2003年6月1日起施行。）

为正确、及时审理商品房买卖合同纠纷案件，根据《中华人民共和国民法通则》、《中华人民共和国合同法》、《中华人民共和国城市房地产管理法》、《中华人民共和国担保法》等相关法律，结合民事审判实践，制定本解释。

第一条 本解释所称的商品房买卖合同，是指房地产开发企业（以下统称为出卖人）将尚未建成或者已竣工的房屋向社会销售并转移房屋所有权于买受人，买受人支付价款的合同。

第二条 出卖人未取得商品房预售许可证明，与买受人订立的商品房预售合同，应当认定无效，但是在起诉前取得商品房预售许可证明的，可以认定有效。

第三条 商品房的销售广告和宣传资料为要约邀请，但是出卖人就商品房开发规划范围内的房屋及相关设施所做的说明和允诺具体确定，并对商品房买卖合同的订立以及房屋价格的确定有重大影响的，应当视为要约。该说明和允诺即使未载入商品房买卖合同，亦应当视为合同内容，当事人违反的，应当承担违约责任。

第四条 出卖人通过认购、订购、预订等方式向买受人收受定金作为订立商品房买卖合同担保的，如果因当事人一方原因未能订立商品房买卖合同，应当按照法律关于定金的规定处理；因不可归责于当事人双方的事由，导致商品房买卖合同未能订立的，出卖人应当将定金返还买受人。

第五条 商品房的认购、订购、预订等协议具备《商品房销售管理办法》第十六条规定的商品房买卖合同的主要内容,并且出卖人已经按照约定收受购房款的,该协议应当认定为商品房买卖合同。

第六条 当事人以商品房预售合同未按照法律、行政法规规定办理登记备案手续为由,请求确认合同无效的,不予支持。

当事人约定以办理登记备案手续为商品房预售合同生效条件的,从其约定,但当事人一方已经履行主要义务,对方接受的除外。

第七条 拆迁人与被拆迁人按照所有权调换形式订立拆迁补偿安置协议,明确约定拆迁人以位置、用途特定的房屋对被拆迁人予以补偿安置,如果拆迁人将该补偿安置房屋另行出卖给第三人,被拆迁人请求优先取得补偿安置房屋的,应予支持。

被拆迁人请求解除拆迁补偿安置协议的,按照本解释第八条的规定处理。

第八条 具有下列情形之一,导致商品房买卖合同目的不能实现的,无法取得房屋的买受人可以请求解除合同、返还已付购房款及利息、赔偿损失,并可以请求出卖人承担不超过已付购房款一倍的赔偿责任:

(一)商品房买卖合同订立后,出卖人未告知买受人又将该房屋抵押给第三人;

(二)商品房买卖合同订立后,出卖人又将该房屋出卖给第三人。

第九条 出卖人订立商品房买卖合同时,具有下列情形之一,导致合同无效或者被撤销、解除的,买受人可以请求返还已付购房款及利息、赔偿损失,并可以请求出卖人承担不超过已付购房款一倍的赔偿责任:

(一)故意隐瞒没有取得商品房预售许可证明的事实或者提供虚假商品房预售许可证明;

(二)故意隐瞒所售房屋已经抵押的事实;

(三)故意隐瞒所售房屋已经出卖给第三人或者为拆迁补偿安置房屋的事实。

第十条 买受人以出卖人与第三人恶意串通,另行订立商品房买卖合同并将房屋交付使用,导致其无法取得房屋为由,请求确认出卖人与第三人订立的商品房买卖合同无效的,应予支持。

第十一条 对房屋的转移占有,视为房屋的交付使用,但当事人另有约定的除外。

房屋毁损、灭失的风险,在交付使用前由出卖人承担,交付使用后由买受人承担;买受人接到出卖人的书面交房通知,无正当理由拒绝接收的,房屋毁损、灭失的风险自书面交房通知确定的交付使用之日起由买受人承担,但法律另有规定或者当事人另有约定的除外。

第十二条 因房屋主体结构质量不合格不能交付使用,或者房屋交付使用后,房屋主体结构质量经核验确属不合格,买受人请求解除合同和赔偿损失的,应予支持。

第十三条 因房屋质量问题严重影响正常居住使用,买受人请求解除合同和赔偿损失的,应予支持。

交付使用的房屋存在质量问题,在保修期内,出卖人应当承担修复责任;出卖人拒绝修复或者在合理期限内拖延修复的,买受人可以自行或者委托他人修复。修复费用及修复期间造成的其他损失由出卖人承担。

第十四条 出卖人交付使用的房屋套内建筑面积或者建筑面积与商品房买卖合同约定面积不符,合同有约定的,按照约定处理;合同没有约定或者约定不明确的,按照以下原则处理:

(一)面积误差比绝对值在3%以内(含3%),按照合同约定的价格据实结算,买受人请求解除合同的,不予支持;

(二)面积误差比绝对值超出3%,买受人请求解除合同、返还已付购房款及利息的,应予支持。买受人同意继续履行合同,房屋实际面积大于合同约定面积的,面积误差比在3%以内(含3%)部分的房价款由买受人按照约定的价格补足,面积误差比超出3%部分的房价款由出卖人承担,所有权归买受人;房屋实际面积小于合同约定面积的,面积误差比在3%以内(含3%)部分的房价款及利息由出卖人返还买受人,面积误差比超过3%部分的房价款由出卖人双倍返还买受人。

第十五条 根据《合同法》第九十四条的规定,出卖人迟延交付房屋或者买受人迟延支付购房款,经催告后在三个月的合理期限内仍未履行,当事人一方请求解除合同的,应予支持,但当事人另有约定的除外。

法律没有规定或者当事人没有约定,经对方当事人催告后,解除权行使的合理期限为三个月。对方当事人没有催告的,解除权应当在解除权发生之日起一年内行使;逾期不行使的,解除权消灭。

第十六条 当事人以约定的违约金过高为由请求减少的,应当以违约金超过造成的损失 30% 为标准适当减少;当事人以约定的违约金低于造成的损失为由请求增加的,应当以违约造成的损失确定违约金数额。

第十七条 商品房买卖合同没有约定违约金数额或者损失赔偿额计算方法,违约金数额或者损失赔偿额可以参照以下标准确定:

逾期付款的,按照未付购房款总额,参照中国人民银行规定的金融机构计收逾期贷款利息的标准计算。

逾期交付使用房屋的,按照逾期交付使用房屋期间有关主管部门公布或者有资格的房地产评估机构评定的同地段同类房屋租金标准确定。

第十八条 由于出卖人的原因,买受人在下列期限届满未能取得房屋权属证书的,除当事人有特殊约定外,出卖人应当承担违约责任:

(一)商品房买卖合同约定的办理房屋所有权登记的期限;

(二)商品房买卖合同的标的物为尚未建成房屋的,自房屋交付使用之日起 90 日;

(三)商品房买卖合同的标的物为已竣工房屋的,自合同订立之日起 90 日。

合同没有约定违约金或者损失数额难以确定的,可以按照已付购房款总额,参照中国人民银行规定的金融机构计收逾期贷款利息的标准计算。

第十九条 商品房买卖合同约定或者《城市房地产开发经营管理条例》第三十三条规定的办理房屋所有权登记的期限届满后超过一年,由于出卖人的原因,导致买受人无法办理房屋所有权登记,买受人请求解除合同和赔偿损失的,应予支持。

附 录

相关主要法律法规

第二十条　出卖人与包销人订立商品房包销合同,约定出卖人将其开发建设的房屋交由包销人以出卖人的名义销售的,包销期满未销售的房屋,由包销人按照合同约定的包销价格购买,但当事人另有约定的除外。

第二十一条　出卖人自行销售已经约定由包销人包销的房屋,包销人请求出卖人赔偿损失的,应予支持,但当事人另有约定的除外。

第二十二条　对于买受人因商品房买卖合同与出卖人发生的纠纷,人民法院应当通知包销人参加诉讼;出卖人、包销人和买受人对各自的权利义务有明确约定的,按照约定的内容确定各方的诉讼地位。

第二十三条　商品房买卖合同约定,买受人以担保贷款方式付款、因当事人一方原因未能订立商品房担保贷款合同并导致商品房买卖合同不能继续履行的,对方当事人可以请求解除合同和赔偿损失。因不可归责于当事人双方的事由未能订立商品房担保贷款合同并导致商品房买卖合同不能继续履行的,当事人可以请求解除合同,出卖人应当将收受的购房款本金及其利息或者定金返还买受人。

第二十四条　因商品房买卖合同被确认无效或者被撤销、解除,致使商品房担保贷款合同的目的无法实现,当事人请求解除商品房担保贷款合同的,应予支持。

第二十五条　以担保贷款为付款方式的商品房买卖合同的当事人一方请求确认商品房买卖合同无效或者撤销、解除合同的,如果担保权人作为有独立请求权第三人提出诉讼请求,应当与商品房担保贷款合同纠纷合并审理;未提出诉讼请求的,仅处理商品房买卖合同纠纷。担保权人就商品房担保贷款合同纠纷另行起诉的,可以与商品房买卖合同纠纷合并审理。

商品房买卖合同被确认无效或者被撤销、解除后,商品房担保贷款合同也被解除的、出卖人应当将收受的购房贷款和购房款的本金及利息分别返还担保权人和买受人。

第二十六条　买受人未按照商品房担保贷款合同的约定偿还贷款,亦未与担保权人办理商品房抵押登记手续,担保权人起诉买受人,请求处分商品房买卖合同项下买受人合同权利的,应当通知出卖人参加诉讼;担保权人同时起诉出卖人时,如果出卖人为商品房担保贷款合同提供保证的,应当列为共同被告。

第二十七条 买受人未按照商品房担保贷款合同的约定偿还贷款,但是已经取得房屋权属证书并与担保权人办理了商品房抵押登记手续,抵押权人请求买受人偿还贷款或者就抵押的房屋优先受偿的,不应当追加出卖人为当事人,但出卖人提供保证的除外。

第二十八条 本解释自2003年6月1日起施行。

《中华人民共和国城市房地产管理法》施行后订立的商品房买卖合同发生的纠纷案件,本解释公布施行后尚在一审、二审阶段的,适用本解释。

《中华人民共和国城市房地产管理法》施行后订立的商品房买卖合同发生的纠纷案件,在本解释公布施行前已经终审,当事人申请再审或者按照审判监督程序决定再审的,不适用本解释。

《中华人民共和国城市房地产管理法》施行前发生的商品房买卖行为,适用当时的法律、法规和《最高人民法院〈关于审理房地产管理法施行前房地产开发经营案件若干问题的解答〉》。

最高人民法院关于审理建筑物区分所有权纠纷案件具体应用法律若干问题的解释

(2009年3月23日最高人民法院审判委员会第1464次会议通过,自2009年10月1日起施行)

为正确审理建筑物区分所有权纠纷案件,依法保护当事人的合法权益,根据《中华人民共和国物权法》等法律的规定,结合民事审判实践,制定本解释。

第一条 依法登记取得或者根据物权法第二章第三节规定取得建

筑物专有部分所有权的人,应当认定为物权法第六章所称的业主。

基于与建设单位之间的商品房买卖民事法律行为,已经合法占有建筑物专有部分,但尚未依法办理所有权登记的人,可以认定为物权法第六章所称的业主。

第二条 建筑区划内符合下列条件的房屋,以及车位、摊位等特定空间,应当认定为物权法第六章所称的专有部分:

(一)具有构造上的独立性,能够明确区分;

(二)具有利用上的独立性,可以排他使用;

(三)能够登记成为特定业主所有权的客体。

规划上专属于特定房屋,且建设单位销售时已经根据规划列入该特定房屋买卖合同中的露台等,应当认定为物权法第六章所称专有部分的组成部分。

本条第一款所称房屋,包括整栋建筑物。

第三条 除法律、行政法规规定的共有部分外,建筑区划内的以下部分,也应当认定为物权法第六章所称的共有部分:

(一)建筑物的基础、承重结构、外墙、屋顶等基本结构部分,通道、楼梯、大堂等公共通行部分,消防、公共照明等附属设施、设备,避难层、设备层或者设备间等结构部分;

(二)其他不属于业主专有部分,也不属于市政公用部分或者其他权利人所有的场所及设施等。

建筑区划内的土地,依法由业主共同享有建设用地使用权,但属于业主专有的整栋建筑物的规划占地或者城镇公共道路、绿地占地除外。

第四条 业主基于对住宅、经营性用房等专有部分特定使用功能的合理需要,无偿利用屋顶以及与其专有部分相对应的外墙面等共有部分的,不应认定为侵权。但违反法律、法规、管理规约,损害他人合法权益的除外。

第五条 建设单位按照配置比例将车位、车库,以出售、附赠或者出租等方式处分给业主的,应当认定其行为符合物权法第七十四条第一款有关"应当首先满足业主的需要"的规定。

前款所称配置比例是指规划确定的建筑区划内规划用于停放汽

的车位、车库与房屋套数的比例。

第六条　建筑区划内在规划用于停放汽车的车位之外,占用业主共有道路或者其他场地增设的车位,应当认定为物权法第七十四条第三款所称的车位。

第七条　改变共有部分的用途、利用共有部分从事经营性活动、处分共有部分,以及业主大会依法决定或者管理规约依法确定应由业主共同决定的事项,应当认定为物权法第七十六条第一款第(七)项规定的有关共有和共同管理权利的"其他重大事项"。

第八条　物权法第七十六条第二款和第八十条规定的专有部分面积和建筑物总面积,可以按照下列方法认定:

(一)专有部分面积,按照不动产登记簿记载的面积计算;尚未进行物权登记的,暂按测绘机构的实测面积计算;尚未进行实测的,暂按房屋买卖合同记载的面积计算;

(二)建筑物总面积,按照前项的统计总和计算。

第九条　物权法第七十六条第二款规定的业主人数和总人数,可以按照下列方法认定:

(一)业主人数,按照专有部分的数量计算,一个专有部分按一人计算。但建设单位尚未出售和虽已出售但尚未交付的部分,以及同一买受人拥有一个以上专有部分的,按一人计算;

(二)总人数,按照前项的统计总和计算。

第十条　业主将住宅改变为经营性用房,未按照物权法第七十七条的规定经有利害关系的业主同意,有利害关系的业主请求排除妨害、消除危险、恢复原状或者赔偿损失的,人民法院应予支持。

将住宅改变为经营性用房的业主以多数有利害关系的业主同意其行为进行抗辩的,人民法院不予支持。

第十一条　业主将住宅改变为经营性用房,本栋建筑物内的其他业主,应当认定为物权法第七十七条所称"有利害关系的业主"。建筑区划内,本栋建筑物之外的业主,主张与自己有利害关系的,应证明其房屋价值、生活质量受到或者可能受到不利影响。

第十二条　业主以业主大会或者业主委员会做出的决定侵害其合

法权益或者违反了法律规定的程序为由,依据物权法第七十八条第二款的规定请求人民法院撤销该决定的,应当在知道或者应当知道业主大会或者业主委员会做出决定之日起一年内行使。

第十三条 业主请求公布、查阅下列应当向业主公开的情况和资料的,人民法院应予支持:

(一)建筑物及其附属设施的维修资金的筹集、使用情况;

(二)管理规约、业主大会议事规则,以及业主大会或者业主委员会的决定及会议记录;

(三)物业服务合同、共有部分的使用和收益情况;

(四)建筑区划内规划用于停放汽车的车位、车库的处分情况;

(五)其他应当向业主公开的情况和资料。

第十四条 建设单位或者其他行为人擅自占用、处分业主共有部分、改变其使用功能或者进行经营性活动,权利人请求排除妨害、恢复原状、确认处分行为无效或者赔偿损失的,人民法院应予支持。

属于前款所称擅自进行经营性活动的情形,权利人请求行为人将扣除合理成本之后的收益用于补充专项维修资金或者业主共同决定的其他用途的,人民法院应予支持。行为人对成本的支出及其合理性承担举证责任。

第十五条 业主或者其他行为人违反法律、法规、国家相关强制性标准、管理规约,或者违反业主大会、业主委员会依法做出的决定,实施下列行为的,可以认定为物权法第八十三条第二款所称的其他"损害他人合法权益的行为":

(一)损害房屋承重结构,损害或者违章使用电力、燃气、消防设施,在建筑物内放置危险、放射性物品等危及建筑物安全或者妨碍建筑物正常使用;

(二)违反规定破坏、改变建筑物外墙面的形状、颜色等损害建筑物外观;

(三)违反规定进行房屋装饰装修;

(四)违章加建、改建,侵占、挖掘公共通道、道路、场地或者其他共有部分。

第十六条　建筑物区分所有权纠纷涉及专有部分的承租人、借用人等物业使用人的,参照本解释处理。

专有部分的承租人、借用人等物业使用人,根据法律、法规、管理规约、业主大会或者业主委员会依法做出的决定,以及其与业主的约定,享有相应权利,承担相应义务。

第十七条　本解释所称建设单位,包括包销期满,按照包销合同约定的包销价格购买尚未销售的物业后,以自己名义对外销售的包销人。

第十八条　人民法院审理建筑物区分所有权案件中,涉及有关物权归属争议的,应当以法律、行政法规为依据。

第十九条　本解释自 2009 年 10 月 1 日起施行。

因物权法施行后实施的行为引起的建筑物区分所有权纠纷案件,适用本解释。

本解释施行前已经终审,本解释施行后当事人申请再审或者按照审判监督程序决定再审的案件,不适用本解释。